기초학력 향상을 위한

눈으로 보는 수학

교사용 LEVEL 1

김선아 저

학지사

머리말

최근 보고된 국제 학업 성취 검사(Programme for International Student Achievement: PISA) 결과에 따르면, 우리나라 중학교 3학년의 수학 성취 수준은 OECD 국가들 중 단연 으뜸 그룹에 속합니다. 우리나라 수학교육의 교수 방법과 수학 교육 자료에 국제적인 관심이 지속적으로 증가하는 것은 당연한 일이라 생각됩니다.

국외에 거주하는 저자는 '한국인이기 때문에 수학을 잘할 것'이라는 주변 사람들의 '편견' 때문에 간혹 당황하는 일이 있습니다. 전체 학생의 평균 성취 수준이 높다는 것은 모든 학생이 수학을 잘한다는 것을 의미할까요? 국제 학업 성취 검사 결과에 따르면, 우리나라는 OECD 국가 중 상위권에 속하는 학생들과 하위권에 속하는 학생들 간의 수학 성취 수준 차이가 가장 심한 나라 중 하나입니다. 이것은 상위권에 있는 학생들은 국제 사회의 또래들에 비해 수학을 월등히 잘하는 반면, 하위권 학생들은 다른 나라의 하위권 학생만큼 수학 공부에 어려움을 겪는다는 것으로 해석될 수 있습니다. 결국 하위권 학생들의 수학 학습 증진을 위해서는 일반 수학 교수 외에 별도의 중재가 필요하다는 것을 의미하기도 합니다. 실제로, 수학 수업 시간에 교사가 학생들의 평균 성취 수준에 맞춰 교수를 할 경우, 하위권 학생들의 수준과 교수 수준 간 차이가 크므로 일반 수학 교육 현장에서 하위권 학생들의 수학 학습이 이루어지기는 쉽지 않을 것 같습니다.

한편, 우리나라의 교육 시장에는 상위권인 학생들과 상위권을 목표로 하는 학생들을 위한 '수준 높은' 수학 교수 지침서 및 학습 교재가 정말 많습니다. 반면에 수학 성취 수준이 낮은 학생들의 학습을 도와줄 수 있는 교수 지침서나 학습 교재는 그다지 많지 않은 것 같습니다. 특별히 온라인 비대면 수업이 수업의 한 형태로 자리 잡고 있는 요즘, 수학 학습에 어려움이 있는 학생들을 위해 수학에 전문적인 지식이 없는 사람도 가르칠 수 있는 교수 지침서나 학습 자료가 절실히 필요합니다.

『눈으로 보는 수학』은 일반 수학 교육만으로는 수학 학습이 어려운 학생들을 위해 수학 중재 연구자가 개발한 차별화된 맞춤형 수학 교수 지침서 및 학생용 학습지입니다. 저자가 겪은 현장에서의 경험과 국내외 연구들을 통해 수학 능력 향상에 효과적임이 입증된 증거 기반 교수 방법(evidence-based instructional methods)을 사용하여, 수학 교사나 전문가뿐 아니라 수학에 전문적인 지식이 없는 사람도 쉽게 교수할 수 있도록 핵심 수학 기술과 문제 해결 과정을 단계별로 명확하게 설명하려 했습니다.

이 책에서 집중적으로 다루고 있는 수와 연산, 문자와 식 영역은 중·고등학교에서 배우는 수학 기술의 기본 토대라 할 수 있습니다. 초등 6학년부터 중학생 또는 고등학생까지, 중·고등 수학 기술의 이해와 학습을 위해 수와 연산, 문자와 식의 기초를 강화할 필요가 있는 학생이라면 누구나 『눈으로 보는 수학』으로 중재 지원할 수 있습니다.

『눈으로 보는 수학』은 대면 수업이나 온라인 비대면 수업 시 가정에서 학교 수업을 보충하고자 할 때, 통합 학급에서 보충 또는 기초 능력 강화 교수를 할 때, 학교 밖의 학습 종합 클리닉 센터와 개별 인지 학습 치료 센터에서 수학 중재를 할 때 사용하실 수 있습니다. 수학 학습 부진 때문에 자신감을 잃은 학생들에게 『눈으로 보는 수학』이 자신감 회복으로의 징검다리 역할을 할 수 있길 소망합니다.

책의 필요성과 내용에 대한 아이디어를 주고, 수정을 위한 예비 연구에 참여해 준 가르침의 현장에서 만난 아이들에게 감사를 표합니다. 수학 개념과 절차를 점검해 주시고 조언해 주신 김성철 님과, 원고의 정확성을 점검해 준 김하은 님, 정지민 님께 특별한 감사를 드립니다. 끝으로, 이 책을 출판할 수 있도록 도와주신 학지사 김진환 사장님, 볼품없던 초고부터 인내와 수고로 섬겨 주신 편집부 김준범 부장님과 편집부 여러분께 진심으로 감사드립니다.

『눈으로 보는 수학』의 구성

1 『눈으로 보는 수학』은 중고등학교 수학의 기초 영역인 수와 연산과 문자와 식 영역의 기본 기술을 3단계로 교수하고 학습할 수 있는 교사 지침서와 학생용 워크북으로 구성되어 있습니다.

- 사전 배치 검사
- 중재 1단계−16차시 교사 지침서와 학생용 워크북
- 중재 2단계−26차시 교사 지침서와 학생용 워크북
- 중재 3단계−25차시 교사 지침서와 학생용 워크북

중재 수준	교사용	학생용 교재	차시
중재 LEVEL 1	중재 교사용 LEVEL 1 (1.1.차시−1.16.차시)	중재 학생용 Level 1.1	1.1.차시−1.9.차시
		중재 학생용 Level 1.2	1.10.차시−1.16.차시
중재 LEVEL 2	중재 교사용 LEVEL 2 (2.1.차시−2.26.차시)	중재 학생용 Level 2.1	2.1.차시−2.4.차시
		중재 학생용 Level 2.2	2.5.차시−2.10.차시
		중재 학생용 Level 2.3	2.11.차시−2.15.차시
		중재 학생용 Level 2.4	2.16.차시−2.26.차시
중재 LEVEL 3	중재 교사용 LEVEL 3 (3.1.차시−3.25.차시)	중재 학생용 Level 3.1	3.1.차시−3.8.차시
		중재 학생용 Level 3.2	3.9.차시−3.17.차시
		중재 학생용 Level 3.3	3.18.차시−3.25.차시

2 『눈으로 보는 수학』에서 다루는 주요 수학 기술은 차시별로 다음과 같습니다.

중재 수준	차시	주요 수학 기술
Level 1.1	1단계 1차시	소수를 분수로 나타내기
	1단계 2차시	분수를 소수로 나타내기
	1단계 3차시	자연수와 분수의 나눗셈–수막대 모델
	1단계 4차시	진분수와 진분수의 나눗셈–수막대 모델
	1단계 5차시	자연수와 분수의 나눗셈–역수 이용
	1단계 6차시	분수와 분수의 나눗셈–역수 이용
	1단계 7차시	소수점의 위치가 같은 소수의 나눗셈–분수 이용
	1단계 8차시	소수점의 위치가 다른 소수의 나눗셈–분수 이용
	1단계 9차시	소수의 나눗셈–세로셈 방법
Level 1.2	1단계 10차시	비의 뜻
	1단계 11차시	비율의 뜻
	1단계 12차시	백분율 구하기
	1단계 13차시	분수와 소수를 백분율로 나타내기
	1단계 14차시	전체–부분 관계를 이용하여 기준량과 비교하는 양 구하기
	1단계 15차시	등식의 의미와 방정식 만들기
	1단계 16차시	등식의 성질을 이용하여 방정식 풀기
Level 2.1	2단계 1차시	거듭제곱의 뜻
	2단계 2차시	소인수분해의 뜻을 이해하고 구하기
	2단계 3차시	소인수분해 이용하여 최대공약수 구하기
	2단계 4차시	소인수분해 이용하여 최소공배수 구하기
Level 2.2	2단계 5차시	양의 정수와 음의 정수
	2단계 6차시	유리수의 뜻과 유리수의 대소 비교

	2단계 7차시	정수와 유리수의 덧셈
	2단계 8차시	덧셈의 교환법칙과 결합법칙
	2단계 9차시	정수와 유리수의 뺄셈
	2단계 10차시	유리수의 덧셈과 뺄셈의 혼합계산
Level 2.3	2단계 11차시	정수와 유리수의 곱셈
	2단계 12차시	정수와 유리수의 나눗셈
	2단계 13차시	곱셈의 교환법칙과 결합법칙을 이용한 곱셈 계산
	2단계 14차시	덧셈에 대한 곱셈의 분배법칙
	2단계 15차시	유리수의 혼합계산
Level 2.4	2단계 16차시	문자를 사용한 식
	2단계 17차시	문자를 사용한 곱셈식 간단히 나타내기
	2단계 18차시	문자를 사용한 나눗셈식 간단히 나타내기
	2단계 19차시	식의 값
	2단계 20차시	일차식과 수의 곱셈
	2단계 21차시	일차식과 수의 나눗셈
	2단계 22차시	계수가 정수인 일차식의 덧셈과 뺄셈
	2단계 23차시	계수가 유리수인 일차식의 덧셈과 뺄셈
	2단계 24차시	일차방정식과 그 해
	2단계 25차시	등식의 성질을 이용하여 일차방정식의 해 구하기
	2단계 26차시	이항을 이용하여 일차방정식의 해 구하기
Level 3.1	3단계 1차시	유한소수로 나타낼 수 있는 분수 찾기
	3단계 2차시	순환소수의 순환마디 나타내기
	3단계 3차시	순환소수를 분수로 나타내기
	3단계 4차시	지수법칙을 이용한 단항식의 곱셈

	3단계 5차시	지수법칙을 이용한 단항식의 나눗셈
	3단계 6차시	단항식의 곱셈
	3단계 7차시	단항식의 나눗셈
	3단계 8차시	단항식의 혼합셈
Level 3.2	3단계 9차시	문자가 2개인 일차식의 덧셈과 뺄셈
	3단계 10차시	이차식의 덧셈과 뺄셈
	3단계 11차시	단항식과 다항식의 곱셈을 포함하는 식의 덧셈과 뺄셈
	3단계 12차시	다항식과 단항식의 나눗셈을 포함하는 식의 덧셈과 뺄셈
	3단계 13차시	다항식과 다항식의 곱셈
	3단계 14차시	다항식의 거듭제곱–곱셈 공식 1
	3단계 15차시	둘째 항의 부호만 반대인 두 다항식의 곱–곱셈 공식 2
	3단계 16차시	두 다항식의 곱셈–곱셈 공식 3
	3단계 17차시	두 다항식의 곱셈–곱셈 공식 4
Level 3.3	3단계 18차시	주어진 식의 문자에 다른 식 대입하기
	3단계 19차시	등식의 변형–등식을 한 문자에 대해 풀기
	3단계 20차시	미지수가 2개인 일차방정식의 해 구하기
	3단계 21차시	연립방정식의 해 구하기 1–대입법
	3단계 22차시	연립방정식의 해 구하기 2–가감법
	3단계 23차시	주어진 수 대입하여 부등식의 해 구하기
	3단계 24차시	일차부등식의 풀이
	3단계 25차시	연립일차부등식의 풀이

3 『눈으로 보는 수학』의 각 차시는 다음과 같이 구성되어 있습니다.

차시의 구성

사전평가	• 차시 기술을 배우기 위한 사전 기술과 차시 기술을 평가합니다.
접속하기	• 차시 목표 개념이나 기술을 배우기 위해 필요한 용어를 학습하거나 사전 기술을 복습합니다.
보여 주기	• 교수자가 문제 풀이 과정을 단계별로 명확하게 말로 설명하면서 시범을 보입니다. (3문제)
함께 풀기	• 교수자가 문제 풀이를 촉진시키는 교수적인 도움을 제공하며 학생과 함께 문제 풀이를 합니다. (3문제)
아 그렇구나!	• 혼동되기 쉽거나 학생들이 흔하게 오류를 보이는 문제들을 함께 풀어 봅니다.
배움 체크하기	• 학생이 자신의 학습 정도를 체크 리스트를 통해 점검합니다.
혼자 풀기	• 학생이 혼자 문제 풀이를 합니다. (7문제)
채점 및 오답 분석	• 교수자가 채점표와 오답 분석표를 이용하여 학생의 혼자 풀기 문제 풀이를 채점하고 오류를 분석합니다.
중재 결정	• 교수자가 중재 결정표를 이용하여 다음 중재를 결정합니다.

『눈으로 보는 수학』의 특징

1 『눈으로 보는 수학』은 일반 수학 연구와 중재 수학 연구를 통해 그 효과가 입증된 증거기반 교수법(evidence-based instructional methods)을 적용하여 각 차시 기술을 교수합니다.

- 각 차시는 명시적 교수법의 순서(the sequence of explicit instruction)를 따라 구성되어 있습니다.
- 각 차시는 해당 차시 기술을 배울 때 흔하게 나타나는 오류들을 강조하며 적극적으로 교수합니다. 차시 교수를 실시하기 전에 교수자들이 흔한 오류를 인지할 수 있도록 흔한 오류의 예를 제시하고, 차시 교수를 마친 후에는 차시 기술과 관련하여 학생들이 혼동하거나 흔하게 오류를 보이는 문제들을 〈아 그렇구나!〉에서 함께 풉니다.
- 차시마다 학생들이 자신의 학습 정도를 스스로 체크할 수 있는 〈배움 체크하기〉가 있습니다.
- 차시마다 해당 차시 개념과 기술을 명확하게 단계적으로 보여 주는 수학 문제 해결 〈내비게이션(Navigation)〉이 제시됩니다.

2 『눈으로 보는 수학』은 평가 결과를 근거로 중재 교수 결정(data-based instructional decision-making)을 할 수 있는 시스템을 제공합니다.

- 『눈으로 보는 수학』은 사전 배치 검사 결과에 맞춰 차별적인 중재 시작 단계를 제시합니다.
- 『눈으로 보는 수학』은 각 차시의 사전 · 사후 검사를 통해 교사에게 학생의 학습 수준과 오류 성향을 분석할 수 있는 기회를 제공하며, 오답 분석과 중재 결정표를 통해

다음 중재 교수를 결정[브리지(Bridge) 차시 교수, 동 차시 반복, 다음 차시 교수]할 수 있도록 합니다.

- 『눈으로 보는 수학』의 해당 차시 기술을 학습하는 데 필요한 기초 기술이 부족할 경우, Bridge 차시에서 기초 기술을 학습할 수 있도록 연결해 줍니다.

3 『눈으로 보는 수학』은 수학 전문 교사가 아니라도 교수 지침서를 참고하여 교수할 수 있도록 개발되었습니다.

『눈으로 보는 수학』 사용 방법

초등학교 6학년, 중·고등학교 수학 부진 학생

→ 배치 검사 실시

배치 검사 결과에 근거하여 중재 시작 단계 결정

→ 중재 시작 단계에서 중재 실시

교사용 지침서 + 학생용 워크북

[매 차시 교수 실시]

- 사전평가
- 접속하기
- 보여 주기
- 함께 풀기
- 아 그렇구나!
- 배움 체크하기
- 혼자 풀기
- 채점 및 오답 분석
- 중재 결정

→ 다음 차시 / 브리지(Bridge) 차시 / 동 차시 반복

현재 중재 단계의 마지막 차시에서 다음 차시 실시라는 중재 결정이 내려졌을 경우

→ 다음 단계 중재

차례

Level 1.2

Level 1

1차시

소수를 분수로 나타내기

[내비게이션 1.1] 소수를 분수로 나타내기

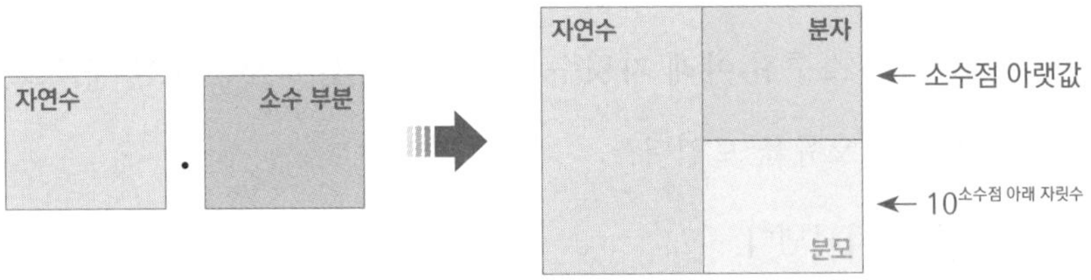

	순서	예 (1.8)	
1	소수의 자연수 부분에 있는 값을 대분수의 자연수 부분에 쓰기	소수의 자연수 부분에 있는 값은 1이므로 대분수의 자연수 부분에 1이라 씀	$1\frac{\square}{\square}$
2	소수점 아랫값을 분수의 분자에 쓰기	소수점 아랫값은 8이므로 8을 분자에 씀	$1\frac{8}{\square}$
3	소수점 아래 자릿수만큼 10을 거듭제곱한 수를 분모에 쓰기	1.8의 소수점 아래 자릿수는 한 자릿수이므로 10을 한 번 제곱한 수 $10^1 = 10$을 분모에 씀	$1\frac{8}{10}$
4	분수를 약분하여 기약분수로 나타내기	$1\frac{8}{10} = 1\frac{4}{5}$	

차시 목표 소수를 분수로 나타낼 수 있다.

사전 지식 소수점 아래 자릿수, 기약분수, 약분, 대분수

준비물 1단계 1차시 학생용 교재, **내비게이션 1.1**

흔한 오류

1. 소수를 분수로 만들 때는 소수점 아래 자릿수만큼 10을 거듭제곱한 수를 분모로 써 주어야 하는데 분모 선택에 오류를 보인다.
   - 오류 예: 0.12를 $\frac{12}{10}$로 나타낸다.

2. 자연수 부분이 0이고 소수점 바로 다음 수가 0일 경우, 분모 선택에 오류를 보인다.
   - 오류 예: 0.002를 $\frac{2}{10000}$라 나타낸다.

3. 소수점 바로 다음 수가 0일 경우 분자에 오류를 보인다.
   - 오류 예: 0.012를 $\frac{012}{1000}$라 나타낸다.

4. 자연수 부분이 0인 소수를 분수로 고칠 때, 대분수의 자연수 자리에 0이라 쓴다.
   - 오류 예: 0.12를 $0\frac{12}{100}$라 쓴다.

5. 약분할 수 있는 분수의 경우 기약분수로 나타내는 과정에서 오류를 보인다.

사전평가

처음 두 문제는 가장 필수적인 사전 지식에 대한 이해를 묻고, 3번부터 7번까지는 차시 목표인 개념과 기술의 이해를 묻습니다.

다음 분수를 기약분수로 나타내시오.

1. $\frac{6}{10}$

2. $\frac{46}{100}$

다음 소수를 분수로 나타내시오.

3. 0.375

4. 2.25

5. 0.07

6. 1.025

7. 9.35

정 답

1. $\frac{3}{5}$
2. $\frac{23}{50}$
3. $\frac{75}{200}=\frac{3}{8}$
4. $\frac{225}{100}=\frac{9}{4}$
5. $\frac{7}{100}$
6. $\frac{1025}{1000}=\frac{205}{200}=\frac{41}{40}$
7. $\frac{935}{100}=\frac{187}{20}$

접속하기

차시 목표 및 개념 설명

오늘은 소수를 분수로 나타내는 방법을 배우려 합니다. 먼저 이번 차시에서 많이 사용될 개념과 기술을 정리해 봅시다.

1. 소수 3.21은 자연수 3과 소수 0.21의 합과 같습니다(3.21 = 3 + 0.21). 소수 1.02를 자연수와 소수의 합으로 나타내면 어떻게 나타낼 수 있습니까? 1.02는 자연수 1과 소수 0.02의 합으로 나타낼 수 있습니다(1.02 = 1 + 0.02). 소수 0.2는 어떻게 나타낼 수 있습니까? 0.2는 0과 소수 0.2의 합으로 나타낼 수 있습니다. 이처럼 어떤 소수는 소수점의 왼쪽에 0이나 자연수를 나타내는 부분과 소수점 오른쪽에 소수를 나타내는 부분의 합으로 나타낼 수 있습니다.

2. 소수점 아래 자릿수란 무엇입니까? 소수에서 소수점 오른쪽에 있는 소수 부분에 있는 숫자의 개수를 말합니다. 예를 들어, 0.123의 소수점 아래 자릿수는 3입니다.

3. 대분수 $1\frac{2}{3}$는 자연수 1과 분수 $\frac{2}{3}$의 합과 같습니다($1\frac{2}{3} = 1 + \frac{2}{3}$). 마찬가지로, $2\frac{3}{5}$은 자연수 2와 분수 $\frac{3}{5}$의 합과 같습니다($2\frac{3}{5} = 2 + \frac{3}{5}$).

4. 기약분수란 무엇입니까? 더 이상 약분할 수 없는 분수를 말합니다.

5. 소수를 분수로 나타내려면 어떻게 해야 합니까? 예를 들어, 소수 0.8을 분수로 나타내려면,

   1) 먼저 소수의 자연수 부분을 대분수의 자연수 부분에 씁니다.

소수의 자연수 부분이 0일 때는 대분수의 자연수 자리에는 아무것도 쓰지 않습니다. 대분수의 자연수 자리에 0을 쓰지 않도록 주의합니다.

2) 소수의 소수 부분을 대분수의 분수 부분의 분자에 씁니다.

소수의 소수 부분인 8을 분자에 씁니다.

3) 소수점 아래 자릿수를 세어 분모에 들어갈 10의 거듭제곱수를 결정합니다.

소수 0.8의 소수점 아랫수는 8로 한 자릿수입니다. 따라서 분모는 10의 1거듭제곱수, 즉 10입니다.

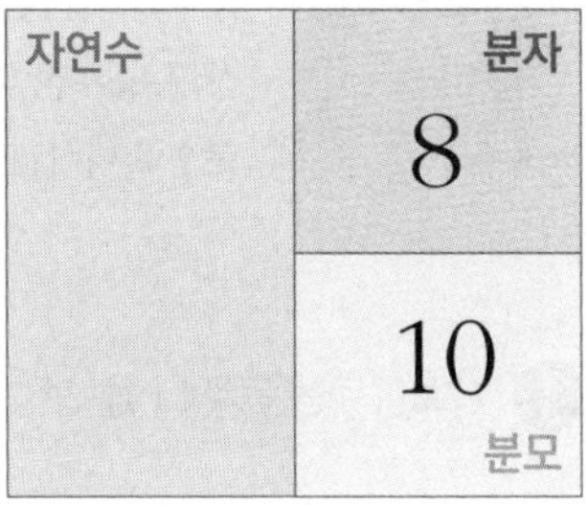

4) 분모와 분자를 약분하여 기약분수로 나타냅니다.

$\frac{8}{10}$은 분모와 분자를 2로 약분할 수 있습니다.

$\rightarrow \frac{8 \div 2}{10 \div 2} = \frac{4}{5}$

$\rightarrow 0.8 = \frac{4}{5}$

보여 주기

개념 및 기술 교수, 개념 및 기술 예시 제시, 보는 수학 내비게이션을 이용한 교사 모델링

(내비게이션 1.1 을 보여 주며) 소수를 분수로 나타내는 방법을 다시 한번 정리해 봅시다. 첫째, 소수의 자연수를 대분수의 자연수 자리에 씁니다. 둘째, 소수점 아래 소수 부분을 분자에 씁니다. 셋째, 소수점 아래 자릿수만큼 10을 거듭제곱한 수를 분모에 씁니다. 마지막으로, 약분을 하여 기약분수로 나타냅니다. 소수를 분수로 나타내는 방법을 이용하여 다음 소수들을 분수로 나타내 봅시다.

1 (보여 주는 문제 1을 보여 주며) 0.45를 분수로 나타내시오.

1. 먼저, 소수의 자연수 부분을 대분수의 자연수 부분에 씁니다.
   - 소수의 자연수 부분이 0일 때는 대분수의 자연수 부분에는 아무것도 쓰지 않습니다.

2. 소수의 소수 부분을 대분수의 분자에 씁니다.
   - 소수의 소수 부분인 45를 분자에 씁니다.

3. 소수점 아래 자릿수를 세어 분모에 들어갈 10의 거듭제곱수를 결정합니다.
   - 소수 0.45의 소수점 아랫수는 45로 두 자릿수입니다. 따라서 분모는 10의 2거듭제곱수$(10)^2$, 즉 100입니다.

4. 분모와 분자를 약분하여 기약분수로 나타냅니다.

- $\frac{45}{100}$의 분모와 분자를 5로 약분할 수 있습니다.

  $\rightarrow \frac{45 \div 5}{100 \div 5} = \frac{9}{20}$

  $\rightarrow \boxed{0.45 = \frac{9}{20}}$

❷ (보여 주는 문제 2를 보여 주며) 1.25를 **분수로 나타내시오.**

1. 먼저, 소수의 자연수 부분을 대분수의 자연수 부분에 씁니다.
   - 소수의 자연수 부분이 1이므로 대분수의 자연수 부분에 1을 씁니다.

2. 소수의 소수 부분을 대분수의 분수 부분의 분자에 씁니다.
   - 소수의 소수 부분인 25를 분자에 씁니다.

3. 소수점 아래 자릿수를 세어 분모에 들어갈 10의 거듭제곱수를 결정합니다.
   - 소수 1.25의 소수점 아랫수는 25로 두 자릿수입니다. 따라서 분모는 10의 2거듭제곱수$(10)^2$, 즉 100입니다.

<table>
<tr><td rowspan="2">자연수
1</td><td>분자
25</td></tr>
<tr><td>100
분모</td></tr>
</table>

4. 분모와 분자를 약분하여 기약분수로 나타냅니다.
   - $1\frac{25}{100}$는 분모와 분자를 25로 약분할 수 있습니다.

     $\rightarrow 1\frac{25 \div 25}{100 \div 25} = 1\frac{1}{4}$

     $\rightarrow \boxed{1.25 = 1\frac{1}{4}}$

③ (보여 주는 문제 3을 보여 주며) 0.121을 분수로 나타내시오.

1. 먼저, 소수의 자연수 부분을 대분수의 자연수 부분에 씁니다.
   - 소수의 자연수 부분이 0일 때는 대분수의 자연수 부분에는 아무것도 쓰지 않습니다.

2. 소수의 소수 부분을 대분수의 분수 부분의 분자에 씁니다.
   - 소수의 소수 부분인 121을 분자에 씁니다.

3. 소수점 아래 자릿수를 세어 분모에 들어갈 10의 거듭제곱수를 결정합니다.
   - 소수 0.121의 소수점 아랫수는 121로 세 자릿수입니다. 따라서 분모는 10의 3거듭제곱수$(10)^3$, 즉 1000입니다.

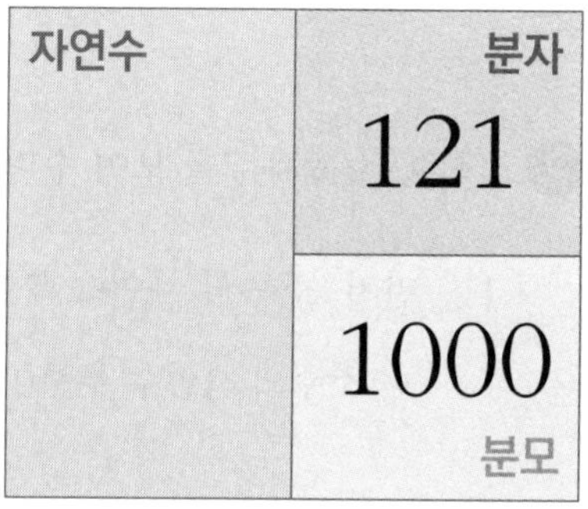

4. 분모와 분자를 약분하여 기약분수로 나타냅니다.
   - $\frac{121}{1000}$은 분모와 분자를 더 이상 약분할 수 없는 기약분수입니다.

   → $0.121 = \frac{121}{1000}$

함께 풀기

(내비게이션 1.1 을 보여 주며) 문제를 풀기 전에, 소수를 분수로 나타내는 방법을 다시 한번 정리해 봅시다. 먼저, 소수의 자연수 부분은 대분수의 자연수 부분에, 소수의 소수 부분은 분수의 분자 부분에 씁니다. 다음은 소수점 아래 자릿수만큼 10을 제곱한 수를 분모에 씁니다. 마지막으로, 기약분수가 아니라면 약분하여 기약분수로 나타냅니다. 소수를 분수로 나타내는 방법을 참고하여 다음 소수들을 분수로 나타내 봅시다.

① (함께 풀어 보는 문제 1을 가리키며) 0.75를 분수로 나타내시오.

1. 소수를 분수로 나타낼 때 가장 먼저 할 일은 무엇입니까? 먼저, 소수의 자연수 부분을 대분수의 자연수 부분에 씁니다.
   - 0.75의 자연수 부분은 무엇입니까? 0.75의 자연수 부분은 0입니다.
   - 대분수에서 자연수 부분이 0일 때는 어떻게 나타냅니까? 자연수 자리에 아무것도 쓰지 않습니다.

2. 다음은 무엇을 합니까? 소수의 소수 부분을 대분수의 분수 부분의 분자에 씁니다.
   - 0.75의 소수 부분은 무엇입니까? 0.75의 소수 부분은 75입니다.
   - 75를 분자에 씁니다.

3. 분모는 어떻게 구합니까? 소수점 아래 자릿수를 세어 분모에 들어갈 10의 거듭제곱수를 결정합니다.
   - 0.75의 소수점 아래 자릿수는 얼마입니까? 0.75의 소수점 아래 자릿수는 두 자릿수입니다.
   - 따라서 분모는 10의 2거듭제곱수$(10)^2$, 즉 100입니다.

4. 다음은 무엇을 합니까? 분모와 분자를 약분하여 기약분수로 나타냅니다.

- $\frac{75}{100}$는 어떤 수로 약분이 됩니까? 75와 100은 25로 약분될 수 있습니다.

  $\frac{75 \div 25}{100 \div 25} = \frac{3}{4}$이 됩니다.

- $\frac{3}{4}$은 더 약분될 수 있습니까? $\frac{3}{4}$은 더 이상 약분될 수 없으므로 $\frac{3}{4}$이 답입니다.

  → $0.75 = \frac{3}{4}$

2 (함께 풀어 보는 문제 2를 가리키며) 3.33을 분수로 나타내시오.

1. 소수를 분수로 나타낼 때 가장 먼저 할 일은 무엇입니까? 먼저, 소수의 자연수 부분을 대분수의 자연수 부분에 씁니다.

- 3.33의 자연수 부분은 무엇입니까? 3.33의 자연수 부분은 3입니다.
- 대분수의 자연수 부분에 3이라 씁니다.

2. 다음은 무엇을 합니까? 소수의 소수 부분을 대분수의 분수 부분의 분자에 씁니다.

- 3.33의 소수 부분은 무엇입니까? 3.33의 소수 부분은 33입니다.
- 33을 분자에 씁니다.

3. 분모는 어떻게 구합니까? 소수점 아래 자릿수를 세어 분모에 들어갈 10의 거듭제곱수를 결정합니다.

- 3.33의 소수점 아래 자릿수는 얼마입니까? 3.33의 소수점 아랫수 33의 자릿수는 두 자릿수입니다.
- 따라서 분모는 10의 2거듭제곱수(10^2), 즉 100입니다.

4. 다음은 무엇을 합니까? 분모와 분자를 약분하여 기약분수로 나타냅니다.

- $3\frac{33}{100}$은 어떤 수로 약분이 됩니까? 33과 100은 공통약수가 없으므로 더 이상 약분될 수 없습니다.
- $3\frac{33}{100}$은 더 이상 약분될 수 없으므로 $3\frac{33}{100}$이 답입니다.

→ $\boxed{3.33 = 3\frac{33}{100}}$

3 (함께 풀어 보는 문제 3을 가리키며) 10.35를 **분수로 나타내시오.**

1. 소수를 분수로 나타낼 때 가장 먼저 할 일은 무엇입니까? 먼저, 소수의 자연수 부분을 대분수의 자연수 부분에 씁니다.

- 10.35의 자연수 부분은 무엇입니까? 10.35의 자연수 부분은 10입니다.
- 대분수의 자연수 부분에 10이라 씁니다.

2. 다음은 무엇을 합니까? 소수의 소수 부분을 대분수의 분수 부분의 분자에 씁니다.

- 10.35의 소수 부분은 무엇입니까? 10.35의 소수 부분은 35입니다.
- 35를 분자에 씁니다.

3. 분모는 어떻게 구합니까? 소수점 아래 자릿수를 세어 분모에 들어갈 10의 거듭제곱수를 결정합니다.

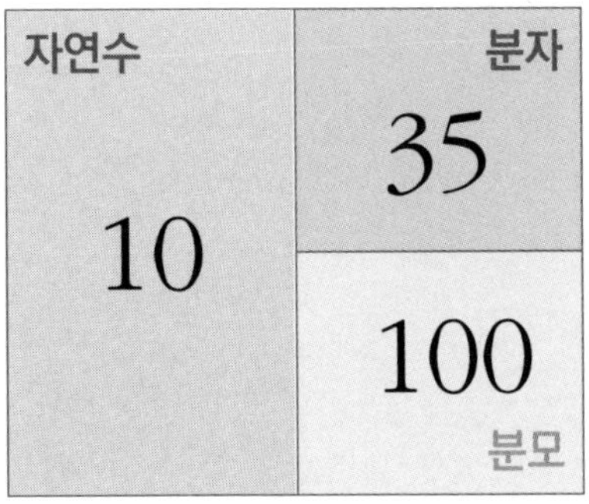

- 10.35의 소수점 아래 자릿수는 얼마입니까? 10.35의 소수점 아랫수 35의 자릿수는 두 자릿수입니다. 따라서 분모는 10의 2거듭제곱수, 즉 100입니다.

4. 다음은 무엇을 합니까? 분모와 분자를 약분하여 기약분수로 나타냅니다.

- $10\frac{35}{100}$는 어떤 수로 약분이 됩니까? 35와 100은 공통약수가 5이므로 5로 약분될 수 있습니다. $10\frac{35 \div 5}{100 \div 5} = 10\frac{7}{20}$이 됩니다.
- $10\frac{7}{20}$은 더 약분될 수 있습니까? $10\frac{7}{20}$은 더 이상 약분될 수 없으므로 $10\frac{7}{20}$이 답입니다.

→ $\boxed{10.35 = 10\frac{7}{20}}$

아 그렇구나!

혼동되는 문제 다시 풀기
최다 오류를 반례로 제시하여 개념 및 기술 획득 강화

아 그렇구나! 에서는 소수를 분수로 나타낼 때 우리가 자주 혼동스러워하는 문제를 함께 풀어 봅니다. 다음 문제를 풀 때 왜 실수가 많은지 그 이유를 함께 생각해 봅시다.

1 (아 그렇구나! 문제 1을 가리키며) 2.015를 분수로 나타낼 때 혼동되는 점은 무엇입니까?

⇨ 주어진 문제는 소수 부분을 대분수의 분자에 쓸 때 혼동스러울 수 있습니다. 2.015의 소수 부분은 015인데 분수의 분자에 쓸 때는 015라 쓰지 않고 15라 써야 합니다. $2.015 = 2\frac{15}{1000}$이고 $2\frac{15}{1000}$는 분자와 분모가 5로 약분이 가능하므로 $2\frac{3}{200}$이 답입니다.

2 (아 그렇구나! 문제 2를 가리키며) 0.120을 분수로 나타낼 때 혼동되는 점은 무엇입니까?

⇨ 0.120의 소수 부분 마지막 자리에 0이 있습니다. 0.120의 소수점 아래 수는 120으로 세 자리 수이므로 분모는 10을 세제곱한 수 1000이라 쓴 후, 분자를 결정할 때 0.120이 0.12와 같다고 알고 있어서 120 대신 12라고 쓰면 오답을 얻게 됩니다. $\frac{120}{1000}$이라 쓰고 40으로 분모와 분자를 나누면 $\frac{3}{25}$이 정답입니다.

배움 체크하기

(배움 체크 리스트 를 가리키며) 오늘 우리가 함께 공부한 것을 혼자서도 할 수 있는지 체크해 봅시다. 혼자서도 할 수 있으면 👍, 선생님의 도움이 더 필요하다면 (?)에 동그라미로 표시하세요.

배움 체크 리스트	👍	?
1. 소수는 0이나 자연수 부분과 소수 부분으로 이루어진다는 것을 이해합니다.		
2. 대분수는 자연수 부분과 소수 부분으로 이루어진다는 것을 이해합니다.		
3. 분수의 약분을 이해하고 적용할 수 있습니다.		
4. 소수를 분수로 바꿀 때는 소수의 자연수 부분의 값은 대분수의 자연수 부분에 쓰고, 소수점 아랫값은 분자가 된다는 것을 이해하고 적용할 수 있습니다.		
5. 소수의 자연수 부분의 값이 0일 때는 대분수의 자연수 부분을 빈칸으로 둔다는 것을 이해하고 적용할 수 있습니다.		
6. 10을 소수점 아래 자릿수만큼 거듭제곱한 수가 분모가 된다는 것을 이해하고 적용할 수 있습니다.		
7. 소수를 분수로 나타낸 후, 약분이 가능한 분수는 약분하여 기약분수로 나타낸다는 것을 이해하고 적용할 수 있습니다.		

혼자 풀기

(혼자 풀어 보는 문제 1~7을 제시하며) 오늘 배운 것을 기억하면서 문제를 혼자 풀어 보는 시간입니다. 내비게이션 1.1 을 사용하면 도움이 됩니다.

다음 분수를 기약분수로 나타내시오.

1. $\frac{8}{10}$

2. $\frac{55}{100}$

다음 소수를 분수로 나타내시오.

3. 0.425

4. 1.75

5. 0.003

6. 2.025

7. 4.35

채점 및 오답 분석

학생이 쓴 답을 기재하고, 오답인 경우 중재 결정표 에서 가능한 오류 원인을 1~8 중에서 골라 번호로 기재합니다. 기타 원인 때문에 오답이 발생했을 경우, 구체적으로 어떤 이유인지 기재합니다. 가능한 오답의 원인을 모두 기재합니다.

혼자 풀어 보는 문제	정답	학생이 쓴 답	오답 원인
1. $\frac{8}{10}$	$\frac{4}{5}$		
2. $\frac{55}{100}$	$\frac{11}{20}$		
3. 0.425	$\frac{425}{1000} = \frac{17}{40}$		
4. 1.75	$1\frac{75}{100} = 1\frac{3}{4}$		
5. 0.003	$\frac{3}{1000}$		
6. 2.025	$2\frac{25}{1000} = 2\frac{1}{40}$		
7. 4.35	$4\frac{35}{100} = 4\frac{7}{20}$		
	정답 개수	/ 7	

중재 결정표

오답 원인을 분석하여 차후 중재를 결정하세요.

오답 원인	발생 빈도	최다 발생 오류	중재 결정
1. 사전 지식 및 기술(자연수의 나눗셈, 약분하기, 소수와 대분수의 이해, 10의 거듭제곱수)			
2. 용어나 문제 이해 부족(약분, 소수점 아래 자릿수, 기약분수, 대분수)			
3. 소수의 0이나 자연수 부분에 있는 값을 대분수의 몫(자연수) 부분으로 나타내는 방법의 이해와 적용의 어려움			
4. 소수점 아랫값을 분수의 분자로 나타내는 방법의 이해와 적용의 어려움			
5. 소수점 아래 자릿수만큼 10을 거듭제곱한 수를 분수의 분모로 나타내는 방법의 이해와 적용의 어려움			
6. 분모와 분자가 공통약수가 있을 때는 약분하여 기약분수로 나타내는 방법의 이해와 적용의 어려움			
7. 부주의/계산 실수			
8. 기타(구체적 원인 기재하기)			

가장 흔한 오답 원인	1과 2 중 하나	3, 4, 5, 6 중 하나	7
	AND	AND	OR
오답률	오답이 2개 이상	오답이 2개 이상	오답이 2개 미만
다음 중재	브리지(Bridge)	동 차시 반복	다음 차시

브리지(Bridge) 차시
- 자연수의 나눗셈
- 두 수의 최대공약수
- 기약분수

2차시

분수를 소수로 나타내기

[내비게이션 1.2] 분수를 소수로 나타내기

1. 대분수			
	⬇		⬇
2. 대분수의 자연수		.	
3. 분자를 분모로 나눈 값		.	
4. 2. + 3.	+	.	

	순서	예 ($9\frac{17}{20}$)
❶	대분수의 자연수 부분을 소수점 왼쪽에 쓰기	대분수의 자연수 부분이 9이므로 소수점 왼쪽에 9라 씀
❷	분자를 분모로 나눈 값을 소수점을 맞추어 자연수 밑에 쓰기	17 ÷ 20 = 0.85이므로 0.85를 소수점을 맞추어 자연수 밑에 씀
❸	①과 ②에서 얻은 값을 소수점을 맞춰 덧셈하기	자연수 9와 분자를 분모로 나눈 값인 0.85를 덧셈하면 9.85 $9\frac{17}{20}$을 소수로 나타내면 9.85

❷의 예:

9		$\frac{17}{20}$
⬇		⬇
9	.	
0	.	85

❸의 예:

9		$\frac{17}{20}$
⬇		⬇
9	.	
+0	.	85
9	.	85

차시 목표 분수를 소수로 나타낼 수 있다.

사전 지식 대분수, 진분수, 소수점 아래 자릿수, 기약분수, 약분, 자연수의 나눗셈

준비물 1단계 2차시 학생용 교재, **내비게이션 1.2**

흔한 오류

1. 분수를 소수로 나타낼 때 분모를 분자로 나눈다.
   - 오류 예: $\frac{4}{5}$를 $5 \div 4$로 계산한다.

2. 대분수를 소수로 만들 때, 0이나 자연수 부분이 소수의 0이나 자연수 부분이 되고 분자를 분모로 나눈 값이 소수점 아랫값이 된다는 것을 이해하지 못하거나 분자를 분모로 나눈 값만 답한다.
   - 오류 예: $1\frac{1}{5}$을 0.2라 답한다.

3. 대분수를 소수로 만들 때, 자연수와 소수점 이하 값만 있는 소수의 덧셈에 오류를 보인다.
   - 오류 예: $2\frac{1}{5} = 2 + 0.2 = 4$ 또는 0.4라 답한다.

사전평가

처음 두 문제는 가장 필수적인 사전 지식에 대한 이해를 묻고, 3번부터 7번까지는 차시 목표인 개념과 기술의 이해를 묻습니다.

다음 나눗셈식을 분수로 나타내시오.

1. $3 \div 5$

2. $9 \div 12$

다음 분수를 소수로 나타내시오.

3. $\frac{9}{15}$

4. $\frac{14}{25}$

5. $\frac{27}{75}$

6. $14\frac{3}{5}$

7. $3\frac{1}{8}$

정 답

1. $\frac{3}{5}$ 2. $\frac{9}{12}$ 3. 0.6 4. 0.56

5. 0.36 6. 14.6 7. 3.125

접속하기

차시 목표 및 개념 설명

오늘은 분수를 소수로 나타내는 방법을 배우려 합니다. 먼저, 이번 차시에서 많이 사용될 개념과 기술을 정리해 봅시다.

1. 소수 3.21은 자연수 3과 소수 0.21의 합과 같습니다($3.21 = 3 + 0.21$). 소수 1.02를 자연수와 소수의 합으로 나타내면 어떻게 나타낼 수 있습니까? 1.02는 자연수 1과 소수 0.02의 합으로 나타낼 수 있습니다($1.02 = 1 + 0.02$). 소수 0.2는 어떻게 나타낼 수 있습니까? 0.2는 0과 소수 0.2의 합으로 나타낼 수 있습니다. 이처럼 소수는 소수점의 왼쪽에 0이나 자연수를 나타내는 부분과 소수점 오른쪽에 소수를 나타내는 부분으로 구성되어 있습니다.

2. 소수점 아래 자릿수란 무엇입니까? 소수에서 소수점 오른쪽에 있는 소수 부분의 숫자의 개수를 말합니다. 예를 들어, 0.123은 소수점 아래 소수 부분의 숫자는 123이므로 자릿수가 세 개입니다.

3. 대분수 $1\frac{2}{3}$는 자연수 1과 분수 $\frac{2}{3}$의 합과 같습니다($1\frac{2}{3} = 1 + \frac{2}{3}$). 마찬가지로, $2\frac{3}{5}$은 자연수 2와 분수 $\frac{3}{5}$의 합과 같습니다($2\frac{3}{5} = 2 + \frac{3}{5}$).

4. 기약분수란 무엇입니까? 더 이상 약분할 수 없는 분수를 말합니다.

5. 분수를 소수로 나타내려면 어떻게 해야 합니까? 예를 들어, 분수 $9\frac{17}{20}$을 소수로 나타내려면,

   1) 먼저, 대분수의 자연수 부분을 소수점 왼쪽에 씁니다.

   대분수의 자연수 부분이 9이므로 소수점 왼쪽에 9를 씁니다.

9		$\frac{17}{20}$
⬇		
9	.	

2) 분자를 분모로 나눈 값을 소수점을 맞추어 자연수 아랫줄에 씁니다.

17 ÷ 20 = 0.85이므로 0.85를 소수점을 맞추어 자연수 아랫줄에 씁니다.

9		$\frac{17}{20}$
⬇		⬇
9	.	
0		85

3) 분자를 분모로 나눗셈한 값을 대분수의 자연수 부분(또는 0)과 덧셈합니다.

분자를 분모로 나눈 값인 0.85를 9와 덧셈하면 9.85입니다.

$9\frac{17}{20}$을 소수로 나타내면 9.85입니다.

9		$\frac{17}{20}$
⬇		⬇
9	.	
+0	.	85
9	.	85

내비게이션 1.2 는 분수를 소수로 나타내는 방법을 정리하여 보여 주고 있습니다. 내비게이션 1.2 에 제시된 아래 표를 사용하면 문제 풀이에 도움이 될 수 있습니다.

1. 대분수			
	⬇		⬇
2. 대분수의 자연수		.	
3. 분자를 분모로 나눈 값		.	
4. 2. + 3.	+	.	

보여 주기

개념 및 기술 교수, 개념 및 기술 예시 제시, 보는 수학 내비게이션을 이용한 교사 모델링

(내비게이션 1.2 를 보여 주며) 분수를 소수로 나타내는 방법을 다시 한번 정리해 봅시다. 첫째, 분수의 자연수를 소수점 왼쪽에 씁니다. 둘째, 분자를 분모로 나눈 값을 자연수와 소수점을 맞춰 세로로 정렬하여 씁니다. 셋째, 분자를 분모로 나눈 값을 자연수(또는 0)와 덧셈합니다. 분수를 소수로 나타내는 방법을 이용하여 다음 분수들을 소수로 나타내 봅시다.

1 (보여 주는 문제 1을 보여 주며) $\frac{5}{8}$를 소수로 나타내시오.

1. 먼저, 대분수의 자연수 부분을 소수점 왼쪽에 씁니다.
   - 대분수의 자연수 부분이 없으므로 소수점 왼쪽에 0을 씁니다.

		$\frac{5}{8}$
⬇		
0	.	

2. 분자를 분모로 나눈 값을 소수점을 맞추어 자연수 아랫줄에 씁니다.
   - $5 \div 8 = 0.625$이므로 0.625를 소수점을 맞추어 자연수 아랫줄에 씁니다.

		$\frac{5}{8}$
⬇		⬇
0	.	
0	.	625

3. 분자를 분모로 나눗셈한 값을 대분수의 자연수 부분(또는 0)과 덧셈합니다.
   - 분자를 분모로 나눈 값인 0.625를 0과 덧셈하면 0.625입니다.
   - $\frac{5}{8}$를 소수로 나타내면 0.625입니다.

		$\frac{5}{8}$
⬇		⬇
0	.	
+0	.	625
0	.	625

② (보여 주는 문제 2를 보여 주며) $1\frac{19}{25}$를 소수로 나타내시오.

1. 먼저, 대분수의 자연수 부분을 소수점 왼쪽에 씁니다.
   - 대분수의 자연수 부분이 1이므로 소수점 왼쪽에 1을 씁니다.

1		$\frac{19}{25}$
⬇		
1	.	

2. 분자를 분모로 나눈 값을 소수점을 맞추어 자연수 아랫줄에 씁니다.
   - 19 ÷ 25 = 0.76이므로 0.76을 소수점을 맞추어 자연수 아랫줄에 씁니다.

1		$\frac{19}{25}$
⬇		⬇
1	.	
0	.	76

3. 분자를 분모로 나눗셈한 값을 대분수의 자연수 부분(또는 0)과 덧셈합니다.
   - 분자를 분모로 나눈 값인 0.76을 자연수 1과 덧셈하면 1.76입니다.
   - $1\frac{19}{25}$를 소수로 나타내면 1.76입니다.

1		$\frac{19}{25}$
⬇		⬇
1	.	
+0	.	76
1	.	76

③ (보여 주는 문제 3을 보여 주며) **$\frac{3}{20}$을 분수로 나타내시오.**

1. 먼저, 대분수의 자연수 부분을 소수점 왼쪽에 씁니다.
   - 대분수의 자연수 부분이 없으므로 소수점 왼쪽에 0을 씁니다.

		$\frac{3}{20}$
⬇		
0	.	

2. 분자를 분모로 나눈 값을 소수점을 맞추어 자연수 아랫줄에 씁니다.
   - 3 ÷ 20 = 0.15이므로 0.15를 소수점을 맞추어 자연수 아랫줄에 씁니다.

		$\frac{3}{20}$
⬇		⬇
0	.	
0	.	15

3. 분자를 분모로 나눗셈한 값을 대분수의 자연수 부분(또는 0)과 덧셈합니다.
   - 0과 분자를 분모로 나눈 값인 0.15를 덧셈하면 0.15입니다.
   - $\frac{3}{20}$을 소수로 나타내면 0.15입니다.

		$\frac{3}{20}$
⬇		⬇
0	.	
+0	.	15
0	.	15

함께 풀기

(내비게이션 1.2 를 보여 주며) 문제를 풀기 전에, 분수를 소수로 나타내는 방법을 다시 한번 정리해 봅시다. 첫째, 분수의 자연수 부분을 소수점 왼쪽에 씁니다. 둘째, 분자를 분모로 나눈 값을 자연수와 소수점을 맞춰 세로로 정렬하여 씁니다. 셋째, 분자를 분모로 나눈 값을 자연수(또는 0)와 덧셈합니다. 분수를 소수로 나타내는 방법을 이용하여 다음 분수들을 소수로 나타내 봅시다.

1 (함께 풀어 보는 문제 1을 가리키며) $\frac{15}{50}$를 소수로 나타내시오.

1. 분수를 소수로 나타낼 때 가장 먼저 해야 할 일은 무엇입니까? 먼저, 대분수의 자연수 부분을 소수점 왼쪽에 씁니다.

		$\frac{15}{50}$
⬇		
0	.	

- 분수에 자연수가 포함되어 있습니까? $\frac{15}{50}$는 자연수를 포함하지 않습니다.
- 대분수의 자연수 부분이 없으므로 소수점 왼쪽에 0을 씁니다.

2. 다음은 무엇을 합니까? 분자를 분모로 나눈 값을 소수점을 맞추어 자연수 아랫줄에 씁니다.

		$\frac{15}{50}$
⬇		⬇
0	.	
0	.	3

- $\frac{15}{50}$를 소수로 나타내려면 무엇에서 무엇을 나눠야 합니까? $15 \div 50$을 해야 합니다.
- $15 \div 50$은 얼마입니까? $15 \div 50 = 0.3$입니다.
- 0.3을 소수점을 맞추어 자연수 아랫줄에 씁니다.

3. 다음은 무엇을 합니까? 분자를 분모로 나눗셈한 값을 대분수의 자연수(또는 0)와 덧셈합니다.

- 0과 분자를 분모로 나눈 값인 0.3을 덧셈하면 얼마입니까? 0.3입니다.
- $\frac{15}{50}$를 소수로 나타내면 0.3입니다.

		$\frac{15}{50}$
⬇		⬇
	.	
+0	.	3
0	.	3

❷ (함께 풀어 보는 문제 2를 가리키며) $7\frac{1}{8}$을 소수로 나타내시오.

1. 분수를 소수로 나타낼 때 가장 먼저 해야 할 일은 무엇입니까? 먼저, 대분수의 자연수 부분을 소수점 왼쪽에 씁니다.

- 분수에 자연수가 포함되어 있습니까? $7\frac{1}{8}$에는 자연수 7이 포함되어 있습니다.
- 소수점 왼쪽에 7을 씁니다.

7		$\frac{1}{8}$
⬇		
7	.	

2. 다음은 무엇을 합니까? 분자를 분모로 나눈 값을 소수점을 맞추어 자연수 아랫줄에 씁니다.

- $\frac{1}{8}$을 소수로 나타내려면 무엇에서 무엇을 나눠야 합니까? $1 \div 8$을 해야 합니다.
- $1 \div 8$은 얼마입니까? $1 \div 8 = 0.125$입니다.
- 0.125를 소수점을 맞추어 자연수 아랫줄에 씁니다.

7		$\frac{1}{8}$
⬇		⬇
7	.	
0	.	125

3. 다음은 무엇을 합니까? 분자를 분모로 나눗셈한 값을 대분수의 자연수 부분(또는 0)과 덧셈합니다.

- 분자를 분모로 나눈 값인 0.125를 자연수 7과 덧셈하면 얼마입니까? $7 + 0.125 = 7.125$입니다.
- $7\frac{1}{8}$을 소수로 나타내면 7.125입니다.

7		$\frac{1}{8}$
⬇		⬇
7	.	
+0	.	125
7	.	125

③ (함께 풀어 보는 문제 3을 가리키며) $10\frac{21}{25}$을 소수로 나타내시오.

1. 분수를 소수로 나타낼 때 가장 먼저 해야 할 일은 무엇입니까? 먼저, 대분수의 자연수 부분을 소수점 왼쪽에 씁니다.

- 분수에 자연수가 포함되어 있습니까? $10\frac{21}{25}$은 자연수 10을 포함합니다.
- 대분수의 자연수 부분이 10이므로 소수점 왼쪽에 10을 씁니다.

10		$\frac{21}{25}$
⬇		
10	.	

2. 다음은 무엇을 합니까? 분자를 분모로 나눈 값을 소수점을 맞추어 자연수 아랫줄에 씁니다.

- $\frac{21}{25}$을 소수로 나타내려면 무엇에서 무엇을 나눠야 합니까? 21÷25을 해야 합니다.
- 21 ÷ 25는 얼마입니까? 21 ÷ 25 = 0.84입니다.
- 0.84를 소수점을 맞추어 자연수 아랫줄에 씁니다.

		$\frac{21}{25}$
⬇		⬇
10	.	
0	.	84

3. 다음은 무엇을 합니까? 분자를 분모로 나눗셈한 값을 대분수의 자연수 부분(또는 0)과 덧셈합니다.

- 자연수 10과 분자를 분모로 나눈 값인 0.84를 덧셈하면 얼마입니까? 10 + 0.84 = 10.84입니다.
- $10\frac{21}{25}$을 소수로 나타내면 10.84입니다.

		$\frac{21}{25}$
⬇		⬇
10	.	
+0	.	84
10	.	84

아 그렇구나!

- 혼동되는 문제 다시 풀기
- 최다 오류를 반례로 제시하여 개념 및 기술 획득 강화

아 그렇구나! 에서는 분수를 소수로 나타낼 때 우리가 자주 혼동스러워하는 문제를 함께 풀어 봅니다. 다음 문제를 풀 때 왜 실수가 많은지 그 이유를 함께 생각해 봅시다.

1 (아 그렇구나! 문제 1을 가리키며) $2\frac{7}{2}$을 소수로 나타낼 때 혼동되는 점은 무엇입니까?

⇨ 지금까지 연습한 문제는 분수 부분이 진분수라 0보다 작은 소수로 바뀌어서 분수의 자연수가 소수의 자연수가 되고 분자를 분모로 나눈 값이 소수의 소수 부분이 되었습니다. 주어진 문제는 분수 부분($\frac{7}{2}$)이 가분수라 분자를 분모로 나눈 값이 1보다 큰 소수로 바뀝니다. $2\frac{7}{2}$의 자연수 부분은 2이고 분수 부분인 $\frac{7}{2}$을 소수로 바꾸면 3.5이므로 2와 3.5를 더하면 5.5가 됩니다.

2 (아 그렇구나! 문제 2를 가리키며) $\frac{77}{2000}$을 계산할 때 혼동되는 점은 무엇입니까?

⇨ $\frac{77}{2000}$을 소수로 바꿀 때는 77을 2000으로 나눌 때 소수점 아래 소수 부분이 0을 포함하게 되므로 혼동스러울 수 있습니다. 주어진 문제는 $\frac{77}{20} \times \frac{1}{100}$로 나누어 계산하면 좀 더 용이하게 풀 수 있습니다. $\frac{77}{20}$은 3.85이고 3.85에 $\frac{1}{100}$을 곱하면 3.85의 소수점이 왼쪽으로 두 자리 이동합니다. 0.0385가 정답입니다.

배움 체크하기

(배움 체크 리스트 를 가리키며) 오늘 우리가 함께 공부한 것을 혼자서도 할 수 있는지 체크해 봅시다. 혼자서도 할 수 있으면 , 선생님의 도움이 더 필요하다면 ?에 동그라미로 표시하세요.

배움 체크 리스트		?
1. 소수는 0이나 자연수 부분과 소수 부분으로 이루어진다는 것을 이해합니다.		
2. 대분수는 자연수 부분과 소수 부분으로 이루어진다는 것을 이해합니다.		
3. 나뉘는 수가 나누는 수보다 작은 자연수의 나눗셈을 할 수 있습니다.		
4. 분모가 10의 거듭제곱수일 때는 분모에 있는 0의 개수만큼 소수점을 왼쪽으로 옮긴다는 것을 이해하고 적용할 수 있습니다.		
5. 분수를 소수로 바꿀 때는 분수의 자연수 부분의 값과 분자를 분모로 나눈 값을 덧셈한다는 것을 이해하고 적용할 수 있습니다.		
6. 분수의 자연수 부분이 없을 때는 분자를 분모로 나눈 값이 분수를 소수로 나타낸 값이라는 것을 이해하고 적용할 수 있습니다.		
7. 가분수를 소수로 나타내면 1보다 큰 소수가 된다는 것을 이해하고 적용할 수 있습니다.		

혼자 풀기

(혼자 풀어 보는 문제 1~7을 제시하며) 오늘 배운 것을 기억하면서 문제를 혼자 풀어 보는 시간입니다. 내비게이션 1.2 를 사용하면 도움이 됩니다.

다음 나눗셈을 분수로 나타내시오.

1. $3 \div 5$

2. $9 \div 12$

다음 분수를 소수로 나타내시오.

3. $\frac{9}{15}$

4. $\frac{14}{25}$

5. $\frac{27}{75}$

6. $14\frac{3}{5}$

7. $3\frac{1}{8}$

채점 및 오답 분석

학생이 쓴 답을 기재하고, 오답인 경우 중재 결정표 에서 가능한 오류 원인을 1~8 중에서 골라 번호로 기재합니다. 기타 원인 때문에 오답이 발생했을 경우, 구체적으로 어떤 이유인지 기재합니다. 가능한 오답의 원인을 모두 기재합니다.

혼자 풀어 보는 문제	정답	학생이 쓴 답	오답 원인
1. $3 \div 5$	$\frac{3}{5}$		
2. $9 \div 12$	$\frac{9}{12} = \frac{3}{4}$		
3. $\frac{9}{15}$	0.6		
4. $\frac{14}{25}$	0.56		
5. $\frac{27}{75}$	0.36		
6. $14\frac{3}{5}$	14.6		
7. $3\frac{1}{8}$	3.125		
	정답 개수	/ 7	

중재 결정표

👉 **오답 원인을 분석하여 차후 중재를 결정하세요.**

오답 원인	발생 빈도	최다 발생 오류	중재 결정
1. 사전 지식 및 기술(자연수의 나눗셈, 약분하기, 소수와 대분수의 이해, 10의 거듭제곱수로 나누기)			
2. 용어나 문제 이해 부족(약분, 소수점 아래 자릿수, 대분수)			
3. 대분수의 자연수 부분에 있는 값을 소수의 자연수 부분에 나타내는 방법의 이해와 적용의 어려움			
4. 분자를 분모로 나눠서 소수로 나타내는 방법의 이해와 적용의 어려움			
5. 대분수의 분자를 분모로 나눈 값을 대분수의 자연수 부분과 덧셈하여 소수로 나타내는 방법의 이해와 적용의 어려움			
6. 가분수를 소수로 나타내는 방법의 이해와 적용의 어려움			
7. 부주의/계산 실수			
8. 기타(구체적 원인 기재하기)			

가장 흔한 오답 원인	1과 2 중 하나	3, 4, 5, 6 중 하나	7
	AND	AND	OR
오답률	오답이 2개 이상	오답이 2개 이상	오답이 2개 미만
	↓	↓	↓
다음 중재	브리지(Bridge)	동 차시 반복	다음 차시

브리지(Bridge) 차시
- 1.1차시
- 자연수의 나눗셈
- 기약분수

3차시

자연수와 분수의 나눗셈 - 수막대 모델

[내비게이션 1.3] 수막대 모델을 이용한 자연수와 분수의 나눗셈 $(3 \div \frac{2}{3})$

1 크기 1을 나타내는 수막대를 피제수(나뉘는 수)만큼 그리기

- 3이 피제수이므로 수막대를 3개 그린다.

1	2	3

2 각 수막대를 제수(나누는 수)의 분모만큼 나누기

- 제수인 $\frac{2}{3}$의 분모는 3이므로 각 수막대를 3등분한다.

1			2			3		

3 수막대 안에 만들어진 작은 사각형 안에 단위분수를 쓰기

- 1을 3등분한 것을 나타내는 단위분수는 $\frac{1}{3}$이다.

1			2			3		
$\frac{1}{3}$	$\frac{1}{3}$	$\frac{1}{3}$	$\frac{1}{3}$	$\frac{1}{3}$	$\frac{1}{3}$	$\frac{1}{3}$	$\frac{1}{3}$	$\frac{1}{3}$

4. 제수인 분수를 나타내는 양만큼 수막대에 표시하기

- 제수인 분수는 $\frac{2}{3}$이므로 $\frac{2}{3}$에 표시한다.

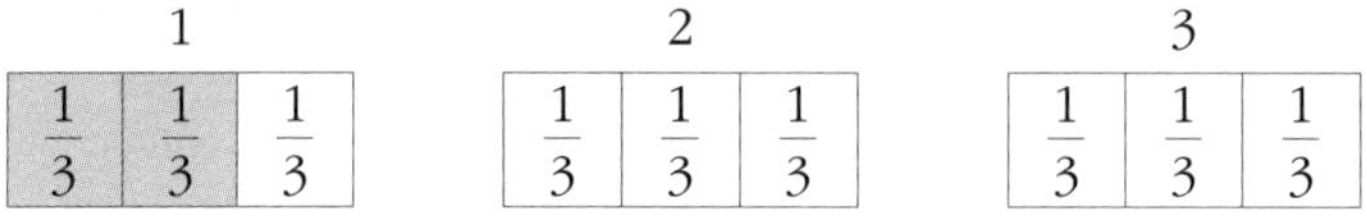

5. 나눗셈 몫 결정하기: 전체 수막대에 제수인 분수가 몇 번 포함되는지 확인하여 나눗셈의 몫을 결정함

- 수막대 3개 안에 $\frac{2}{3}$가 4번 포함되었으므로 나눗셈의 몫은 4이다.

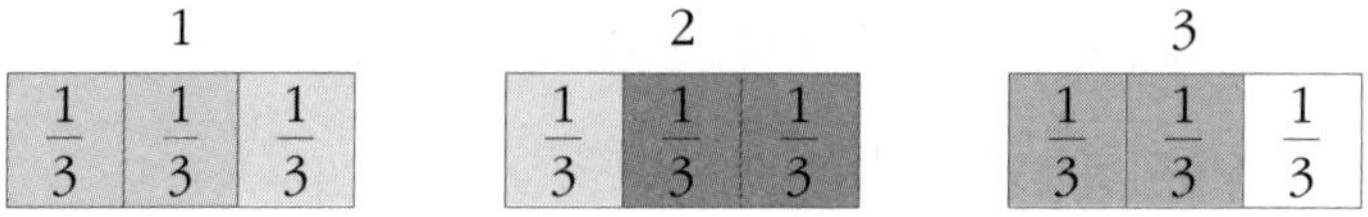

6. 나머지 결정하기: 나머지 칸이 제수 칸의 몇 분의 몇인지 분수로 나타냄 ($\frac{\text{나머지 칸 수}}{\text{제수 칸 수}}$)

- 나머지 칸이 1칸이고 제수를 나타내는 칸은 2칸이므로 나머지를 나타내는 분수는 $\frac{1}{2}$이다.

  → $\frac{\text{나머지 칸 수}}{\text{제수 칸 수}} = \frac{1}{2}$

7. 나눗셈의 답을 대분수로 쓰기: 몫은 대분수의 자연수 자리에 나머지는 분수 자리에 써 줌

- 수막대 3개 안에 $\frac{2}{3}$가 4번 포함되고, 나머지를 나타내는 분수는 $\frac{1}{2}$이므로 3 ÷ 2/3 = $4\frac{1}{2}$이라 답한다.

차시 목표 자연수와 분수의 나눗셈을 수막대를 그려 계산할 수 있다.

사전 지식 가분수, 진분수, 단위분수의 의미, 분수를 단위분수의 합으로 나타내기(예: $\frac{2}{3}=\frac{1}{3}+\frac{1}{3}$), 자연수의 나눗셈, 자연수를 나타내는 수막대에 단위분수 나타내기

준비물 1단계 3차시 학생용 교재, **내비게이션 1.3**

흔한 오류

1. 나눗셈의 결과는 피제수보다 작아진다고 생각하는 경우, 자연수를 분수로 나눈 몫이 피제수인 자연수보다 커지는 것을 이해하지 못한다.

2. 크기 1을 나타내는 수막대를 제수인 분수의 분모만큼 나눌 때 분모 크기만큼 눈금을 그린다.
   - 오류 예: $2 \div \frac{1}{5}$을 수막대 모형을 사용하여 풀 때 크기 1을 나타내는 수막대를 2개 그린 후 각 막대를 5등분이 되도록 나눠야 하는데, 각 막대에 눈금 5개를 그려 6등분한다.

3. 몫을 구하고 나머지를 구할 때, 수막대에 남아 있는 칸이 제수의 얼마에 해당하는지(분수로 나타냄.)로 나머지를 이해하지 않고, 남아 있는 칸이 그대로 나머지라 생각한다.
   - 오류 예: $1 \div \frac{2}{5}$를 수막대로 나타내면, 1에는 $\frac{2}{5}$가 2번 포함되고 $\frac{1}{5}$을 나타내는 칸이 1칸 남는다. $\frac{1}{5}$을 나머지라 생각하는 경우, 답을 $2\frac{1}{5}$이라 쓴다. 몫을 구하고 남은 칸은 1칸이고 제수를 나타내는 칸은 2칸이므로 나머지는 $\frac{1}{2}$이다. 정답은 $2\frac{1}{2}$이다.

사전평가

처음 두 문제는 가장 필수적인 사전 지식에 대한 이해를 묻고, 3번부터 7번까지는 차시 목표인 개념과 기술의 이해를 묻습니다.

다음 나눗셈 결과를 대분수로 나타내시오.

1. $5 \div 2$

2. $10 \div 3$

다음 문제를 수막대를 그려 풀어 보시오.

3. $4 \div \frac{2}{3}$

4. $6 \div \frac{3}{7}$

5. $5 \div \frac{5}{4}$

6. $4 \div \frac{5}{3}$

7. $3 \div \frac{6}{5}$

정답

1. $2\frac{1}{2}$

2. $3\frac{1}{3}$

3. $4 \div \frac{2}{3} = 6$ 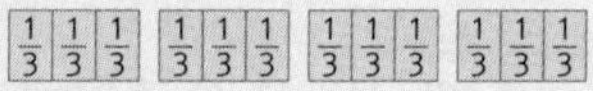

4. $6 \div \frac{3}{7} = 14$

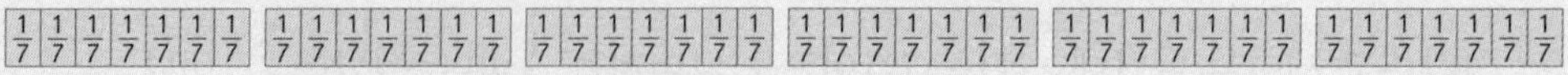

5. $5 \div \frac{5}{4} = 4$ 

6. $4 \div \frac{5}{3} = 2\frac{2}{5}$ 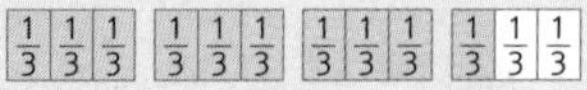

7. $3 \div \frac{6}{5} = 2\frac{1}{2}$ 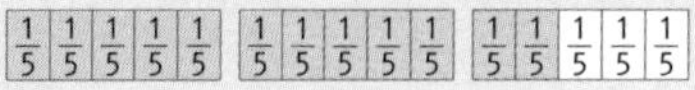

접속하기

차시 목표 및 개념 설명

오늘은 자연수 ÷ 분수를 수막대를 사용하여 푸는 방법을 배우려 합니다. 먼저, 이번 차시에서 많이 사용될 개념과 기술을 정리해 봅시다.

1. 3의 $\frac{1}{3}$은 어떻게 계산합니까? 3의 $\frac{1}{3}$은 $3 \times \frac{1}{3} = 1$입니다. 마찬가지로, 10의 $\frac{1}{5}$은 $10 \times \frac{1}{5} = 2$입니다.

2. 단위분수란 무엇입니까? 단위분수란 분자가 1이고 분모가 자연수인 분수를 말합니다. 예를 들어, $\frac{1}{3}$, $\frac{1}{4}$, $\frac{1}{5}$ 등이 단위분수입니다.

3. 가분수란 $\frac{5}{4}$, $\frac{4}{3}$, $\frac{12}{6}$와 같이 분자가 분모보다 큰 분수를 말합니다.

4. 자연수를 분수로 만들면 가분수가 됩니다. 자연수를 가분수로 만들려면 어떻게 해야 합니까? 분모가 주어졌을 경우, 자연수와 분모를 곱한 값을 분자에 씁니다. 예를 들어, 3을 분모가 6인 가분수로 만들려면 분모 6에 분자는 자연수와 분모를 곱한 값($3 \times 6 = 18$)을 씁니다($3 = \frac{(3 \times 6)}{6}$).

5. 자연수 ÷ 자연수의 값을 대분수로 답할 때, 대분수의 자연수와 분수의 의미는 무엇입니까? 자연수는 나눗셈의 몫이고 분수는 나눗셈 후 나머지가 나누는 수(제수)의 얼마에 해당하는지를 나타낸 것입니다. 예를 들어, $5 \div 2$는 몫이 2이고 나눗셈 후 나머지는 1입니다. 나눗셈 후 나머지를 분수로 나타내면 1은 제수 2의 반값, 즉 $\frac{1}{2}$입니다. 따라서 $5 \div 2 = 2\frac{1}{2}$입니다.

6. 자연수 ÷ **분수**의 값을 대분수로 답할 때, 대분수의 자연수와 분수의 의미는 무엇입니까? 자연수 ÷ 자연수에서와 마찬가지로, 대분수의 자연수는 나눗셈의 몫이고 분수는 나눗셈 후 나머지가 나누는 수(제수)의 얼마에 해당하는지를 나타낸 것입니다.

1) 자연수 ÷ **분수**의 **몫**은 자연수 안에 **분수**가 몇 번 포함될 수 있는지를 말하고 답을 쓸 때 대분수의 자연수 자리에 씁니다. 예를 들어, $3 \div \frac{2}{3} = 4\frac{1}{2}$은 자연수 3에는 분수 $\frac{2}{3}$가 4번 포함된다는 것을 의미합니다.

2) 자연수 ÷ **분수**의 **나머지**는 그 값이 제수인 **분수**의 얼마에 해당하는지를 구해 답을 쓸 때 대분수의 분수 자리에 씁니다. 예를 들어, $2 \div \frac{3}{2}$을 계산하면 2에는 분수 $\frac{3}{2}$이 1번 포함되고 $\frac{1}{2}$이 남습니다. 남은 수인 $\frac{1}{2}$이 제수인 분수 $\frac{3}{2}$의 얼마에 해당하는지를 구해 대분수의 분수 자리에 씁니다. $\frac{1}{2}$은 제수 $\frac{3}{2}$의 $\frac{1}{3}$에 해당하므로 이 나눗셈식의 답을 쓸 때는 $1\frac{1}{3}$이라 답합니다.

7. 자연수 ÷ 분수는 어떻게 계산합니까? 자연수 ÷ 분수는 여러 방법으로 계산할 수 있습니다. 이번 차시에서 배울 방법은 수막대에 자연수와 분수의 나눗셈을 표현하여 자연수에 분수가 몇 번 들어가는지 알아보는 방법입니다. 예를 들어, $3 \div \frac{1}{3}$을 풀기 위해서는,

1) 크기 1을 나타내는 수막대를 피제수(**나뉘는 수**)만큼 그립니다.

3이 피제수이므로 수막대를 3개 그립니다.

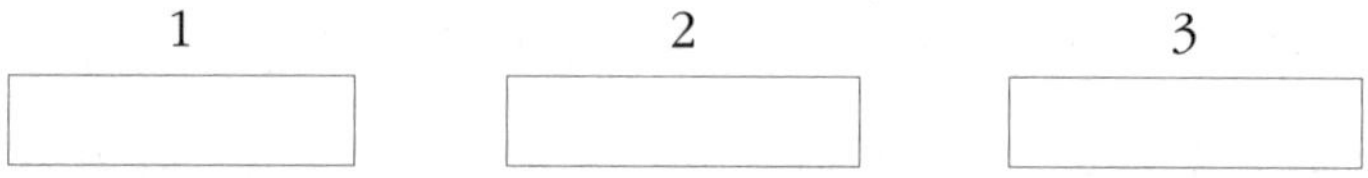

2) 각 수막대를 제수의 분모만큼 나눕니다.

제수인 $\frac{1}{3}$의 분모는 3이므로 각 수막대를 3등분합니다.

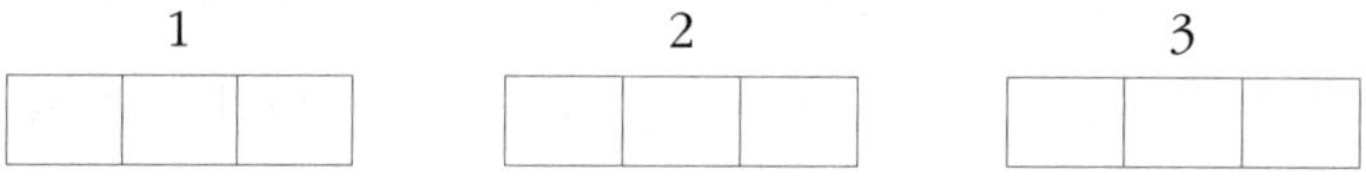

3) 수막대 안에 만들어진 작은 사각형 안에 단위분수를 씁니다.

1을 3등분한 것을 나타내는 단위분수는 $\frac{1}{3}$ 입니다.

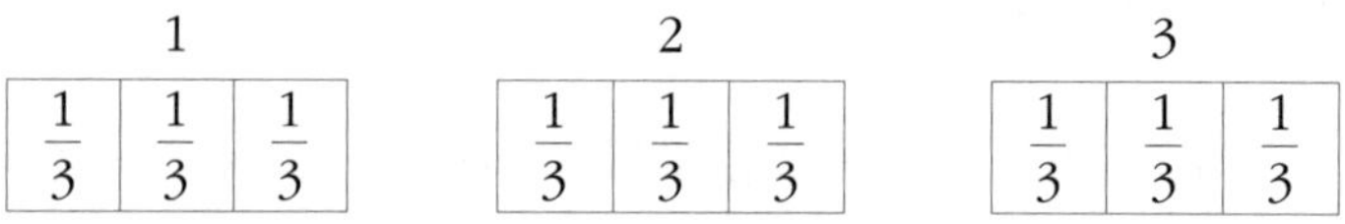

4) 제수인 분수를 나타내는 양만큼 수막대에 표시합니다.

제수인 분수는 $\frac{1}{3}$이므로 $\frac{1}{3}$에 표시합니다.

1			2			3		
$\frac{1}{3}$	$\frac{1}{3}$	$\frac{1}{3}$	$\frac{1}{3}$	$\frac{1}{3}$	$\frac{1}{3}$	$\frac{1}{3}$	$\frac{1}{3}$	$\frac{1}{3}$

5) 전체 수막대에 제수인 분수가 몇 개 포함되었는지 세어 나눗셈의 몫을 결정합니다.

수막대 3개 안에 $\frac{1}{3}$이 9번 포함되었으므로 나눗셈의 몫은 9입니다.

6) 나머지를 나타낼 분수를 결정합니다. 몫을 구한 후 피제수 칸이 남은 경우 → 남은 칸이 제수를 나타내는 칸의 몇 분의 몇인지 분수로 나타냅니다($\frac{\text{남은 칸 수}}{\text{제수 칸 수}}$).

남은 칸이 없습니다.

7) 나눗셈의 답을 대분수로 씁니다. 몫은 대분수의 자연수 자리에 나머지는 분수 자리에 써 줍니다.

수막대 3개 안에 $\frac{1}{3}$이 9번 포함되고 나머지는 없으므로 $3 \div \frac{1}{3} = 9$라 답합니다.

내비게이션 1.3 은 수막대 그림을 그려 자연수와 분수의 나눗셈을 계산하는 방법을 정리해 보여 줍니다.

보여 주기

개념 및 기술 교수, 개념 및 기술 예시 제시, 보는 수학 내비게이션을 이용한 교사 모델링

(내비게이션 1.3 을 보여 주며) 자연수와 분수의 나눗셈을 수막대를 그려 계산하는 방법을 다시 한번 정리해 봅시다. 첫째, 크기가 1인 수막대를 피제수인 자연수만큼 그립니다. 둘째, 각 수막대를 제수인 분수의 분모만큼 나눕니다. 셋째, 각 수막대 안의 작은 사각형에 단위분수를 씁니다. 넷째, 제수인 분수를 나타내는 양을 표시합니다. 다섯째, 전체 수막대에 제수인 분수가 몇 번 포함될 수 있는지 확인하고 나눗셈의 몫으로 씁니다. 마지막으로, 몫을 구하고 제수 칸이 남은 경우 $\frac{\text{남은 칸 수}}{\text{제수 칸 수}}$를 구해 나머지로 씁니다. 몫은 대분수의 자연수 부분에, 나머지는 대분수의 분수 부분에 씁니다. 자연수와 분수의 나눗셈을 수막대를 그려 계산하는 방법을 참고하여 $2 \div \frac{2}{3}$를 풀어 봅시다.

1 (보여 주는 문제 1을 보여 주며) $2 \div \frac{2}{3}$를 수막대를 그려 계산하시오.

1. 먼저, 크기 1을 나타내는 수막대를 피제수인 자연수만큼 그립니다.
   - 2가 피제수이므로 수막대를 2개 그립니다.

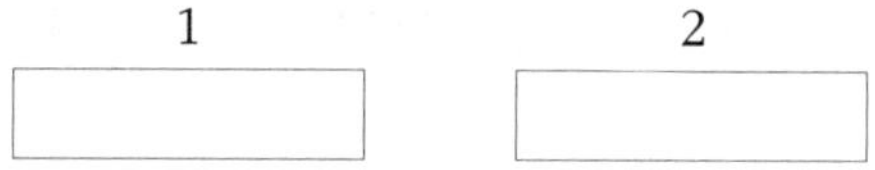

2. 다음은 각 수막대를 제수의 분모만큼 나눕니다.
   - 제수인 $\frac{2}{3}$의 분모는 3이므로 각 수막대를 3등분합니다.

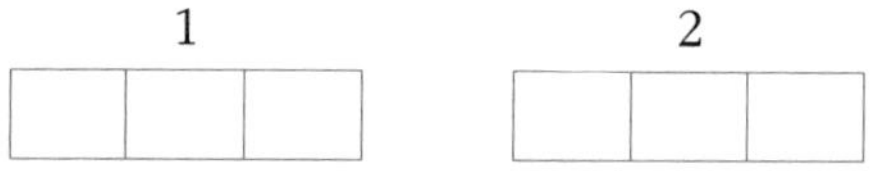

3. 수막대 안에 만들어진 작은 사각형 안에 단위분수를 씁니다.
   - 1을 3등분한 것을 나타내는 단위분수는 $\frac{1}{3}$입니다.

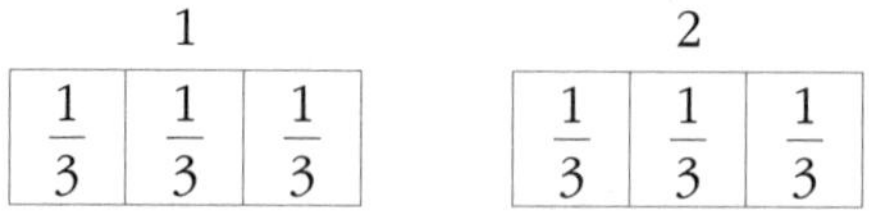

4. 다음은 제수인 분수를 나타내는 양만큼 수막대에 표시합니다.

- 제수인 분수는 $\frac{2}{3}$이므로 $\frac{1}{3}$을 두 칸 색칠합니다.

1			2		
$\frac{1}{3}$	$\frac{1}{3}$	$\frac{1}{3}$	$\frac{1}{3}$	$\frac{1}{3}$	$\frac{1}{3}$

5. 전체 수막대에 제수인 분수가 몇 번 포함되었는지 세어 나눗셈의 몫을 결정합니다.

- 수막대 2개 안에 $\frac{2}{3}$가 3번 포함되었으므로 나눗셈의 몫은 3입니다.

1			2		
$\frac{1}{3}$	$\frac{1}{3}$	$\frac{1}{3}$	$\frac{1}{3}$	$\frac{1}{3}$	$\frac{1}{3}$

6. 나머지를 결정합니다. 몫을 구하고 피제수 칸이 남은 경우, 남은 칸이 제수를 나타내는 칸의 몇 분의 몇인지 분수로 나타냅니다($\frac{\text{남은 칸 수}}{\text{제수 칸 수}}$).

- 남은 칸이 없습니다.

7. 나눗셈 결과를 대분수로 씁니다. 몫은 대분수의 자연수 자리에 나머지는 분수 자리에 씁니다.

- 수막대 2개 안에 $\frac{2}{3}$가 3번 포함되고 나머지는 없으므로 $2 \div \frac{2}{3} = 3$이라 답합니다.

2 (보여 주는 문제 2를 보여 주며) $3 \div \frac{3}{2}$을 수직선에 그림을 그려 계산하시오.

1. 먼저 크기 1을 나타내는 수막대를 피제수인 자연수만큼 그립니다.

- 3이 피제수이므로 수막대를 3개 그립니다.

1	2	3

2. 다음은 각 수막대를 제수의 분모만큼 나눕니다.

- 제수인 $\frac{3}{2}$의 분모는 2이므로 각 수막대를 2등분합니다.

3. 수막대 안에 만들어진 작은 사각형 안에 단위분수를 씁니다.

- 1을 2등분한 것을 나타내는 단위분수는 $\frac{1}{2}$입니다.

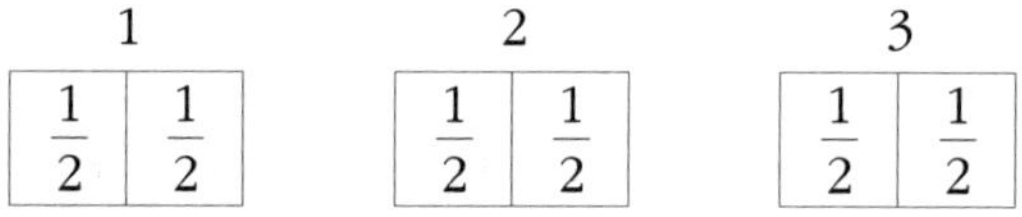

4. 다음은 제수인 분수를 나타내는 양만큼 수막대에 표시합니다.

- 제수인 분수는 $\frac{3}{2}$이므로 $\frac{1}{2}$을 3칸 색칠합니다.

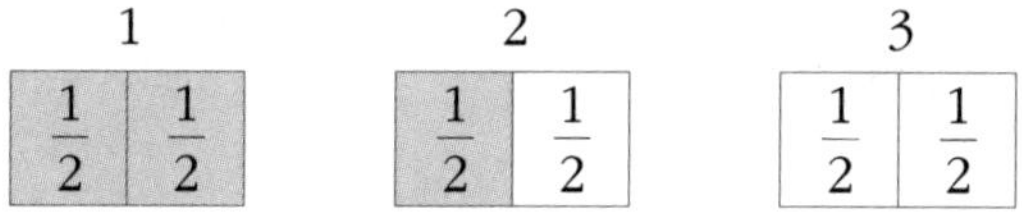

5. 전체 수막대에 제수인 분수가 몇 번 포함되었는지 세어 나눗셈의 몫을 결정합니다.

- 수막대 3개 안에 $\frac{3}{2}$이 2번 포함되었으므로 나눗셈의 몫은 2입니다.

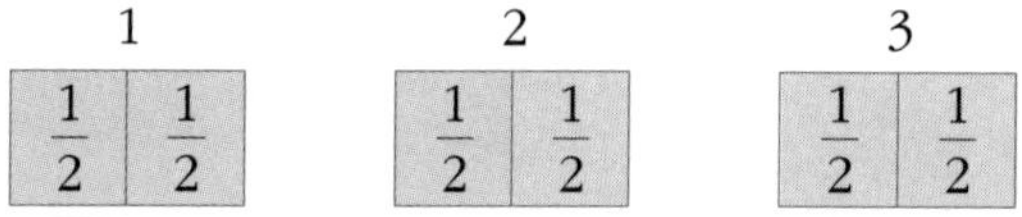

6. 나머지를 결정합니다. 몫을 구한 후 피제수 칸이 남은 경우, 남은 칸이 제수를 나타내는 칸의 몇 분의 몇인지 분수로 나타냅니다($\frac{\text{남은 칸 수}}{\text{제수 칸 수}}$).

- 남은 칸이 없습니다.

7. 나눗셈 결과를 대분수로 씁니다. 몫은 대분수의 자연수 자리에 나머지는 분수 자리에 씁니다.

- 수막대 3개 안에 $\frac{3}{2}$이 2번 포함되고 나머지는 없으므로 $3 \div \frac{3}{2} = 2$라 답합니다.

❸ (보여 주는 문제 3을 보여 주며) $3 \div \frac{4}{3}$를 수직선에 그림을 그려 계산하시오.

1. 먼저 크기 1을 나타내는 수막대를 피제수인 자연수만큼 그립니다.

- 3이 피제수이므로 수막대를 3개 그립니다.

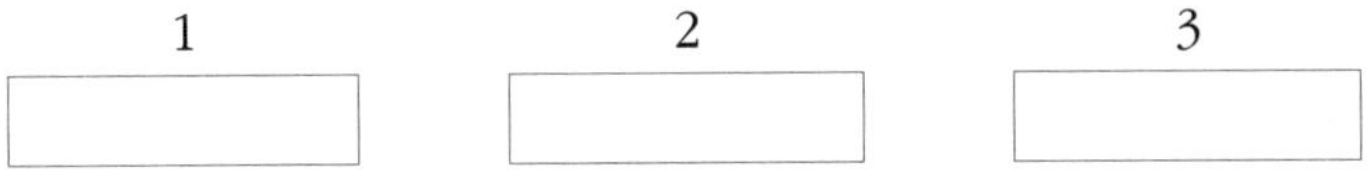

2. 다음은 각 수막대를 제수의 분모만큼 나눕니다.

- 제수인 $\frac{4}{3}$의 분모는 3이므로 각 수막대를 3등분합니다.

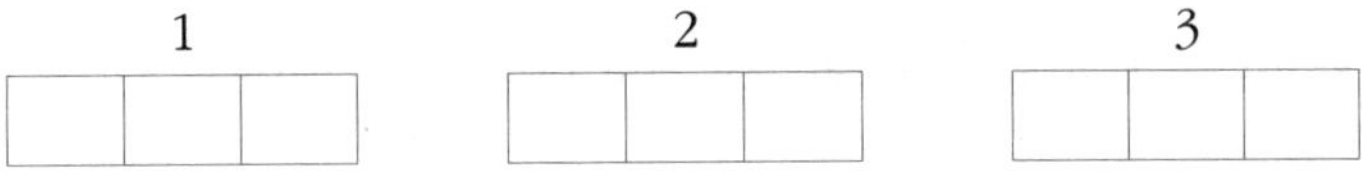

3. 수막대 안에 만들어진 작은 사각형 안에 단위분수를 씁니다.

- 1을 3등분한 것을 나타내는 단위분수는 $\frac{1}{3}$입니다.

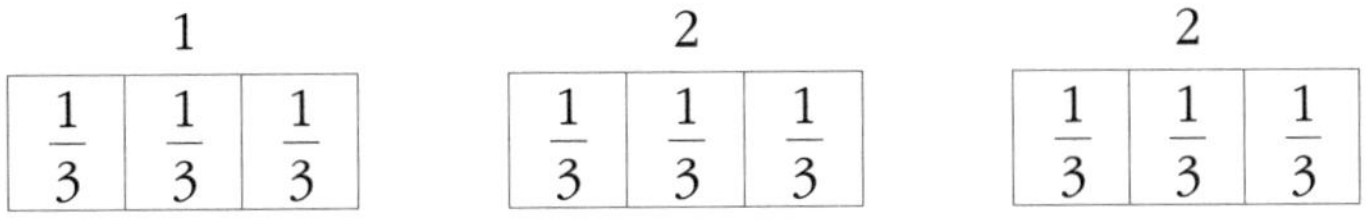

4. 다음은 제수인 분수를 나타내는 양만큼 수막대에 표시합니다.

- 제수인 분수는 $\frac{4}{3}$이므로 $\frac{1}{3}$을 4칸 색칠합니다.

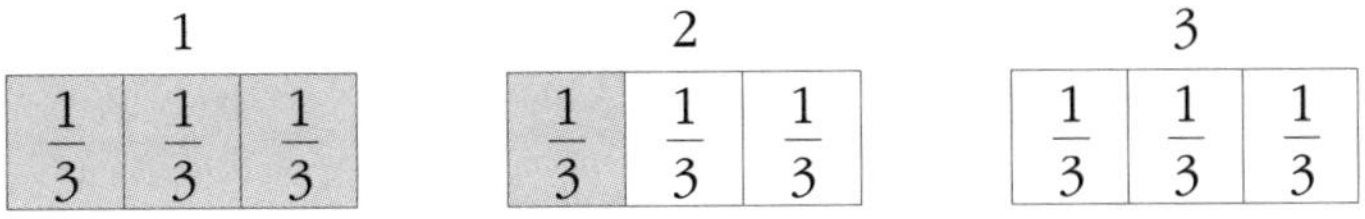

5. 전체 수막대에 제수인 분수가 몇 번 포함되었는지 세어 나눗셈의 몫을 결정합니다.

- 수막대 3개 안에 $\frac{4}{3}$가 2번 포함되었으므로 나눗셈의 몫은 2입니다.

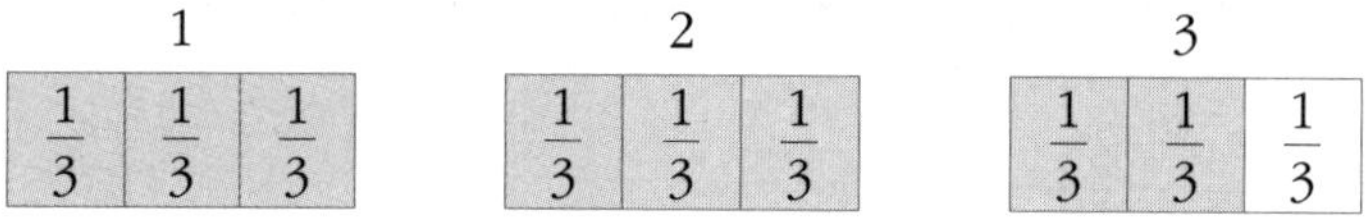

6. 나머지를 결정합니다. 몫을 구한 후 피제수 칸이 남은 경우, 남은 칸이 제수를 나타내는 칸의 몇 분의 몇인지 분수로 나타냅니다($\frac{\text{남은 칸 수}}{\text{제수 칸 수}}$).

- 남은 칸은 한 칸이고 제수를 나타내는 칸은 4칸이므로 나머지를 분수로 나타내면 $\frac{1}{4}$입니다.
- $\frac{\text{남은 칸 수}}{\text{제수 칸 수}} = \frac{1}{4}$

7. 나눗셈의 답을 대분수로 씁니다. 몫은 대분수의 자연수 자리에 나머지는 분수 자리에 씁니다.

- 수막대 3개 안에 $\frac{4}{3}$가 2번 포함되고 나머지는 $\frac{1}{4}$이므로 $3 \div \frac{4}{3} = 2\frac{1}{4}$라 답합니다.

함께 풀기

(내비게이션 1.3 을 보여 주며) 문제를 풀기 전에, 자연수와 분수의 나눗셈을 수막대를 그려 계산하는 방법을 다시 한번 정리해 봅시다. 첫째, 크기가 1인 수막대를 피제수인 자연수만큼 그립니다. 둘째, 각 수막대를 제수인 분수의 분모만큼 나눕니다. 셋째, 각 수막대 안의 작은 사각형에 단위분수를 씁니다. 넷째, 제수인 분수를 나타내는 칸을 표시합니다. 다섯째, 전체 수막대에 제수인 분수가 몇 번 포함될 수 있는지 확인하고 나눗셈의 몫으로 씁니다. 마지막으로, 몫을 구하고 피제수 칸이 남은 경우 $\frac{\text{남은 칸 수}}{\text{제수 칸 수}}$로 나머지를 구합니다. 몫은 대분수의 자연수 부분에, 나머지는 대분수의 분수 부분에 씁니다. 자연수와 분수의 나눗셈을 수막대를 그려 계산하는 방법을 참고하여 $3 \div \frac{3}{4}$을 풀어 봅시다.

1 (함께 풀어 보는 문제 1을 가리키며) $3 \div \frac{3}{4}$을 수직선에 그림을 그려 계산하시오.

1. 수막대를 사용하여 자연수 ÷ 분수를 계산할 때는 가장 먼저 무엇을 합니까?
   - 먼저 크기 1을 나타내는 수막대를 피제수인 자연수만큼 그립니다.
   - 이 문제에서 나뉘는 수, 즉 피제수는 얼마입니까? 3이 피제수이므로 수막대를 3개 그립니다.

1 2 3

2. 다음은 무엇을 합니까? 각 수막대를 제수의 분모만큼 나눕니다.
   - 이 문제에서 나누는 수인 제수는 얼마입니까? 제수는 $\frac{3}{4}$입니다.
   - 제수의 분모는 얼마입니까? 제수의 분모는 4입니다.
   - 각 수막대를 4등분합니다.

1 2 3

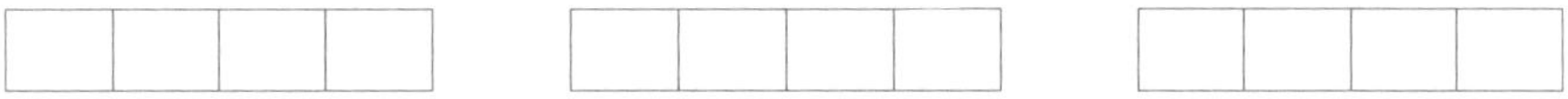

3. 다음은 무엇을 합니까? 수막대 안에 만들어진 작은 사각형 안에 단위분수를 씁니다.

- 1을 4등분한 것을 나타내는 단위분수는 무엇입니까? $\frac{1}{4}$입니다.

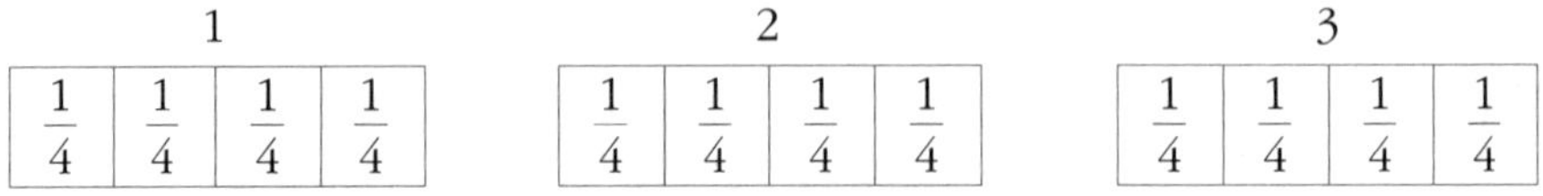

4. 다음은 무엇을 합니까? 제수인 분수를 나타내는 양만큼 수막대에 표시합니다.

- 제수인 분수는 얼마입니까? $\frac{3}{4}$입니다.
- $\frac{3}{4}$은 $\frac{1}{4}$이 몇 개입니까? $\frac{3}{4}$은 $\frac{1}{4}$이 3개이므로 $\frac{1}{4}$을 3칸 색칠합니다.

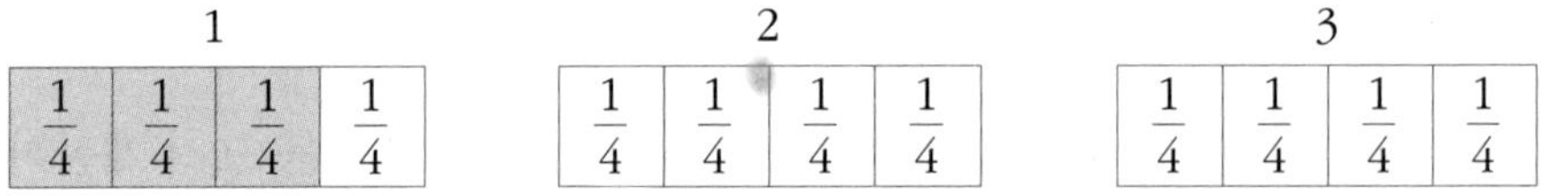

5. 다음은 무엇을 합니까? 전체 수막대에 제수인 분수가 몇 번 포함될 수 있는지 세어 나눗셈의 몫을 구합니다.

- 수막대 3개 안에 $\frac{3}{4}$이 몇 번 포함될 수 있습니까? 4번 포함될 수 있습니다.
- 나눗셈의 몫은 4입니다.

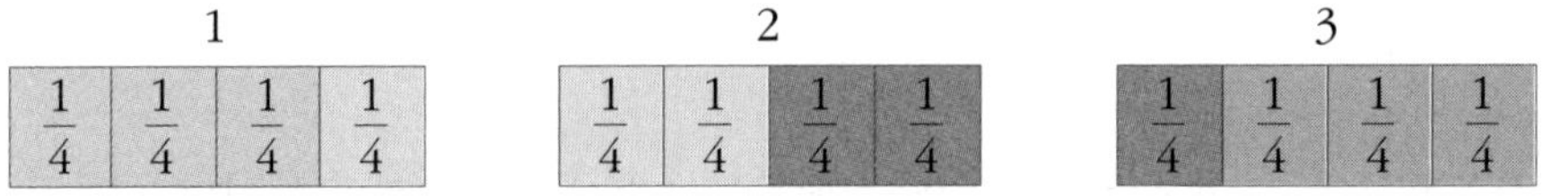

6. 다음은 무엇을 합니까? 나머지를 구합니다.

- 몫을 구한 후 피제수 칸이 남은 경우, 남은 칸이 제수를 나타내는 칸의 몇 분의 몇인지 분수로 나타냅니다($\frac{\text{남은 칸 수}}{\text{제수 칸 수}}$).
- 이 문제에는 남은 칸이 있습니까? 남은 칸이 없습니다.

7. 다음은 무엇을 합니까? 나눗셈의 답을 대분수로 씁니다.

- 몫은 대분수의 자연수 자리에 나머지는 분수 자리에 씁니다.

- 수막대 3개 안에 $\frac{3}{4}$이 4번 포함되고 나머지는 없으므로 $3 \div \frac{3}{4} = 4$라 답합니다.

② (함께 풀어 보는 문제 2를 가리키며) $5 \div \frac{5}{3}$를 수직선에 그림을 그려 계산하시오.

1. 수막대를 사용하여 자연수 ÷ 분수를 계산할 때는 가장 먼저 무엇을 합니까?

- 먼저, 크기 1을 나타내는 수막대를 피제수인 자연수만큼 그립니다.
- 이 문제에서 나뉘는 수, 즉 피제수는 얼마입니까? 5가 피제수이므로 수막대를 5개 그립니다.

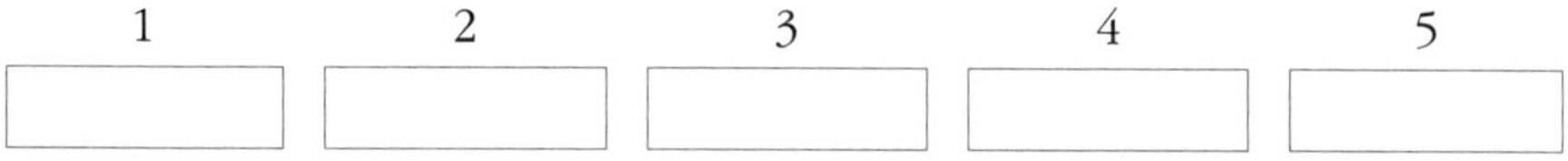

2. 다음은 무엇을 합니까? 각 수막대를 제수의 분모만큼 나눕니다.

- 이 문제에서 나누는 수인 제수는 얼마입니까? 제수는 $\frac{5}{3}$입니다.
- 제수의 분모는 얼마입니까? 제수의 분모는 3입니다.
- 각 수막대를 3등분합니다.

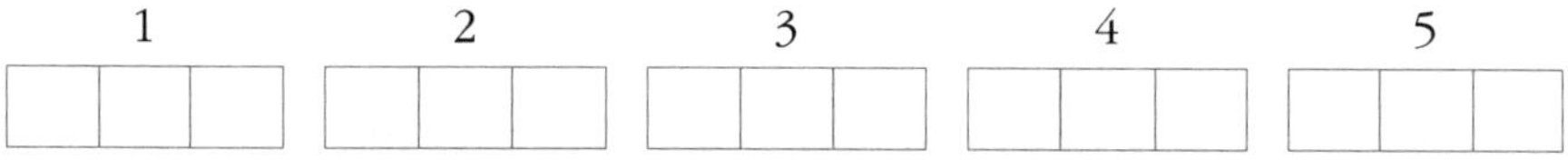

3. 다음은 무엇을 합니까? 수막대 안에 만들어진 작은 사각형 안에 단위분수를 씁니다.

- 1을 3등분한 것을 나타내는 단위분수는 무엇입니까? $\frac{1}{3}$입니다.

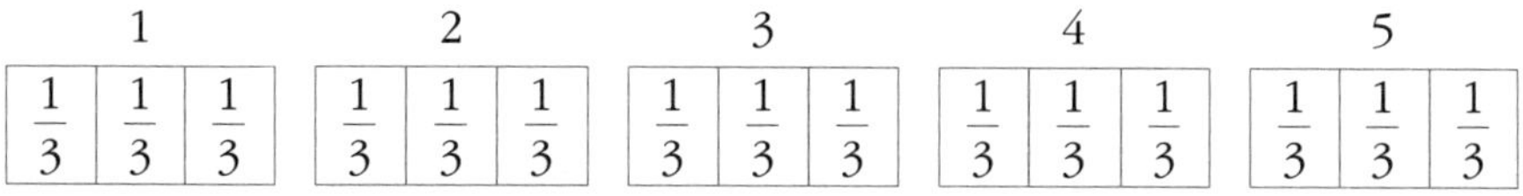

4. 다음은 무엇을 합니까? 제수인 분수를 나타내는 양만큼 수막대에 표시합니다.

- 제수인 분수는 얼마입니까? $\frac{5}{3}$입니다.

- $\frac{5}{3}$는 $\frac{1}{3}$이 몇 개입니까? $\frac{5}{3}$는 $\frac{1}{3}$이 5개이므로 $\frac{1}{3}$을 5칸 색칠합니다.

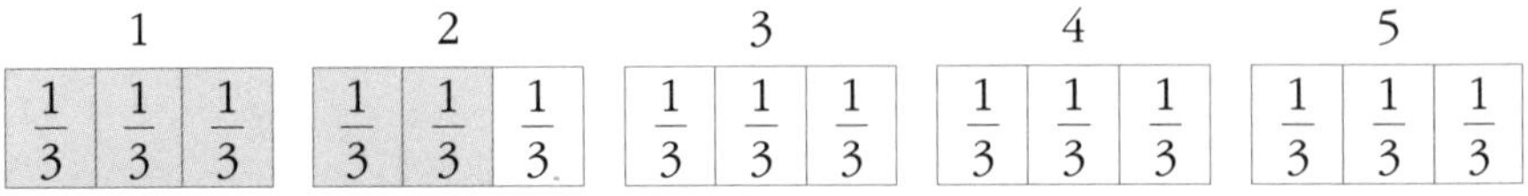

5. 다음은 무엇을 합니까? 전체 수막대에 제수인 분수가 몇 번 포함될 수 있는지 세어 나눗셈의 몫을 구합니다.
   - 수막대 5개 안에 $\frac{5}{3}$가 몇 번 포함될 수 있습니까? 3번 포함될 수 있습니다.
   - 나눗셈의 몫은 3입니다.

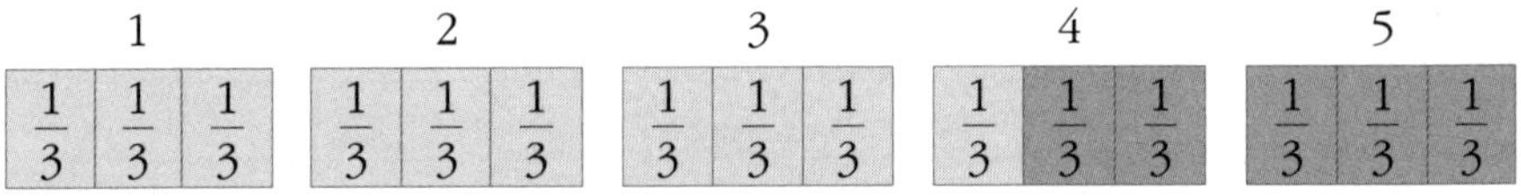

6. 다음은 무엇을 합니까? 나머지를 구합니다.
   - 몫을 구하고 피제수 칸이 남은 경우, 남은 칸이 제수를 나타내는 칸의 몇 분의 몇인지 분수로 나타냅니다($\frac{\text{남은 칸 수}}{\text{제수 칸 수}}$).
   - 이 문제에는 남은 칸이 있습니까? 남은 칸이 없습니다.

7. 다음은 무엇을 합니까? 나눗셈의 답을 대분수로 씁니다.
   - 몫은 대분수의 자연수 자리에 나머지는 분수 자리에 씁니다.
   - 수막대 5개 안에 $\frac{5}{3}$이 3번 포함되고 나머지는 없으므로 $5 \div \frac{5}{3} = 3$이라 답합니다.

3 (함께 풀어 보는 문제 3을 가리키며) $2 \div \frac{4}{5}$를 수직선에 그림을 그려 계산하시오.

1. 수막대를 사용하여 자연수 ÷ 분수를 계산할 때는 가장 먼저 무엇을 합니까?
   - 먼저, 크기 1을 나타내는 수막대를 피제수인 자연수만큼 그립니다.

- 이 문제에서 나뉘는 수, 즉 피제수는 얼마입니까? 2가 피제수이므로 수막대를 2개 그립니다.

1	2

2. 다음은 무엇을 합니까? 각 수막대를 제수의 분모만큼 나눕니다.

- 이 문제에서 나누는 수인 제수는 얼마입니까? 제수는 $\frac{4}{5}$입니다.
- 제수의 분모는 얼마입니까? 제수의 분모는 5입니다.
- 각 수막대를 5등분합니다.

		1					2		

3. 다음은 무엇을 합니까? 수막대 안에 만들어진 작은 사각형 안에 단위분수를 씁니다.

- 1을 5등분한 것을 나타내는 단위분수는 무엇입니까? $\frac{1}{5}$입니다.

		1					2		
$\frac{1}{5}$	$\frac{1}{5}$	$\frac{1}{5}$	$\frac{1}{5}$	$\frac{1}{5}$	$\frac{1}{5}$	$\frac{1}{5}$	$\frac{1}{5}$	$\frac{1}{5}$	$\frac{1}{5}$

4. 다음은 무엇을 합니까? 제수인 분수를 나타내는 양만큼 수막대에 표시합니다.

- 제수인 분수는 얼마입니까? $\frac{4}{5}$입니다.
- $\frac{4}{5}$는 $\frac{1}{5}$이 몇 개입니까? $\frac{4}{5}$는 $\frac{1}{5}$이 4개이므로 $\frac{1}{5}$을 4칸 색칠합니다.

		1					2		
$\frac{1}{5}$	$\frac{1}{5}$	$\frac{1}{5}$	$\frac{1}{5}$	$\frac{1}{5}$	$\frac{1}{5}$	$\frac{1}{5}$	$\frac{1}{5}$	$\frac{1}{5}$	$\frac{1}{5}$

5. 다음은 무엇을 합니까? 전체 수막대에 제수인 분수가 몇 번 포함될 수 있는지 세어 나눗셈의 몫을 구합니다.

- 수막대 2개 안에 $\frac{4}{5}$가 몇 번 포함될 수 있습니까? 2번 포함될 수 있습니다.

- 나눗셈의 몫은 2입니다.

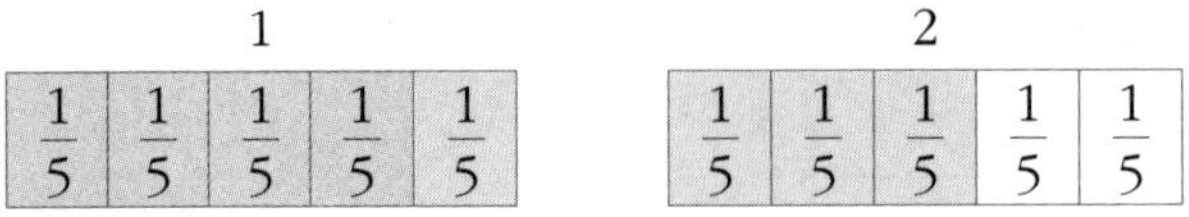

6. 다음은 무엇을 합니까? 나머지를 구합니다.

- 몫을 구하고 피제수 칸이 남은 경우, 남은 칸이 제수를 나타내는 칸의 몇 분의 몇인지 분수로 나타냅니다($\frac{\text{남은 칸 수}}{\text{제수 칸 수}}$).
- 이 문제에는 남은 칸이 있습니까? 있습니다. 남은 칸은 몇 개입니까? 남은 칸은 2칸입니다.
- 제수를 나타내는 칸은 몇 칸입니까? 4칸입니다.
- 2칸은 4칸의 몇 분의 몇입니까? $\frac{2}{4} = \frac{1}{2}$입니다.
- $\frac{\text{남은 칸 수}}{\text{제수 칸 수}} = \frac{2}{4} = \frac{1}{2}$

7. 다음음 무엇을 합니까? 나눗셈의 답을 대분수로 씁니다.

- 몫은 대분수의 자연수 자리에 나머지는 분수 자리에 씁니다.
- 수막대 2개 안에 $\frac{4}{5}$가 2번 포함되고 나머지는 $\frac{1}{2}$이므로 $2 \div \frac{4}{5} = 2\frac{1}{2}$이라 답합니다.

아 그렇구나!

☞ 혼동되는 문제 다시 풀기
☞ 최다 오류를 반례로 제시하여 개념 및 기술 획득 강화

아 그렇구나! 에서는 수막대를 이용하여 자연수 ÷ 분수를 계산할 때 우리가 혼동스러워 하는 문제를 함께 풀어 봅니다. 다음 문제를 풀 때 왜 실수가 많은지 그 이유를 함께 생각해 봅시다.

1 (아 그렇구나! 문제 1을 가리키며) $5 \div \frac{1}{3}$을 계산할 때 혼동되는 점은 무엇입니까?

⇨ 자연수의 나눗셈에서 나눗셈의 결과는 피제수보다 작다고 배웠습니다. $5 \div \frac{1}{3}$을 수막대를 사용하여 풀면 답은 15입니다. 나눗셈의 결과가 피제수인 5보다 작아야 한다고 생각하는 경우에는 답을 구하고도 정답이 아니라고 생각할 수 있습니다. 자연수의 나눗셈에서는 몫이 피제수보다 작지만 분수의 나눗셈에서는 몫이 피제수보다 커질 수 있습니다.

❷ (아 그렇구나! 문제 2를 가리키며) $4 \div \frac{7}{5}$을 계산할 때 혼동되는 점은 무엇입니까?

⇨ 주어진 나눗셈을 풀기 위해 수막대를 그리면, 4는 $\frac{7}{5}$을 두 번 포함하고 나머지 칸이 6칸이 됩니다. 이 문제의 경우, 네 번째 1을 나타내는 수막대 전체가 나머지 칸이 되므로(나머지가 크므로) $\frac{7}{5}$을 한 번 더 포함할 수 있다고 생각하거나 나머지를 분수로 나타내는 데 어려움을 보입니다.

1					2					3					4				
$\frac{1}{5}$	$\frac{1}{5}$	$\frac{1}{5}$	$\frac{1}{5}$	$\frac{1}{5}$	$\frac{1}{5}$	$\frac{1}{5}$	$\frac{1}{5}$	$\frac{1}{5}$	$\frac{1}{5}$	$\frac{1}{5}$	$\frac{1}{5}$	$\frac{1}{5}$	$\frac{1}{5}$	$\frac{1}{5}$	$\frac{1}{5}$	$\frac{1}{5}$	$\frac{1}{5}$	$\frac{1}{5}$	$\frac{1}{5}$

몫을 구하고 남은 칸이 많더라도 제수를 나타내는 칸보다 적다면 제수를 한 번 더 포함할 수 없습니다. 이 나눗셈의 나머지를 나타내는 분수는 $\frac{\text{남은 칸 수}}{\text{제수 칸 수}} = \frac{6}{7}$입니다. 몫과 나머지를 대분수로 나타내면 $4 \div \frac{7}{5} = 2\frac{6}{7}$입니다.

배움 체크하기

(배움 체크 리스트 를 가리키며) 오늘 우리가 함께 공부한 것을 혼자서도 할 수 있는지 체크해 봅시다. 혼자서도 할 수 있으면 , 선생님의 도움이 더 필요하다면 ?에 동그라미로 표시하세요.

배움 체크 리스트		?
1. 자연수의 나눗셈을 할 수 있고 몫과 나머지의 의미를 이해합니다.		
2. 단위분수의 의미를 이해하고 어떤 분수를 단위분수들의 합으로 나타낼 수 있습니다.		
3. 자연수 ÷ 분수의 계산 결과는 피제수인 자연수보다 큰 수라는 것을 이해하고 적용할 수 있습니다.		
4. 수막대를 그려 자연수와 분수의 나눗셈을 할 때는 먼저 자연수만큼 수막대를 그리고 제수의 분모만큼 각 수막대를 등분한 후, 제수를 나타내는 칸을 색칠한다는 것을 이해하고 적용할 수 있습니다.		
5. 그려진 수막대에 제수값을 나타내는 부분이 몇 번 포함되는지 세어 나눗셈의 몫을 구한다는 것을 이해하고 적용할 수 있습니다.		
6. 수막대에 제수값을 나타내는 부분을 반복적으로 포함시키고 더 이상 제수값을 포함시킬 수 없게 될 때, 피제수에 남은 칸을 세어 $\frac{\text{남은 칸 수}}{\text{제수 칸 수}}$를 구하여 나눗셈의 나머지를 구한다는 것을 이해하고 적용할 수 있습니다.		
7. 자연수 ÷ 분수의 계산 결과는 자연수나 대분수가 되는데, 나머지가 있는 경우는 대분수로 나타내며 대분수의 자연수 자리엔 몫을, 대분수의 분수 자리엔 나머지를 표시한다는 것을 이해하고 적용할 수 있습니다.		

혼자 풀기

(혼자 풀어 보는 문제 1~7을 제시하며) 오늘 배운 것을 기억하면서 문제를 혼자 풀어 보는 시간입니다. 내비게이션 1.3 을 사용하면 도움이 됩니다.

다음 나눗셈 결과를 대분수로 나타내시오.

1. $5 \div 2$

2. $10 \div 3$

다음 나눗셈을 수막대를 사용하여 계산하시오.

3. $4 \div \frac{2}{3}$

4. $6 \div \frac{3}{7}$

5. $5 \div \frac{5}{4}$

6. $4 \div \frac{5}{3}$

7. $3 \div \frac{6}{5}$

채점 및 오답 분석

학생이 쓴 답을 기재하고, 오답인 경우 중재 결정표 에서 가능한 오류 원인을 1~8 중에서 골라 번호로 기재합니다. 기타 원인 때문에 오답이 발생했을 경우, 구체적으로 어떤 이유인지 기재합니다. 가능한 오답의 원인을 모두 기재합니다.

혼자 풀어 보는 문제	정답	학생이 쓴 답	오답 원인
1. $5 \div 2$	$2\frac{1}{2}$		
2. $10 \div 3$	$3\frac{1}{3}$		
3. $4 \div \frac{2}{3}$	6		
4. $6 \div \frac{3}{7}$	14		
5. $5 \div \frac{5}{4}$	4		
6. $4 \div \frac{5}{3}$	$2\frac{2}{5}$		
7. $3 \div \frac{6}{5}$	$2\frac{1}{2}$		
	정답 개수	/ 7	

중재 결정표

오답 원인을 분석하여 차후 중재를 결정하세요.

오답 원인	발생 빈도	최다 발생 오류	중재 결정
1. 사전 지식 및 기술(자연수의 나눗셈, 어떤 분수를 단위분수의 합으로 나타내기, 분수를 수막대로 나타내기)			
2. 용어나 문제 이해 부족(몫, 나머지, 단위분수)			
3. 자연수 ÷ 분수를 계산하기 위해 수막대를 그리는 절차의 이해와 적용의 어려움			
4. 수막대를 그린 후, 몫을 찾아내는 방법의 이해와 적용의 어려움			
5. 수막대를 그린 후, 나머지를 찾아내는 방법의 이해와 적용의 어려움			
6. 자연수 ÷ 분수의 계산 결과를 대분수로 표현하는 방법의 이해와 적용의 어려움			
7. 부주의/계산 실수			
8. 기타(구체적 원인 기재하기)			

가장 흔한 오답 원인	1과 2 중 하나	3, 4, 5, 6 중 하나	7
	AND	AND	OR
오답률	오답이 2개 이상	오답이 2개 이상	오답이 2개 미만
다음 중재	브리지(Bridge)	동 차시 반복	다음 차시

브리지(Bridge) 차시
- 단위분수의 의미 복습
- 단위분수를 사용한 분수의 합성 복습

4차시

진분수와 진분수의 나눗셈 - 수막대 모델

[내비게이션 1.4] 수막대 모델을 사용한 진분수와 진분수의 나눗셈

1 분모 통분하기

- $\frac{1}{3}$과 $\frac{1}{4}$은 두 분모의 곱인 12로 통분됨

  $\rightarrow \frac{1}{3} = \frac{1 \times 4}{3 \times 4} = \frac{4}{12}$ $\quad\quad$ $\frac{1}{4} = \frac{1 \times 3}{4 \times 3} = \frac{3}{12}$

2 크기가 1인 수막대를 분모의 양만큼 등분하고 단위분수 표시하기

- 통분된 두 분수의 분모는 12이므로 수막대를 12등분함
- 1을 12등분한 것을 나타내는 분수는 $\frac{1}{12}$이므로 단위분수는 $\frac{1}{12}$

1

$\frac{1}{12}$	$\frac{1}{12}$	$\frac{1}{12}$	$\frac{1}{12}$	$\frac{1}{12}$	$\frac{1}{12}$	$\frac{1}{12}$	$\frac{1}{12}$	$\frac{1}{12}$	$\frac{1}{12}$	$\frac{1}{12}$	$\frac{1}{12}$

3 피제수는 굵은 선, 제수는 색칠로 표시하기

- 피제수는 $\frac{4}{12}(\frac{1}{12} + \frac{1}{12} + \frac{1}{12} + \frac{1}{12})$이므로 4번째 칸 끝나는 곳에 굵은 선을 그림
- 제수는 $\frac{3}{12}(\frac{1}{12} + \frac{1}{12} + \frac{1}{12})$이므로 첫 번째부터 3번째 칸까지 색칠함

1

$\frac{1}{12}$	$\frac{1}{12}$	$\frac{1}{12}$	$\frac{1}{12}$	$\frac{1}{12}$	$\frac{1}{12}$	$\frac{1}{12}$	$\frac{1}{12}$	$\frac{1}{12}$	$\frac{1}{12}$	$\frac{1}{12}$	$\frac{1}{12}$

❹ 나눗셈의 몫 결정하기: 피제수를 표시하는 선 안에 제수를 표시하는 부분이 몇 번 들어갈 수 있는지 확인함

- $\frac{4}{12}$ 안에 $\frac{3}{12}$이 1번 포함되었으므로 나눗셈의 몫은 1임

1

$\frac{1}{12}$	$\frac{1}{12}$	$\frac{1}{12}$	$\frac{1}{12}$	$\frac{1}{12}$	$\frac{1}{12}$	$\frac{1}{12}$	$\frac{1}{12}$	$\frac{1}{12}$	$\frac{1}{12}$	$\frac{1}{12}$	$\frac{1}{12}$

❺ 나머지 결정하기: 피제수 선 안에서 몫을 나타내는 부분을 빼고 남은 칸이 제수를 나타내는 칸의 몇 분의 몇인지 분수로 나타냄($\frac{\text{남은 칸 수}}{\text{제수 칸 수}}$)

- 남은 칸은 1칸이고 제수를 나타내는 칸은 3칸이므로 나머지를 나타내는 분수는 $\frac{\text{남은 칸 수}}{\text{제수 칸 수}} = \frac{1}{3}$임

❻ 나눗셈 결과 대분수로 쓰기: 몫은 대분수의 자연수 자리에 나머지는 분수 자리에 씀

- 몫은 1이고 나머지를 나타내는 분수는 $\frac{1}{3}$이므로 $\frac{1}{3} \div \frac{1}{4} = 1\frac{1}{3}$임

차시 목표 진분수와 진분수의 나눗셈을 수막대를 그려 계산할 수 있다.

사전 지식 진분수, 단위분수의 의미, 통분, 분수를 단위분수의 합으로 나타내기(예: $\frac{2}{3}=\frac{1}{3}+\frac{1}{3}$), 자연수의 나눗셈, 1을 나타내는 수막대에 단위분수 나타내기

준비물 1단계 4차시 학생용 교재, **내비게이션 1.4**

흔한 오류

1. 나눗셈의 결과가 피제수보다 작아진다고 생각하는 경우, 분수를 분수로 나눈 몫이 피제수인 분수보다 커지는 것을 이해하지 못한다.

2. 크기 1을 나타내는 수막대를 두 분수의 공통분모를 나타내는 수만큼 등분할 때 몇 개의 눈금을 그려야 하는지 혼동스러워한다.

- 오류 예: $\frac{1}{2} \div \frac{1}{5}$을 수막대 모형을 사용하여 풀 때, 크기 1을 나타내는 수막대를 10등분해야 하는데 수막대 안에 눈금을 10개 그려서 11등분을 한다.

3. 나머지가 있는 경우 나머지를 제수의 얼마에 해당하는지(분수로 나타냄.)로 이해하지 않고, 남아 있는 칸이 그대로 나머지라 생각한다.

- 오류 예: $\frac{1}{2} \div \frac{2}{5}$를 수막대로 나타내면, $\frac{1}{2}$에는 $\frac{2}{5}$가 1번 포함되고 $\frac{1}{10}$을 나타내는 칸이 한 칸 남는다. 따라서 답을 쓸 때 $1\frac{1}{10}$이라 쓴다. 정답은 남은 칸인 $\frac{1}{10}$이 제수 $\frac{2}{5}$, 즉 $\frac{4}{10}$의 얼마에 해당하는지를 파악하여 대분수의 분수 자리에 써야 한다. $1\frac{1}{4}$이 정답이다.

4. 몫은 0이고 나머지가 있는 경우, 대분수의 자연수 자리에 0을 쓴다.

- 오류 예: 몫이 0이고 나머지가 $\frac{14}{15}$인 경우 $0\frac{14}{15}$라 답한다.

사전평가

처음 두 문제는 가장 필수적인 사전 지식에 대한 이해를 묻고, 3번부터 7번까지는 차시 목표인 개념과 기술의 이해를 묻습니다.

다음 문제를 수막대를 그려 풀어 보시오.

1. $5 \div 2$

2. $2 \div \frac{2}{3}$

3. $\frac{3}{4} \div \frac{1}{4}$

4. $\frac{3}{4} \div \frac{1}{2}$

5. $\frac{4}{5} \div \frac{1}{3}$

6. $\frac{1}{3} \div \frac{3}{4}$

7. $\frac{2}{5} \div \frac{2}{3}$

정답

1. $5 \div 2 = 2\frac{1}{2}$ 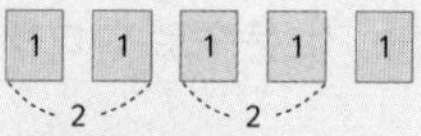

2. $2 \div \frac{2}{3} = 3$ 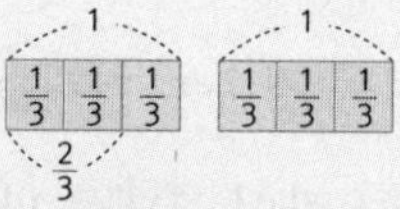

3. $\frac{3}{4} \div \frac{1}{4} = 3$ 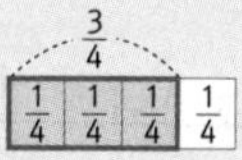

4. $\frac{3}{4} \div \frac{1}{2} = \frac{3}{2}$ 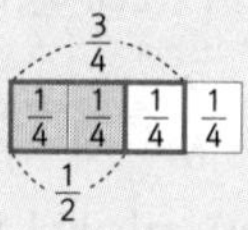

5. $\frac{4}{5} \div \frac{1}{3} = \frac{12}{15} \div \frac{5}{15} = 2\frac{2}{5}$ 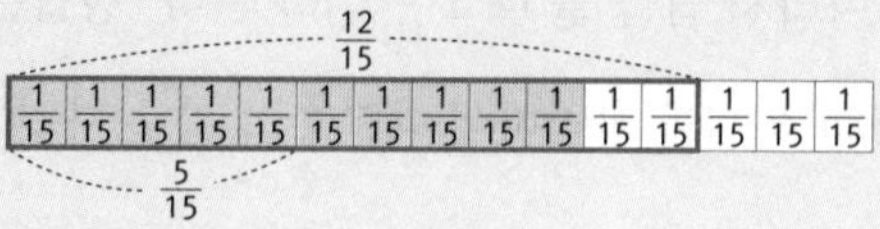

6. $\frac{1}{3} \div \frac{3}{4} = \frac{4}{12} \div \frac{9}{12} = \frac{4}{9}$ 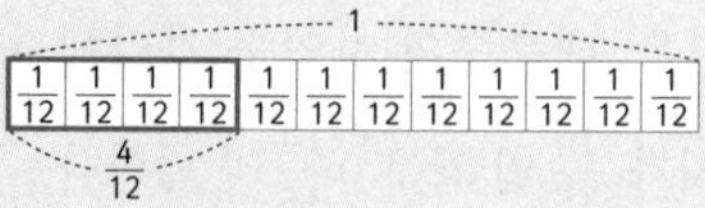

7. $\frac{2}{5} \div \frac{2}{3} = \frac{6}{15} \div \frac{10}{15} = \frac{3}{5}$ 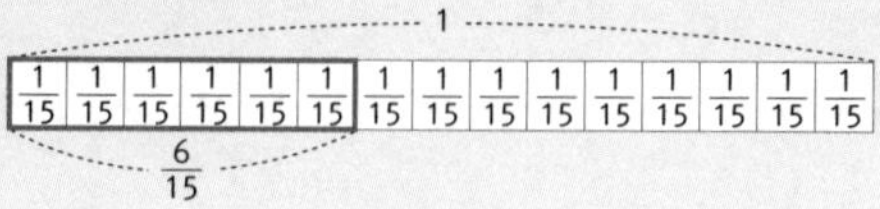

접속하기

차시 목표 및 개념 설명

오늘은 진분수 ÷ 진분수를 수막대를 사용하여 푸는 방법을 배우려 합니다. 먼저, 이번 차시에서 많이 사용될 개념과 기술을 정리해 봅시다.

1. 3의 $\frac{1}{3}$은 어떻게 계산합니까? 3의 $\frac{1}{3}$은 $3 \times \frac{1}{3} = 1$입니다. 마찬가지로, 10의 $\frac{1}{5}$은 $10 \times \frac{1}{5} = 2$입니다.

2. 단위분수란 무엇입니까? 단위분수란 분자가 1이고 분모가 자연수인 분수를 말합니다. 예를 들어, $\frac{1}{3}$, $\frac{1}{4}$, $\frac{1}{5}$ 등이 단위분수입니다.

3. 진분수란 $\frac{2}{4}$, $\frac{1}{3}$, $\frac{5}{6}$와 같이 분모가 분자보다 큰 분수를 말합니다.

4. 분모가 다른 두 분수를 동분모로 만들려면 어떻게 해야 합니까? 통분하여 두 분수의 분모를 같게 만들 수 있습니다. 통분은 어떻게 합니까? 통분은 두 가지 방법으로 할 수 있습니다. 분모의 최소공배수로 통분하는 방법과 두 분모의 곱으로 통분할 수 있습니다.

   1) 예를 들어, $\frac{1}{3}$과 $\frac{5}{6}$를 분모의 최소공배수를 이용하여 통분하면 3과 6의 최소공배수가 6이므로 $\frac{5}{6}$는 바꾸지 않고 $\frac{1}{3}$만 분모가 6인 분수로 바꾸면 됩니다.

   $\rightarrow \frac{1}{3} = \frac{1 \times 2}{3 \times 2} = \frac{2}{6}$

   2) 두 분모의 곱으로 통분하면, 분모 3과 6의 곱인 18이 분모가 되므로 $\frac{1}{3}$에는 분자와 분모에 각각 6을 곱하고 $\frac{5}{6}$에는 분자와 분모에 3을 곱합니다.

   $\rightarrow \frac{1}{3} = \frac{1 \times 6}{3 \times 6} = \frac{6}{18}$

   $\rightarrow \frac{5}{6} = \frac{5 \times 3}{6 \times 3} = \frac{15}{18}$

5. 자연수 ÷ 자연수의 값을 대분수로 답할 때, 대분수에 속한 자연수와 분수의 의미는 무엇입니까? 자연수는 나눗셈의 몫이고 분수는 나눗셈 후 나머지가 제수의 얼마에 해당하는지를 나타낸 것입니다. 예를 들어, 5 ÷ 2는 몫이 2이고 나눗셈 후 나머지는 1입니다. 나눗셈 후 나머지를 분수로 나타내면 1은 제수 2의 반값, 즉 $\frac{1}{2}$입니다. 따라서 $5 \div 2 = 2\frac{1}{2}$입니다.

6. 진분수 ÷ 진분수의 값을 대분수로 답할 때, 대분수에 속한 자연수와 분수의 의미는 무엇입니까? 자연수 ÷ 자연수에서와 마찬가지로, 자연수는 나눗셈의 몫이고 분수는 나눗셈 후 나머지가 제수의 얼마에 해당하는지를 나타낸 것입니다.

1) 진분수 ÷ 진분수의 몫은 피제수인 진분수 안에 제수인 진분수가 몇 번 포함될 수 있는지를 말하고 답을 쓸 때 대분수의 자연수 자리에 씁니다. 예를 들어, $\frac{4}{5} \div \frac{2}{5} = 2$는 분수 $\frac{4}{5}$에는 분수 $\frac{2}{5}$가 2번 포함될 수 있다는 것을 의미합니다.

2) 진분수 ÷ 진분수를 계산한 후 나머지는 그 값이 제수인 분수의 얼마에 해당하는지를 구해 답을 쓸 때 대분수의 분수 자리에 씁니다. 예를 들어, $\frac{4}{5} \div \frac{3}{5}$을 계산하면 $\frac{4}{5}$에는 $\frac{2}{5}$가 1번 포함되고(몫은 1) $\frac{1}{5}$이 남습니다. 나머지 $\frac{1}{5}$이 제수 $\frac{3}{5}$의 얼마에 해당하는지를 구해 대분수의 분수 자리에 씁니다. $\frac{1}{5}$은 분수 $\frac{3}{5}$의 $\frac{1}{3}$에 해당하므로 $\frac{4}{5} \div \frac{3}{5} = 1\frac{1}{3}$입니다.

7. 진분수 ÷ 진분수는 어떻게 계산합니까? 진분수 ÷ 진분수는 여러 방법으로 계산할 수 있습니다. 이번 차시에서 배울 방법은 수막대에 진분수와 분수의 나눗셈을 표현하여 피제수인 진분수에 제수인 진분수가 몇 번 들어가는지 알아보는 방법입니다. 예를 들어, $\frac{1}{2} \div \frac{1}{3}$을 풀기 위해서는,

1) 두 분수를 통분하여 동분모를 가진 분수로 바꿉니다.

$\frac{1}{2} = \frac{1 \times 3}{2 \times 3} = \frac{3}{6}$　　　$\frac{1}{3} = \frac{1 \times 2}{3 \times 2} = \frac{2}{6}$

2) 크기 1을 나타내는 수막대를 통분된 분수의 분모의 양만큼 등분한 후 단위분수를 씁니다. 통분된 두 분수의 분모는 6이므로 수막대를 6등분합니다. 1을 6등분한 것을 나타내는 분수는 $\frac{1}{6}$이므로 단위분수는 $\frac{1}{6}$입니다.

1

$\frac{1}{6}$	$\frac{1}{6}$	$\frac{1}{6}$	$\frac{1}{6}$	$\frac{1}{6}$	$\frac{1}{6}$

3) 수막대에 선을 그려 피제수를 표시하고 제수에 해당하는 칸을 색칠합니다.

피제수는 $\frac{3}{6}(\frac{1}{6} + \frac{1}{6} + \frac{1}{6})$이므로 세 번째 칸 다음에 굵은 선을 그리고, 제수는 $\frac{2}{6}(\frac{1}{6} + \frac{1}{6})$이므로 첫 번째와 두 번째 칸을 색칠합니다.

1

$\frac{1}{6}$ (색칠)	$\frac{1}{6}$ (색칠)	$\frac{1}{6}$ ‖	$\frac{1}{6}$	$\frac{1}{6}$	$\frac{1}{6}$

4) 나눗셈의 몫을 결정합니다. 피제수를 나타내는 선 안에 제수를 나타내는 부분이 몇 번 포함되는지 셉니다. $\frac{3}{6}$ 안에 $\frac{2}{6}$가 1번 포함되었으므로 나눗셈의 몫은 1입니다.

5) 나머지를 나타낼 분수를 결정합니다 → 남은 칸이 계수를 나타내는 칸의 몇 분의 몇인지 분수로 나타냅니다($\frac{\text{남은 칸 수}}{\text{제수 칸 수}}$). 나머지 칸은 1칸이고 제수를 나타내는 칸은 2칸이므로 $\frac{\text{남은 칸 수}}{\text{제수 칸 수}} = \frac{1}{2}$이 나머지를 나타내는 분수입니다.

6) 나눗셈의 답을 대분수로 씁니다. 몫은 대분수의 자연수 자리에, 나머지는 분수 자리에 써 줍니다. 몫은 1이고 나머지를 나타내는 분수는 $\frac{1}{2}$이므로 $\frac{1}{2} \div \frac{1}{3} = 1\frac{1}{2}$입니다.

> 내비게이션 1.4 는 수막대 그림을 그려 진분수와 진분수의 나눗셈을 계산하는 방법을 정리해 보여 줍니다.

보여 주기

개념 및 기술 교수, 개념 및 기술 예시 제시, 보는 수학 내비게이션을 이용한 교사 모델링

(내비게이션 1.4 를 보여 주며) 진분수와 진분수의 나눗셈을 수막대를 그려 계산하는 방법을 다시 한번 정리해 봅시다. 첫째, 분모가 다른 분수의 나눗셈인 경우, 통분하여 동분모로 만듭니다. 둘째, 크기가 1인 수막대를 한 개 그리고 통분된 분수의 분모의 양만큼 등분한 후 각 등분된 칸 안에 단위분수를 씁니다. 셋째, 피제수를 표시하는 선을 그리고 제수를 표시하는 부분을 색칠합니다. 넷째, 피제수에 제수가 몇 번 포함되는지 세어 나눗셈의 몫을 결정합니다. 다섯째, 몫을 구하고 남은 칸을 제수를 나타내는 칸 수로 나눠 나머지를 나타내는 분수의 값을 구합니다. 마지막으로, 나눗셈의 계산 결과를 자연수(나머지가 없는 경우)나 대분수(나머지가 있는 경우)로 씁니다. 몫은 대분수의 자연수 부분에, 나머지는 대분수의 분수 부분에 씁니다. 진분수와 진분수의 나눗셈을 수막대를 그려 계산하는 방법을 적용하여 $\frac{5}{6} \div \frac{2}{6}$를 풀어 봅시다.

1 (보여 주는 문제 1을 보여 주며) $\frac{5}{6} \div \frac{2}{6}$를 수막대를 그려 풀어 보시오.

1. 먼저, 분모가 다른 두 분수라면 두 분수를 통분하여 동분모를 가진 분수로 바꿉니다.
   - 주어진 문제는 $\frac{5}{6}$와 $\frac{2}{6}$가 분모가 같으므로 이 단계가 필요치 않습니다.

2. 크기 1을 나타내는 수막대를 통분된 분수의 분모의 양만큼 등분한 후 단위분수를 씁니다.
   - 통분된 두 분수의 분모는 6이므로 수막대를 6등분합니다.
   - 1을 6등분한 것을 나타내는 분수는 $\frac{1}{6}$이므로 단위분수는 $\frac{1}{6}$입니다.

1

$\frac{1}{6}$	$\frac{1}{6}$	$\frac{1}{6}$	$\frac{1}{6}$	$\frac{1}{6}$	$\frac{1}{6}$

3. 수막대에 선을 그려 피제수를 표시하고 제수에 해당하는 칸을 색칠합니다.

- 피제수는 $\frac{5}{6}(\frac{1}{6}+\frac{1}{6}+\frac{1}{6}+\frac{1}{6}+\frac{1}{6})$이므로 다섯 번째 칸 다음에 굵은 선을 그립니다.
- 제수는 $\frac{2}{6}(\frac{1}{6}+\frac{1}{6})$이므로 첫 번째와 두 번째 칸을 색칠합니다.

1

$\frac{1}{6}$	$\frac{1}{6}$	$\frac{1}{6}$	$\frac{1}{6}$	$\frac{1}{6}$	$\frac{1}{6}$

4. 나눗셈의 몫을 결정합니다. 피제수를 나타내는 선 안에 제수를 나타내는 부분이 몇 번 포함되는지 셉니다.

- $\frac{5}{6}$ 안에 $\frac{2}{6}$가 2번 포함되었으므로 나눗셈의 몫은 2입니다.

1

$\frac{1}{6}$	$\frac{1}{6}$	$\frac{1}{6}$	$\frac{1}{6}$	$\frac{1}{6}$	$\frac{1}{6}$

5. 나머지를 나타낼 분수를 결정합니다. 남은 칸이 제수 칸의 몇 분의 몇인지 분수로 나타냅니다($\frac{\text{남은 칸 수}}{\text{제수 칸 수}}$).

- 남은 칸은 1칸이고 제수를 나타내는 칸은 2칸이므로 $\frac{\text{남은 칸 수}}{\text{제수 칸 수}}=\frac{1}{2}$이 나머지를 나타내는 분수입니다.

6. 나눗셈의 답을 대분수로 씁니다.

- 몫은 대분수의 자연수 자리에, 나머지는 분수 자리에 써 줍니다.
- 몫은 2이고 나머지를 나타내는 분수는 $\frac{1}{2}$이므로 $\frac{5}{6}\div\frac{2}{6}=2\frac{1}{2}$입니다.

2 (보여 주는 문제 2를 보여 주며) $\frac{7}{9} \div \frac{1}{3}$을 수막대를 그려 풀어 보시오.

1. 먼저, 분모가 다른 두 분수라면 두 분수를 통분하여 동분모를 가진 분수로 바꿉니다.

   - $\frac{7}{9}$과 $\frac{1}{3}$을 분모의 최소공배수인 9로 통분할 수 있습니다.

     $\rightarrow \frac{7}{9} = \frac{7\times1}{9\times1} = \frac{7}{9}$ $\qquad \frac{1}{3} = \frac{1\times3}{3\times3} = \frac{3}{9}$

2. 크기 1을 나타내는 수막대를 통분된 분수의 분모의 양만큼 등분한 후 단위분수를 씁니다.

   - 통분된 두 분수의 분모는 9이므로 수막대를 9등분합니다.
   - 1을 9등분한 것을 나타내는 분수는 $\frac{1}{9}$이므로 단위분수는 $\frac{1}{9}$입니다.

1

$\frac{1}{9}$	$\frac{1}{9}$	$\frac{1}{9}$	$\frac{1}{9}$	$\frac{1}{9}$	$\frac{1}{9}$	$\frac{1}{9}$	$\frac{1}{9}$	$\frac{1}{9}$

3. 수막대에 선을 그려 피제수를 표시하고 제수에 해당하는 칸을 색칠합니다.

   - 피제수는 $\frac{7}{9}(\frac{1}{9} + \frac{1}{9} + \frac{1}{9} + \frac{1}{9} + \frac{1}{9} + \frac{1}{9} + \frac{1}{9})$이므로 일곱 번째 칸 다음에 굵은 선을 그립니다.
   - 제수는 $\frac{3}{9}(\frac{1}{9} + \frac{1}{9} + \frac{1}{9})$이므로 첫 번째부터 세 번째 칸까지 색칠합니다.

1

$\frac{1}{9}$	$\frac{1}{9}$	$\frac{1}{9}$	$\frac{1}{9}$	$\frac{1}{9}$	$\frac{1}{9}$	$\frac{1}{9}$	$\frac{1}{9}$	$\frac{1}{9}$

4. 나눗셈의 몫을 결정합니다. 피제수를 나타내는 선 안에 제수를 나타내는 부분이 몇 번 포함되는지 셉니다.

   - $\frac{7}{9}$ 안에 $\frac{3}{9}$이 2번 포함되었으므로 나눗셈의 몫은 2입니다.

1

$\frac{1}{9}$	$\frac{1}{9}$	$\frac{1}{9}$	$\frac{1}{9}$	$\frac{1}{9}$	$\frac{1}{9}$	$\frac{1}{9}$	$\frac{1}{9}$	$\frac{1}{9}$

5. 나머지를 나타낼 분수를 결정합니다. 남은 칸이 제수 칸의 몇 분의 몇인지 분수로 나타냅니다($\frac{\text{남은 칸 수}}{\text{제수 칸 수}}$).

- 남은 칸은 1칸이고 제수를 나타내는 칸은 3칸이므로 $\frac{\text{남은 칸 수}}{\text{제수 칸 수}} = \frac{1}{3}$이 나머지를 나타내는 분수입니다.

6. 나눗셈의 답을 대분수로 씁니다.

- 몫은 대분수의 자연수 자리에, 나머지는 분수 자리에 써 줍니다.
- 몫은 2이고 나머지를 나타내는 분수는 $\frac{1}{3}$이므로 $\frac{7}{9} \div \frac{1}{3} = 2\frac{1}{3}$입니다.

❸ (보여 주는 문제 3을 보여 주며) $\frac{3}{4} \div \frac{2}{3}$를 수막대를 그려 풀어 보시오.

1. 먼저, 분모가 다른 두 분수라면 두 분수를 통분하여 동분모를 가진 분수로 바꿉니다.

- $\frac{3}{4}$과 $\frac{2}{3}$는 두 분모의 곱인 12로 통분될 수 있습니다.

→ $\frac{3}{4} = \frac{3 \times 3}{4 \times 3} = \frac{9}{12}$　　$\frac{2}{3} = \frac{2 \times 4}{3 \times 4} = \frac{8}{12}$

2. 크기 1을 나타내는 수막대를 통분된 분수의 분모의 양만큼 등분한 후 단위분수를 씁니다.

- 통분된 두 분수의 분모는 12이므로 수막대를 12등분합니다.
- 1을 12등분한 것을 나타내는 분수는 $\frac{1}{12}$이므로 단위분수는 $\frac{1}{12}$입니다.

1

$\frac{1}{12}$	$\frac{1}{12}$	$\frac{1}{12}$	$\frac{1}{12}$	$\frac{1}{12}$	$\frac{1}{12}$	$\frac{1}{12}$	$\frac{1}{12}$	$\frac{1}{12}$	$\frac{1}{12}$	$\frac{1}{12}$	$\frac{1}{12}$

3. 수막대에 선을 그려 피제수를 표시하고 제수에 해당하는 칸을 색칠합니다.

- 피제수는 $\frac{9}{12}(\frac{1}{12}+\frac{1}{12}+\frac{1}{12}+\frac{1}{12}+\frac{1}{12}+\frac{1}{12}+\frac{1}{12}+\frac{1}{12}+\frac{1}{12})$이므로 아홉 번째 칸 다음에 굵은 선을 그립니다.
- 제수는 $\frac{8}{12}(\frac{1}{12}+\frac{1}{12}+\frac{1}{12}+\frac{1}{12}+\frac{1}{12}+\frac{1}{12}+\frac{1}{12}+\frac{1}{12})$이므로 첫 번째부터 여덟 번째 칸까지 색칠합니다.

1

$\frac{1}{12}$	$\frac{1}{12}$	$\frac{1}{12}$	$\frac{1}{12}$	$\frac{1}{12}$	$\frac{1}{12}$	$\frac{1}{12}$	$\frac{1}{12}$	$\frac{1}{12}$	$\frac{1}{12}$	$\frac{1}{12}$	$\frac{1}{12}$

4. 나눗셈의 몫을 결정합니다. 피제수를 나타내는 선 안에 제수를 나타내는 부분이 몇 번 포함되는지 셉니다.

- $\frac{9}{12}$ 안에 $\frac{8}{12}$이 1번 포함되었으므로 나눗셈의 몫은 1입니다.

1

$\frac{1}{12}$	$\frac{1}{12}$	$\frac{1}{12}$	$\frac{1}{12}$	$\frac{1}{12}$	$\frac{1}{12}$	$\frac{1}{12}$	$\frac{1}{12}$	$\frac{1}{12}$	$\frac{1}{12}$	$\frac{1}{12}$	$\frac{1}{12}$

5. 나머지를 나타낼 분수를 결정합니다. 남은 칸이 제수 칸의 몇 분의 몇인지 분수로 나타냅니다($\frac{\text{남은 칸 수}}{\text{제수 칸 수}}$).

- 남은 칸은 1칸이고 제수를 나타내는 칸은 8칸이므로 $\frac{\text{남은 칸 수}}{\text{제수 칸 수}} = \frac{1}{8}$이 나머지를 나타내는 분수입니다.

6. 나눗셈의 답을 대분수로 씁니다.

- 몫은 대분수의 자연수 자리에, 나머지는 분수 자리에 써 줍니다.
- 몫은 1이고 나머지를 나타내는 분수는 $\frac{1}{8}$이므로 $\frac{3}{4} \div \frac{2}{3} = 1\frac{1}{8}$입니다.

함께 풀기

(내비게이션 1.4 를 보여 주며) 진분수와 진분수의 나눗셈을 수막대를 그려 계산하는 방법을 다시 한번 정리해 봅시다. 첫째, 분모가 다른 분수의 나눗셈인 경우 통분하여 동분모로 만듭니다. 둘째, 크기가 1인 수막대를 한 개 그린 후, 통분된 분수의 분모만큼 등분한 후 각 등분된 칸 안에 단위분수를 씁니다. 셋째, 피제수를 표시하는 선을 그리고 제수를 표시하는 부분을 색칠합니다. 넷째, 피제수에 제수가 몇 번 포함되는지 세어 나눗셈의 몫을 결정합니다. 다섯째, 몫을 구하고 남은 칸을 제수를 나타내는 칸 수로 나눠 나머지를 나타내는 분수의 값을 구합니다. 마지막으로, 나눗셈의 계산 결과를 자연수(나머지가 없는 경우)나 대분수(나머지가 있는 경우)로 씁니다. 몫은 대분수의 자연수 부분에, 나머지는 대분수의 분수 부분에 씁니다. 진분수와 진분수의 나눗셈을 수막대를 그려 계산하는 방법을 적용하여 $\frac{7}{8} \div \frac{3}{4}$을 풀어 봅시다.

1 (함께 풀어 보는 문제 1을 가리키며) $\frac{7}{8} \div \frac{3}{4}$을 수막대를 그려 풀어 보시오.

1. 진분수와 진분수의 나눗셈을 할 때 가장 먼저 할 일은 무엇입니까? 먼저, 분모가 다른 두 분수라면 두 분수를 통분하여 동분모를 가진 분수로 바꿉니다.

   - $\frac{7}{8}$과 $\frac{3}{4}$은 어떤 수로 통분됩니까? 8과 4의 최소공배수인 8로 통분됩니다.
   - $\frac{7}{8}$은 이미 분모가 8이므로 분수를 바꿀 필요가 없습니다. $\frac{3}{4}$은 분모를 8로 바꾸기 위해 분모에 2를 곱하므로 분자에도 2를 곱해 줍니다.

   $\rightarrow \frac{7}{8} = \frac{7 \times 1}{8 \times 1} = \frac{7}{8}$ $\qquad \frac{3}{4} = \frac{3 \times 2}{4 \times 2} = \frac{6}{8}$

2. 다음은 무엇을 합니까? 크기 1을 나타내는 수막대를 통분된 분수의 분모의 양만큼 등분한 후 단위분수를 씁니다.

   - 통분된 분수의 분모는 무엇입니까? 8입니다. 수막대를 8등분합니다.
   - 1을 8등분한 것을 나타내는 단위분수는 무엇입니까? 단위분수는 $\frac{1}{8}$입니다.

1

$\frac{1}{8}$	$\frac{1}{8}$	$\frac{1}{8}$	$\frac{1}{8}$	$\frac{1}{8}$	$\frac{1}{8}$	$\frac{1}{8}$	$\frac{1}{8}$

3. 다음은 무엇을 합니까? 수막대에 선을 그려 피제수를 표시하고 제수에 해당하는 칸을 색칠합니다.

- 피제수는 무엇입니까? 피제수는 $\frac{7}{8}$입니다. 어디에 선을 그려야 합니까? $\frac{7}{8}(\frac{1}{8} + \frac{1}{8} + \frac{1}{8} + \frac{1}{8} + \frac{1}{8} + \frac{1}{8} + \frac{1}{8})$은 $\frac{1}{8}$을 7개 포함하므로 일곱 번째 칸 다음에 굵은 선을 그립니다.
- 제수는 무엇입니까? 제수는 $\frac{6}{8}(\frac{1}{8} + \frac{1}{8} + \frac{1}{8} + \frac{1}{8} + \frac{1}{8} + \frac{1}{8})$입니다. 제수를 표시하려면 어디까지 색칠해야 합니까? 제수 $\frac{6}{8}(\frac{1}{8} + \frac{1}{8} + \frac{1}{8} + \frac{1}{8} + \frac{1}{8} + \frac{1}{8})$은 $\frac{1}{8}$을 6개 포함하므로 첫 번째부터 여섯 번째 칸까지 색칠합니다.

1

$\frac{1}{8}$	$\frac{1}{8}$	$\frac{1}{8}$	$\frac{1}{8}$	$\frac{1}{8}$	$\frac{1}{8}$	$\frac{1}{8}$	$\frac{1}{8}$

4. 다음은 무엇을 합니까? 나눗셈의 몫을 결정합니다.

- 나눗셈 몫은 어떻게 결정합니까? 피제수를 나타내는 선 안에 제수를 나타내는 부분이 몇 번 포함되는지 셉니다.
- $\frac{7}{8}$ 안에는 $\frac{6}{8}$이 몇 번 포함됩니까? 1번 포함됩니다. 나눗셈의 몫은 1입니다.

1

$\frac{1}{8}$	$\frac{1}{8}$	$\frac{1}{8}$	$\frac{1}{8}$	$\frac{1}{8}$	$\frac{1}{8}$	$\frac{1}{8}$	$\frac{1}{8}$

5. 다음은 무엇을 합니까? 나머지를 나타낼 분수를 결정합니다.

- 나머지를 나타내는 분수는 어떻게 결정합니까? 몫을 구하고 남은 칸이 제수 칸의 몇 분의 몇인지 분수로 나타냅니다($\frac{\text{남은 칸 수}}{\text{제수 칸 수}}$).
- 몫을 구하고 남은 칸은 몇 칸입니까? 1칸입니다. 제수를 나타내는 칸은 몇 칸입니까? 6칸입니다.
- 남은 칸은 1칸이고 제수를 나타내는 칸이 6칸이면 나머지를 나타내는 분수는 어떻게 됩니까? $\frac{\text{남은 칸 수}}{\text{제수 칸 수}} = \frac{1}{6}$이 나머지를 나타내는 분수입니다.

6. 다음은 무엇을 합니까? 나눗셈의 답을 대분수로 씁니다.

- 몫은 어떻게 씁니까? 몫은 대분수의 자연수 자리에 씁니다.
- 나머지는 어떻게 씁니까? 나머지는 분수 자리에 써 줍니다.
- 몫은 1이고 나머지는 $\frac{1}{6}$이므로 $\frac{7}{8} \div \frac{3}{4} = 1\frac{1}{6}$입니다.

② (함께 풀어 보는 문제 2를 가리키며) $\frac{1}{2} \div \frac{2}{5}$를 수막대를 그려 풀어 보시오.

1. 진분수와 진분수의 나눗셈을 할 때 가장 먼저 할 일은 무엇입니까? 먼저, 분모가 다른 두 분수라면 두 분수를 통분하여 동분모를 가진 분수로 바꿉니다.

- $\frac{1}{2}$과 $\frac{2}{5}$는 어떤 수로 통분됩니까? 2와 5의 곱인 10으로 통분됩니다.
- $\frac{1}{2}$을 분모가 10인 분수로 바꾸려면 분모와 분자에 무엇을 곱해야 합니까? 분모와 분자에 각각 5를 곱합니다.

  $\rightarrow \frac{1}{2} = \frac{1 \times 5}{2 \times 5} = \frac{5}{10}$

- $\frac{2}{5}$를 분모가 10인 분수로 만들려면 분모와 분자에 무엇을 곱해야 합니까? 분모와 분자에 각각 2를 곱합니다.

  $\rightarrow \frac{2}{5} = \frac{2 \times 2}{5 \times 2} = \frac{4}{10}$

2. 다음은 무엇을 합니까? 크기 1을 나타내는 수막대를 통분된 분수의 분모의 양만큼 등분한 후 단위분수를 씁니다.

- 통분된 분수의 분모는 무엇입니까? 10입니다. 수막대를 10등분합니다.
- 1을 10등분한 것을 나타내는 단위분수는 무엇입니까? 단위분수는 $\frac{1}{10}$입니다.

1

$\frac{1}{10}$	$\frac{1}{10}$	$\frac{1}{10}$	$\frac{1}{10}$	$\frac{1}{10}$	$\frac{1}{10}$	$\frac{1}{10}$	$\frac{1}{10}$	$\frac{1}{10}$	$\frac{1}{10}$

3. 다음은 무엇을 합니까? 수막대에 선을 그려 피제수를 표시하고 제수에 해당하는 칸을 색칠합니다.

- 피제수는 무엇입니까? 피제수는 $\frac{5}{10}$입니다. 어디에 선을 그려야 합니까? $\frac{5}{10}(\frac{1}{10} + \frac{1}{10} + \frac{1}{10} + \frac{1}{10} + \frac{1}{10})$은 $\frac{1}{10}$을 5개 포함하므로 다섯 번째 칸 다음에 굵은 선을 그립니다.
- 제수는 무엇입니까? 제수는 $\frac{4}{10}(\frac{1}{10} + \frac{1}{10} + \frac{1}{10} + \frac{1}{10})$입니다. 제수를 표시하려면 어디까지 색칠해야 합니까? 제수 $\frac{4}{10}(\frac{1}{10} + \frac{1}{10} + \frac{1}{10} + \frac{1}{10})$는 $\frac{1}{10}$을 4개 포함하므로 첫 번째부터 네 번째 칸까지 색칠합니다.

1

$\frac{1}{10}$	$\frac{1}{10}$	$\frac{1}{10}$	$\frac{1}{10}$	$\frac{1}{10}$	$\frac{1}{10}$	$\frac{1}{10}$	$\frac{1}{10}$	$\frac{1}{10}$	$\frac{1}{10}$

4. 다음은 무엇을 합니까? 나눗셈의 몫을 결정합니다.

- 나눗셈 몫은 어떻게 결정합니까? 피제수를 나타내는 선 안에 제수를 나타내는 부분이 몇 번 포함되는지 셉니다.
- $\frac{5}{10}$ 안에는 $\frac{4}{10}$가 몇 번 포함됩니까? 1번 포함됩니다. 나눗셈의 몫은 1입니다.

1

$\frac{1}{10}$	$\frac{1}{10}$	$\frac{1}{10}$	$\frac{1}{10}$	$\frac{1}{10}$	$\frac{1}{10}$	$\frac{1}{10}$	$\frac{1}{10}$	$\frac{1}{10}$	$\frac{1}{10}$

5. 다음은 무엇을 합니까? 나머지를 나타낼 분수를 결정합니다.

- 나머지를 나타내는 분수는 어떻게 결정합니까? 몫을 구하고 남은 칸이 제수 칸의 몇 분의 몇인지 분수로 나타냅니다($\frac{\text{남은 칸 수}}{\text{제수 칸 수}}$).
- 남은 칸은 몇 칸입니까? 1칸입니다. 제수를 나타내는 칸은 몇 칸입니까? 4칸입니다.
- 남은 칸은 1칸이고 제수를 나타내는 칸이 4칸이면 나머지를 나타내는 분수는 어떻게 됩니까? $\frac{\text{남은 칸 수}}{\text{제수 칸 수}} = \frac{1}{4}$이 나머지를 나타내는 분수입니다.

6. 다음은 무엇을 합니까? 나눗셈의 답을 대분수로 씁니다.

- 몫은 어떻게 씁니까? 몫은 대분수의 자연수 자리에 씁니다.

- 나머지는 어떻게 씁니까? 나머지는 분수 자리에 써 줍니다.
- 몫은 1이고 나머지는 $\frac{1}{4}$이므로 $\frac{1}{2} \div \frac{2}{5} = 1\frac{1}{4}$입니다.

③ (함께 풀어 보는 문제 3을 가리키며) $\frac{2}{3} \div \frac{5}{7}$를 수막대를 그려 풀어 보시오.

1. 진분수와 진분수의 나눗셈을 할 때 가장 먼저 할 일은 무엇입니까? 먼저, 분모가 다른 두 분수라면 두 분수를 통분하여 동분모를 가진 분수로 바꿉니다.
   - $\frac{2}{3}$와 $\frac{5}{7}$는 어떤 수로 통분됩니까? 분모 3과 7의 곱인 21로 통분됩니다.
   - $\frac{2}{3}$를 분모가 21인 분수로 바꾸려면 분모와 분자에 무엇을 곱해야 합니까? 분모와 분자에 각각 7을 곱합니다.

     $\rightarrow \frac{2}{3} = \frac{2 \times 7}{3 \times 7} = \frac{14}{21}$
   - $\frac{5}{7}$를 분모가 21인 분수로 만들려면 분모와 분자에 무엇을 곱해야 합니까? 분모와 분자에 각각 3을 곱합니다.

     $\rightarrow \frac{5}{7} = \frac{5 \times 3}{7 \times 3} = \frac{15}{21}$

2. 다음은 무엇을 합니까? 크기 1을 나타내는 수막대를 통분된 분수의 분모의 양만큼 등분한 후 단위분수를 씁니다.
   - 통분된 분수의 분모는 무엇입니까? 21입니다. 수막대를 21등분합니다.
   - 1을 21등분한 것을 나타내는 단위분수는 무엇입니까? 단위분수는 $\frac{1}{21}$입니다.

1

$\frac{1}{21}$	$\frac{1}{21}$	$\frac{1}{21}$	$\frac{1}{21}$	$\frac{1}{21}$	$\frac{1}{21}$	$\frac{1}{21}$	$\frac{1}{21}$	$\frac{1}{21}$	$\frac{1}{21}$	$\frac{1}{21}$	$\frac{1}{21}$	$\frac{1}{21}$	$\frac{1}{21}$	$\frac{1}{21}$	$\frac{1}{21}$	$\frac{1}{21}$	$\frac{1}{21}$	$\frac{1}{21}$	$\frac{1}{21}$	$\frac{1}{21}$

3. 다음은 무엇을 합니까? 수막대에 선을 그려 피제수를 표시하고 제수에 해당하는 칸을 색칠합니다.
   - 피제수는 무엇입니까? 피제수는 $\frac{14}{21}$입니다. 어디에 선을 그려야합니까? $\frac{14}{21}$는

$\frac{1}{21}$을 14개 포함하므로 14번째 칸 다음에 굵은 선을 그립니다.

- 제수는 무엇입니까? 제수는 $\frac{15}{21}$입니다. 제수를 표시하려면 어디까지 색칠해야 합니까? 제수 $\frac{15}{21}$는 $\frac{1}{21}$을 15개 포함하므로 첫 번째부터 15번째 칸까지 색칠합니다.

1

$\frac{1}{21}$	$\frac{1}{21}$	$\frac{1}{21}$	$\frac{1}{21}$	$\frac{1}{21}$	$\frac{1}{21}$	$\frac{1}{21}$	$\frac{1}{21}$	$\frac{1}{21}$	$\frac{1}{21}$	$\frac{1}{21}$	$\frac{1}{21}$	$\frac{1}{21}$	$\frac{1}{21}$	$\frac{1}{21}$	$\frac{1}{21}$	$\frac{1}{21}$	$\frac{1}{21}$	$\frac{1}{21}$	$\frac{1}{21}$	$\frac{1}{21}$

4. 다음은 무엇을 합니까? 나눗셈의 몫을 결정합니다.

- 나눗셈 몫은 어떻게 결정합니까? 피제수를 나타내는 선 안에 제수를 나타내는 부분이 몇 번 포함되는지 셉니다.
- $\frac{14}{21}$ 안에는 $\frac{15}{21}$가 몇 번 포함됩니까? 포함되지 않습니다. 이런 경우엔 나눗셈의 몫을 0이라 합니다.

1

$\frac{1}{21}$	$\frac{1}{21}$	$\frac{1}{21}$	$\frac{1}{21}$	$\frac{1}{21}$	$\frac{1}{21}$	$\frac{1}{21}$	$\frac{1}{21}$	$\frac{1}{21}$	$\frac{1}{21}$	$\frac{1}{21}$	$\frac{1}{21}$	$\frac{1}{21}$	$\frac{1}{21}$	$\frac{1}{21}$	$\frac{1}{21}$	$\frac{1}{21}$	$\frac{1}{21}$	$\frac{1}{21}$	$\frac{1}{21}$	$\frac{1}{21}$

5. 다음은 무엇을 합니까? 나머지를 나타낼 분수를 결정합니다.

- 나머지를 나타내는 분수는 어떻게 결정합니까? 몫을 구하고 남은 칸이 제수 칸의 몇 분의 몇인지 분수로 나타냅니다($\frac{\text{남은 칸 수}}{\text{제수 칸 수}}$).
- 남은 칸은 몇 칸입니까? 14칸입니다. 제수를 나타내는 칸은 몇 칸입니까? 15칸입니다.
- 남은 칸은 14칸이고 제수를 나타내는 칸이 15칸이면 나머지를 나타내는 분수는 어떻게 됩니까? $\frac{\text{남은 칸 수}}{\text{제수 칸 수}} = \frac{14}{15}$가 나머지를 나타내는 분수입니다.

6. 다음은 무엇을 합니까? 나눗셈의 답을 대분수로 씁니다.

- 몫은 어떻게 씁니까? 몫은 대분수의 자연수 자리에 씁니다.
- 나머지는 어떻게 씁니까? 나머지는 분수 자리에 써 줍니다.
- 몫이 0일 땐 어떻게 합니까? 자연수 자리를 빈칸으로 둡니다. 몫은 0이고 나머지는 $\frac{14}{15}$이므로 $\frac{2}{3} \div \frac{5}{7} = \frac{14}{15}$입니다.

아 그렇구나!

☞ 혼동되는 문제 다시 풀기
☞ 최다 오류를 반례로 제시하여 개념 및 기술 획득 강화

✎ 아 그렇구나! 에서는 수막대를 이용하여 진분수 ÷ 진분수를 계산할 때 우리가 혼동스러워하는 문제를 함께 풀어 봅니다. 다음 문제를 풀 때 왜 실수가 많은지 그 이유를 함께 생각해 봅시다.

1 (아 그렇구나! 문제 1을 가리키며) $\frac{1}{2} \div \frac{2}{3}$를 수막대를 그려 계산할 때 혼동되는 점은 무엇입니까?

⇨ 주어진 문제는 $\frac{1}{2}$을 나타내는 수막대 그림 안에 $\frac{2}{3}$를 나타내는 그림이 한 번도 포함되지 않는 경우입니다. 몫이 0이고 나머지를 나타내는 분수가 $\frac{3}{4}$입니다. 나눗셈의 계산 결과를 대분수로 나타낼 때 몫이 0인 경우, 몫의 자리에 0이라 쓰지 않고 몫의 자리를 비워 둡니다. 따라서 $\frac{1}{2} \div \frac{2}{3} = \frac{3}{4}$입니다.

2 (아 그렇구나! 문제 2를 가리키며) $\frac{4}{5} \div \frac{4}{5}$를 수막대를 그려 계산할 때 혼동되는 점은 무엇입니까?

⇨ 주어진 나눗셈을 수막대에 나타내면 피제수가 제수와 같아서 지금까지 배운 절차를 적용하는 것에 혼동이 올 수 있습니다. 피제수 $\frac{4}{5}$에는 제수 $\frac{4}{5}$가 한 번 포함되

고 나머지는 없습니다. 몫이 1이고 나머지가 없는 경우, 나눗셈 결과를 대분수로 나타낼 때 자연수 자리엔 몫을 쓰고 나머지 자리에는 아무것도 쓰지 않습니다. 다시 말해, 나누어 떨어지는 경우엔 몫을 자연수로 나타냅니다. $\frac{4}{5} \div \frac{4}{5} = 1$입니다.

$\frac{1}{5}$	$\frac{1}{5}$	$\frac{1}{5}$	$\frac{1}{5}$	$\frac{1}{5}$

3 (아 그렇구나! 문제 3을 가리키며) $1\frac{1}{2} \div \frac{1}{3}$을 수막대를 그려 계산할 때 혼동되는 점은 무엇입니까?

주어진 나눗셈은 대분수가 피제수인 경우입니다. 먼저, 대분수인 피제수 $1\frac{1}{2}$을 가분수 $\frac{3}{2}$으로 바꾸고, $\frac{3}{2}$ 안에 제수 $\frac{1}{3}$이 몇 번 포함되는지를 확인하여 몫을 구하고 나머지를 구하면 됩니다. 진분수와 진분수의 나눗셈과 다른 점은 수막대를 그리기 전에 대분수를 가분수로 바꿔야 하고, 대분수인 피제수는 1이 넘으므로 수막대를 두 개 그려야 한다는 것입니다. 두 분수를 통분하여 나타내면 $\frac{3}{2} \div \frac{1}{3} = \frac{9}{6} \div \frac{2}{6}$가 됩니다. 피제수를 나타내는 선은 아홉 번째 칸 끝에 그립니다. 제수는 첫 번째 두 번째 칸을 색칠해 표시합니다. 피제수에 제수가 4번 들어가고 남은 칸은 1칸이므로 $\frac{1}{2}$이 나머지를 나타내는 분수입니다. 나눗셈 결과를 대분수로 나타내면 $\frac{3}{2} \div \frac{1}{3} = 4\frac{1}{2}$입니다.

$\frac{1}{6}$	$\frac{1}{6}$	$\frac{1}{6}$	$\frac{1}{6}$	$\frac{1}{6}$	$\frac{1}{6}$

$\frac{1}{6}$	$\frac{1}{6}$	$\frac{1}{6}$	$\frac{1}{6}$	$\frac{1}{6}$	$\frac{1}{6}$

배움 체크하기

(배움 체크 리스트를 가리키며) 오늘 우리가 함께 공부한 것을 혼자서도 할 수 있는지 체크해 봅시다. 혼자서도 할 수 있으면 👍, 선생님의 도움이 더 필요하다면 ?에 동그라미로 표시하세요.

배움 체크 리스트	👍	?
1. 자연수의 나눗셈을 할 수 있고 몫과 나머지의 의미를 이해합니다.		
2. 분모가 다른 분수를 통분하여 같은 분모를 가진 분수로 나타낼 수 있습니다.		
3. 수막대를 그려 진분수와 진분수의 나눗셈을 할 때는 먼저 크기 1을 나타내는 수막대를 두 분수의 공통분모만큼 등분한다는 것을 이해하고 적용할 수 있습니다.		
4. 등분된 수막대에 제수와 피제수를 표시하고 피제수에 제수가 몇 번 포함되는지를 세어 나눗셈의 몫을 구한다는 것을 이해하고 적용할 수 있습니다.		
5. 나눗셈의 나머지는 피제수 안에서 몫을 나타내는 부분을 제외한 남은 칸의 수와 제수를 나타내는 칸의 상대적인 크기를 분수로 나타낸다는 것을 이해하고 적용할 수 있습니다($\frac{\text{남은 칸 수}}{\text{제수 칸 수}}$).		
6. 분수 ÷ 분수의 계산 결과는 자연수나 대분수가 되는데, 나머지가 있는 경우는 대분수로 나타내며 대분수의 자연수 자리엔 몫을, 대분수의 분수 자리엔 나머지를 표시한다는 것을 이해하고 적용할 수 있습니다.		
7. 나눗셈 결과 몫이 0인 경우엔 몫의 자리를 비워 두고 나머지만 분수로 나타낸다는 것을 이해하고 적용할 수 있습니다.		

혼자 풀기

(혼자 풀어 보는 문제 1~7을 제시하며) 오늘 배운 것을 기억하면서 문제를 혼자 풀어 보는 시간입니다. 내비게이션 1.4 를 사용하면 도움이 됩니다.

다음 문제를 수막대를 그려 풀어 보시오.

1. $5 \div 2$

2. $2 \div \frac{2}{3}$

3. $\frac{3}{4} \div \frac{1}{4}$

4. $\frac{3}{4} \div \frac{1}{2}$

5. $\frac{4}{5} \div \frac{1}{3}$

6. $\frac{1}{3} \div \frac{3}{4}$

7. $\frac{2}{5} \div \frac{2}{3}$

채점 및 오답 분석

학생이 쓴 답을 기재하고, 오답인 경우 [중재 결정표]에서 가능한 오류 원인을 1~8 중에서 골라 번호로 기재합니다. 기타 원인 때문에 오답이 발생했을 경우, 구체적으로 어떤 이유인지 기재합니다. 가능한 오답의 원인을 모두 기재합니다.

혼자 풀어 보는 문제	정답	학생이 쓴 답	오답 원인
1. $5 \div 2$	$2\frac{1}{2}$		
2. $2 \div \frac{2}{3}$	3		
3. $\frac{3}{4} \div \frac{1}{4}$	3		
4. $\frac{3}{4} \div \frac{1}{2}$	$1\frac{1}{2}$		
5. $\frac{4}{5} \div \frac{1}{3}$	$2\frac{2}{5}$		
6. $\frac{1}{3} \div \frac{3}{4}$	$\frac{4}{9}$		
7. $\frac{2}{5} \div \frac{2}{3}$	$\frac{3}{5}$		
	정답 개수	/ 7	

중재 결정표

☞ **오답 원인을 분석하여 차후 중재를 결정하세요.**

오답 원인	발생 빈도	최다 발생 오류	중재 결정
1. 사전 지식 및 기술(자연수의 나눗셈, 어떤 분수를 단위분수의 합으로 나타내기, 분수를 수막대로 나타내기, 통분하기)			
2. 용어나 문제 이해 부족(몫, 나머지, 단위분수, 통분)			
3. 분모를 통분 후, 피제수와 제수를 수막대에 그리는 절차의 이해와 적용의 어려움			
4. 수막대를 그린 후, 몫을 찾아내는 방법의 이해와 적용의 어려움			
5. 수막대를 그린 후, 나머지를 찾아내는 방법의 이해와 적용의 어려움			
6. 분수 ÷ 분수의 계산 결과를 대분수로 표현하는 방법의 이해와 적용의 어려움			
7. 부주의/계산 실수			
8. 기타(구체적 원인 기재하기)			

가장 흔한 오답 원인	1과 2 중 하나	3, 4, 5, 6 중 하나	7
	AND	AND	OR
오답률	오답이 2개 이상	오답이 2개 이상	오답이 2개 미만
다음 중재	브리지(Bridge)	동 차시 반복	다음 차시

브리지(Bridge) 차시

- 단위분수의 의미 복습
- 단위분수의 합성
- 1.3차시

5차시

자연수와 분수의 나눗셈 - 역수 이용

[내비게이션 1.5] 자연수와 분수의 나눗셈 - 역수 이용

	순서	예 $(3 \div \frac{3}{2})$
❶	자연수를 분모가 1인 분수로 바꾸기	$3 \div \frac{3}{2} = \frac{3}{1} \div \frac{3}{2}$
❷	나눗셈 기호를 곱셈 기호로 바꾸고 제수인 분수의 역수 곱하기	제수인 $\frac{3}{2}$의 역수는 $\frac{2}{3}$ $3 \div \frac{3}{2} = \frac{3}{1} \div \frac{3}{2} = \frac{3}{1} \times \frac{2}{3}$
❸	분모는 분모끼리, 분자는 분자끼리 곱한 후에 기약분수가 되도록 나누기	• 분모끼리, 분자끼리 곱함 $3 \div \frac{3}{2} = \frac{3}{1} \times \frac{2}{3} = \frac{3 \times 2}{1 \times 3} = \frac{6}{3}$ • 기약분수가 되도록 약분하려면 분자와 분모의 최대공약수로 분자와 분모를 나누어야 함 (6과 3의 최대공약수는 3) $\frac{6}{3} = \frac{6 \div 3}{3 \div 3} = 2$ • $3 \div \frac{3}{2} = 2$

차시 목표 자연수와 분수의 나눗셈을 분수의 역수를 이용하여 계산할 수 있다.

사전 지식 약분, 기약분수, 가분수, 진분수, 단위분수의 의미, 자연수의 나눗셈, 분수의 곱셈, 역수, 자연수를 가분수로 바꾸기, 최대공약수 구하기

준비물 1단계 5차시 학생용 교재, **내비게이션 1.5**

흔한 오류

1. 자연수를 분수로 바꿀 때 $\frac{\text{자연수}}{1}$로 바꾸지 않고 $\frac{1}{\text{자연수}}$이라 한다.

2. 제수인 분수의 역수를 곱하여 분수의 나눗셈을 할 때 나눗셈을 곱셈으로 바꾸는 것을 빼먹거나, 제수의 역수를 곱하지 않고 제수를 곱한다.
   - 오류 예: $2 \div \frac{1}{5} = 2 \div \frac{5}{1}$ 또는 $2 \div \frac{1}{5} = 2 \times \frac{1}{5}$이라 답한다.

3. 나눗셈의 결과를 약분해야 할 때 분모와 분자의 최대공약수로 약분하지 않고 최대공약수보다 작은 공약수로 약분한 후 더 이상 약분될 수 없다고 생각한다.
   - 오류 예: $\frac{24}{48} = \frac{24 \div 6}{48 \div 6} = \frac{4}{8}$

4. 자연수 ÷ 분수를 계산하는 데 적용했던 절차를 분수 ÷ 자연수 계산에 적용하는 데 어려움을 보인다.

사전평가

처음 두 문제는 가장 필수적인 사전 지식에 대한 이해를 묻고, 3번부터 7번까지는 차시 목표인 개념과 기술의 이해를 묻습니다.

다음 문제를 풀어 보시오.

1. $2 \times \frac{1}{4}$

2. $\frac{3}{2} \times \frac{1}{3}$

다음 문제를 분수의 역수를 이용하여 풀어 보시오.

3. $4 \div \frac{2}{3}$

4. $8 \div \frac{2}{7}$

5. $3 \div \frac{3}{4}$

6. $4 \div \frac{5}{3}$

7. $6 \div \frac{4}{5}$

정 답

1. $\frac{1}{2}$
2. $\frac{1}{2}$
3. 6
4. 28
5. 4
6. $\frac{12}{5}$
7. $\frac{15}{2}$

접속하기

차시 목표 및 개념 설명

오늘은 자연수 ÷ 분수를 계산하는 방법을 배우려 합니다. 먼저, 이번 차시에서 많이 사용될 개념과 기술을 정리해 봅시다.

1. 분수의 역수는 무엇입니까? 곱해서 1이 되는 두 수를 서로의 역수라고 합니다. 예를 들어, $\frac{2}{3}$는 $\frac{3}{2}$의 역수이고 $\frac{3}{2}$은 $\frac{2}{3}$의 역수입니다.

2. 단위분수란 무엇입니까? 단위분수란 분자가 1이고 분모가 자연수인 분수를 말합니다. 예를 들어, $\frac{1}{3}$, $\frac{1}{4}$, $\frac{1}{5}$ 등이 단위분수입니다.

3. 가분수란 $\frac{5}{4}$, $\frac{4}{3}$, $\frac{12}{6}$와 같이 분모가 분자보다 작은 분수를 말합니다.

4. 기약분수란 무엇입니까? 더 이상 약분할 수 없는 분수를 말합니다.

5. 자연수를 분수로 만들면 분모가 1인 가분수가 됩니다. 자연수는 $\frac{\text{자연수}}{1}$로 바꿔 쓸 수 있습니다.

   $\rightarrow 3 = \frac{3}{1}$

6. 자연수 ÷ 분수는 어떻게 계산합니까? 자연수 ÷ 분수는 다음과 같은 방법으로 계산할 수 있습니다. 예를 들어, $3 \div \frac{3}{2}$을 풀기 위해서는,

   1) 먼저, 자연수를 분모가 1인 분수로 바꿉니다.

   $3 \div \frac{3}{2} = \frac{3}{1} \div \frac{3}{2}$

   2) 나눗셈 기호를 곱셈으로 바꾸고 제수의 역수를 곱합니다.

   제수인 $\frac{3}{2}$의 역수는 $\frac{2}{3}$입니다.

   $\rightarrow 3 \div \frac{3}{2} = \frac{3}{1} \div \frac{3}{2} = \frac{3}{1} \times \frac{2}{3}$

3) 분모는 분모끼리, 분자는 분자끼리 곱하고 기약분수가 되도록 약분합니다.

$\rightarrow 3 \div \frac{3}{2} = \frac{3}{1} \times \frac{2}{3} = \frac{3 \times 2}{1 \times 3} = \frac{6}{3}$

- 기약분수로 약분하려면 분자와 분모의 최대공약수로 분자와 분모를 나눕니다. 6과 3의 최대공약수는 3이므로 3으로 분자와 분모를 나눕니다.

  $\rightarrow \frac{6}{3} = \frac{6 \div 3}{3 \div 3} = 2$

Level 1.1
5차시

보여 주기

개념 및 기술 교수, 개념 및 기술 예시 제시, 보는 수학 내비게이션을 이용한 교사 모델링

(내비게이션 1.5 를 보여 주며) 자연수와 분수의 나눗셈을 분수의 역수를 이용하여 계산하는 방법을 다시 한번 정리해 봅시다. 첫째, 자연수를 분모가 1인 가분수로 바꿉니다. 둘째, 나눗셈 기호를 곱셈 기호로 바꾸고 제수의 역수를 곱합니다. 셋째, 분모는 분모끼리, 분자는 분자끼리 곱한 후 기약분수로 약분합니다. 자연수와 분수의 나눗셈을 분수의 역수를 이용하여 계산하는 방법을 이용하여 $2 \div \frac{2}{3}$를 풀어 봅시다.

1 (보여 주는 문제 1을 보여 주며) $2 \div \frac{2}{3}$를 계산하시오.

1. 먼저, 자연수를 분모가 1인 분수로 바꿉니다.

- 자연수 2는 분모가 1인 분수 $\frac{2}{1}$로 바꿉니다.

  $\rightarrow 2 \div \frac{2}{3} = \frac{2}{1} \div \frac{2}{3}$

2. 다음은 나눗셈 기호를 곱셈으로 바꾸고 제수의 역수를 곱합니다.

- 제수인 $\frac{2}{3}$의 역수는 $\frac{3}{2}$입니다.

  $\rightarrow 2 \div \frac{2}{3} = \frac{2}{1} \div \frac{2}{3} = \frac{2}{1} \times \frac{3}{2}$

3. 분모는 분모끼리, 분자는 분자끼리 곱하고 기약분수가 되도록 약분합니다.

$\rightarrow 2 \div \frac{2}{3} = \frac{2}{1} \div \frac{2}{3} = \frac{2}{1} \times \frac{3}{2} = \frac{2 \times 3}{1 \times 2} = \frac{6}{2}$

- 기약분수로 약분하려면 분자와 분모의 최대공약수로 분자와 분모를 나눕니다. 6과 2의 최대공약수는 2이므로 2로 분자와 분모를 나눕니다.

  $\rightarrow \frac{6}{2} = \frac{6 \div 2}{2 \div 2} = 3$

  $\rightarrow 2 \div \frac{2}{3} = 3$

❷ (보여 주는 문제 2를 보여 주며) $15 \div \frac{6}{5}$을 계산하시오.

1. 먼저, 자연수를 분모가 1인 분수로 바꿉니다.

- 자연수 15는 분모가 1인 분수 $\frac{15}{1}$로 바꿉니다.

  $\rightarrow 15 \div \frac{6}{5} = \frac{15}{1} \div \frac{6}{5}$

2. 다음은 나눗셈 기호를 곱셈으로 바꾸고 제수의 역수를 곱합니다.

- 제수인 $\frac{6}{5}$의 역수는 $\frac{5}{6}$입니다.

  $\rightarrow 15 \div \frac{6}{5} = \frac{15}{1} \div \frac{6}{5} = \frac{15}{1} \times \frac{5}{6}$

3. 분모는 분모끼리, 분자는 분자끼리 곱하고 기약분수가 되도록 약분합니다.

$\rightarrow 15 \div \frac{6}{5} = \frac{15}{1} \div \frac{6}{5} = \frac{15}{1} \times \frac{5}{6} = \frac{15 \times 5}{1 \times 6} = \frac{75}{6}$

- 기약분수로 약분하려면 분자와 분모의 최대공약수로 분자와 분모를 나눕니다. 75와 6의 최대공약수는 3이므로 3으로 분자와 분모를 나눕니다.

  $\rightarrow \frac{75}{6} = \frac{75 \div 3}{6 \div 3} = \frac{25}{2} = 12\frac{1}{2}$

  $\rightarrow 15 \div \frac{6}{5} = 12\frac{1}{2}$

❸ (보여 주는 문제 3을 보여 주며) $6 \div \frac{2}{7}$를 계산하시오.

1. 먼저, 자연수를 분모가 1인 분수로 바꿉니다.

- 자연수 6은 분모가 1인 분수 $\frac{6}{1}$으로 바꿉니다.

  $\rightarrow 6 \div \frac{2}{7} = \frac{6}{1} \div \frac{2}{7}$

2. 다음은 나눗셈 기호를 곱셈으로 바꾸고 제수의 역수를 곱합니다.

- 제수인 $\frac{2}{7}$의 역수는 $\frac{7}{2}$입니다.

$\rightarrow 6 \div \frac{2}{7} = \frac{6}{1} \div \frac{2}{7} = \frac{6}{1} \times \frac{7}{2}$

3. 분모는 분모끼리, 분자는 분자끼리 곱하고 기약분수가 되도록 약분합니다.

$\rightarrow 6 \div \frac{2}{7} = \frac{6}{1} \div \frac{2}{7} = \frac{6}{1} \times \frac{7}{2} = \frac{6 \times 7}{1 \times 2} = \frac{42}{2}$

- 기약분수로 약분하려면 분자와 분모의 최대공약수로 분자와 분모를 나눕니다. 42와 2의 최대공약수는 2이므로 2로 분자와 분모를 나눕니다.

$\rightarrow \frac{42}{2} = \frac{42 \div 2}{2 \div 2} = \frac{21}{1} = 21$

$\rightarrow 6 \div \frac{2}{7} = 21$

함께 풀기

(내비게이션 1.5 를 보여 주며) 문제를 풀기 전에, 자연수와 분수의 나눗셈을 분수의 역수를 이용하여 계산하는 방법을 다시 한번 정리해 봅시다. 먼저, 자연수를 분모가 1인 분수로 만들고 나눗셈 기호를 곱셈 기호로 바꾼 후 제수인 분수의 역수를 곱합니다. 마지막으로, 분모는 분모끼리, 분자는 분자끼리 곱한 뒤에 기약분수로 약분합니다. 곱하기 전에 미리 약분할 수 있으면 미리 약분해도 됩니다. 자연수와 분수의 나눗셈을 분수의 역수를 이용하여 계산하는 방법을 참고하여 $3 \div \frac{3}{4}$을 풀어 봅시다.

1 (함께 풀어 보는 문제 1을 가리키며) $3 \div \frac{3}{4}$을 역수를 이용하여 계산하시오.

1. 자연수와 분수의 나눗셈을 할 때 가장 먼저 해야 할 일은 무엇입니까? 자연수를 분모가 1인 분수로 바꿔야 합니다.

   - 자연수 3은 분수로 나타내면 어떻게 됩니까? 자연수 3은 분모가 1인 분수 $\frac{3}{1}$으로 나타낼 수 있습니다.

   $\rightarrow 3 \div \frac{3}{4} = \frac{3}{1} \div \frac{3}{4}$

2. 다음은 무엇을 합니까? 나눗셈식을 곱셈식으로 바꿔야 합니다.

   - 나눗셈식을 곱셈식으로 바꾸려면 어떻게 해야 합니까? 나눗셈 기호를 곱셈으로 바꾸고 제수인 분수의 역수를 곱합니다.
   - 제수인 분수는 무엇입니까? $\frac{3}{4}$입니다.
   - $\frac{3}{4}$의 역수는 무엇입니까? $\frac{3}{4}$의 역수는 $\frac{4}{3}$입니다.

   $\rightarrow 3 \div \frac{3}{4} = \frac{3}{1} \div \frac{3}{4} = \frac{3}{1} \times \frac{4}{3}$

3. 다음은 무엇을 합니까? 분모는 분모끼리, 분자는 분자끼리 곱하고 기약분수가 되도록 약분합니다.

- 분모끼리 곱한 값은 얼마입니까? $1 \times 3 = 3$입니다.
- 분자끼리 곱한 값은 얼마입니까? $3 \times 4 = 12$입니다.

  $\rightarrow \frac{3}{1} \times \frac{4}{3} = \frac{3 \times 4}{1 \times 3} = \frac{12}{3}$
- 기약분수가 되도록 약분하려면 어떻게 합니까? 분자와 분모의 최대공약수로 분자와 분모를 나눕니다.
- 분모 3과 분자 12의 최대공약수는 얼마입니까? 3과 12의 최대공약수는 3입니다.
- 분모와 분자를 3으로 나누면 어떻게 됩니까? 분모는 1이 되고 분자는 4가 됩니다. 답은 4입니다.

  $\rightarrow \frac{12}{3} = \frac{12 \div 3}{3 \div 3} = \frac{4}{1} = 4$

  $\rightarrow \boxed{3 \div \frac{3}{4} = 4}$

2 (함께 풀어 보는 문제 2를 가리키며) $5 \div \frac{10}{3}$을 역수를 이용하여 계산하시오.

1. 자연수와 분수의 나눗셈을 할 때 가장 먼저 해야 할 일은 무엇입니까? 자연수를 분모가 1인 분수로 바꿔야 합니다.

- 자연수 5는 분수로 나타내면 어떻게 됩니까? 자연수 5는 분모가 1인 분수 $\frac{5}{1}$로 나타낼 수 있습니다.

  $\rightarrow 5 \div \frac{10}{3} = \frac{5}{1} \div \frac{10}{3}$

2. 다음은 무엇을 합니까? 나눗셈식을 곱셈식으로 바꿔야 합니다.

- 나눗셈식을 곱셈식으로 바꾸려면 어떻게 해야 합니까? 나눗셈 기호를 곱셈으로 바꾸고 제수인 분수의 역수를 곱합니다.

- 제수인 분수는 무엇입니까? $\frac{10}{3}$ 입니다.
- $\frac{10}{3}$의 역수는 무엇입니까? $\frac{10}{3}$의 역수는 $\frac{3}{10}$입니다.

$\rightarrow 5 \div \frac{10}{3} = \frac{5}{1} \div \frac{10}{3} = \frac{5}{1} \times \frac{3}{10}$

3. 다음은 무엇을 합니까? 분모는 분모끼리, 분자는 분자끼리 곱하고 기약분수가 되도록 약분합니다.

- 분모끼리 곱한 값은 얼마입니까? $1 \times 10 = 10$입니다.
- 분자끼리 곱한 값은 얼마입니까? $5 \times 3 = 15$입니다.

$\rightarrow \frac{5}{1} \times \frac{3}{10} = \frac{5 \times 3}{1 \times 10} = \frac{15}{10}$

- 기약분수가 되도록 약분하려면 어떻게 합니까? 분자와 분모의 최대공약수로 분자와 분모를 나눕니다.
- 분모 10과 분자 15의 최대공약수는 얼마입니까? 10과 15의 최대공약수는 5입니다.
- 분모와 분자를 5로 나누면 어떻게 됩니까? 분모는 2가 되고 분자는 3이 됩니다. 답은 $1\frac{1}{2}$입니다.

$\rightarrow \frac{15}{10} = \frac{15 \div 5}{10 \div 5} = \frac{3}{2} = 1\frac{1}{2}$

$\rightarrow \boxed{5 \div \frac{10}{3} = 1\frac{1}{2}}$

Level 1.1
5차시

❸ (함께 풀어 보는 문제 3을 가리키며) $14 \div \frac{7}{8}$을 역수를 이용하여 계산하시오.

1. 자연수와 분수의 나눗셈을 할 때 가장 먼저 해야 할 일은 무엇입니까? 자연수를 분모가 1인 분수로 바꿔야 합니다.

- 자연수 14는 분수로 나타내면 어떻게 됩니까? 자연수 14는 분모가 1인 분수 $\frac{14}{1}$로 나타낼 수 있습니다.

$\rightarrow 14 \div \frac{7}{8} = \frac{14}{1} \div \frac{7}{8}$

2. 다음은 무엇을 합니까? 나눗셈식을 곱셈식으로 바꿔야 합니다.

- 나눗셈식을 곱셈식으로 바꾸려면 어떻게 해야 합니까? 나눗셈 기호를 곱셈으로 바꾸고 제수인 분수의 역수를 곱합니다.
- 제수인 분수는 무엇입니까? $\frac{7}{8}$입니다.
- $\frac{7}{8}$의 역수는 무엇입니까? $\frac{7}{8}$의 역수는 $\frac{8}{7}$입니다.

$\rightarrow 14 \div \frac{7}{8} = \frac{14}{1} \div \frac{7}{8} = \frac{14}{1} \times \frac{8}{7}$

3. 다음은 무엇을 합니까? 분모는 분모끼리, 분자는 분자끼리 곱하고 기약분수가 되도록 약분합니다.

- 분모끼리 곱한 값은 얼마입니까? $1 \times 7 = 7$입니다.
- 분자끼리 곱한 값은 얼마입니까? $14 \times 8 = 112$입니다.

$\frac{14}{1} \times \frac{8}{7} = \frac{14 \times 8}{1 \times 7} = \frac{112}{7}$

- 기약분수가 되도록 약분하려면 어떻게 합니까? 분자와 분모의 최대공약수로 분자와 분모를 나눕니다.
- 분모 7과 분자 112의 최대공약수는 얼마입니까? 7과 112의 최대공약수는 7입니다.
- 분모를 7로 나누면 1이 되고 분자를 7로 나누면 16이 됩니다.

답은 $\frac{112}{7} = 16$입니다.

$\rightarrow \frac{112}{7} = \frac{112 \div 7}{7 \div 7} = \frac{16}{1} = 16$

$\rightarrow \boxed{14 \div \frac{7}{8} = 16}$

아 그렇구나!

👉 혼동되는 문제 다시 풀기
👉 최다 오류를 반례로 제시하여 개념 및 기술 획득 강화

✎ 아 그렇구나! 에서는 분수의 역수를 이용하여 자연수 ÷ 분수를 계산할 때 우리가 혼동스러워하는 문제를 함께 풀어 봅니다. 다음 문제를 풀 때 왜 실수가 많은지 그 이유를 함께 생각해 봅시다.

1 (아 그렇구나! 문제 1을 가리키며) $3 \div \frac{7}{8}$을 계산할 때 혼동되는 점은 무엇입니까?

⇨ 자연수를 분수로 바꾸고 나눗셈 기호를 곱셈 기호로 바꾼 후, 제수 대신 제수의 역수를 곱하면 주어진 식은 $3 \div \frac{7}{8} = \frac{3}{1} \div \frac{7}{8} = \frac{3}{1} \times \frac{8}{7}$이 됩니다. 분수의 곱셈식을 계산하면 $\frac{3}{1} \times \frac{8}{7} = \frac{3 \times 8}{1 \times 7} = \frac{24}{7}$가 되는데, 이때 7과 24는 공약수가 1밖에 없는 서로소입니다. 따라서 더 이상 약분할 수 없습니다. 답은 $\frac{24}{7} = 3\frac{3}{7}$입니다.

2 (아 그렇구나! 문제 2를 가리키며) $\frac{7}{8} \div 2$를 계산할 때 혼동되는 점은 무엇입니까?

⇨ 지금까지 풀어 본 문제는 피제수가 자연수였는데, 주어진 문제는 제수가 자연수인 경우입니다. 이 문제도 자연수를 분수로 바꾸어 주고 나눗셈 기호를 곱셈 기호로 바꾼 후, 제수 대신 제수의 역수를 곱하여 계산할 수 있습니다. 주어진 식은 $\frac{7}{8} \div 2 = \frac{7}{8} \div \frac{2}{1} = \frac{7}{8} \times \frac{1}{2}$이 됩니다. 분수의 곱셈식을 계산하면 $\frac{7}{8} \times \frac{1}{2} = \frac{7 \times 1}{8 \times 2} = \frac{7}{16}$이 되는데, 이때 7과 16은 공약수가 1밖에 없는 서로소입니다. 따라서 더 이상 약분할 수 없습니다.

배움 체크하기

(배움 체크 리스트 를 가리키며) 오늘 우리가 함께 공부한 것을 혼자서도 할 수 있는지 체크해 봅시다. 혼자서도 할 수 있으면 👍, 선생님의 도움이 더 필요하다면 ?에 동그라미로 표시하세요.

배움 체크 리스트	👍	?
1. 두 분수의 곱셈 방법을 이해하고 적용할 수 있습니다.		
2. 두 자연수의 최대공약수를 구하여 약분할 수 있습니다.		
3. 자연수를 분모가 1인 분수로 바꿀 수 있습니다.		
4. 자연수와 분수의 나눗셈을 할 때는 먼저 자연수를 분모가 1인 분수로 바꾼다는 것을 이해하고 적용할 수 있습니다.		
5. 자연수를 분수로 바꾼 후, 나눗셈 기호를 곱셈 기호로 바꾸고 제수인 분수의 역수를 곱한다는 것을 이해하고 적용할 수 있습니다.		
6. 분수끼리 곱셈한 후, 분모와 분자의 최대공약수로 분모와 분자를 약분하여 기약분수를 만드는 방법을 이해하고 적용할 수 있습니다.		
7. 분모와 분자의 공약수가 1뿐인 서로소일 때는 더 이상 약분할 수 없다는 것을 이해하고 적용할 수 있습니다.		

혼자 풀기

(혼자 풀어 보는 문제 1~7을 제시하며) 오늘 배운 것을 기억하면서 문제를 혼자 풀어 보는 시간입니다. 내비게이션 1.5 를 사용하면 도움이 됩니다.

다음을 계산하시오.

1. $5 \times \frac{1}{2}$

2. $\frac{2}{3} \times \frac{5}{3}$

다음 문제를 분수의 역수를 이용하여 풀어 보시오.

3. $4 \div \frac{2}{3}$

4. $6 \div \frac{3}{7}$

5. $5 \div \frac{5}{4}$

6. $11 \div \frac{5}{3}$

7. $3 \div \frac{6}{5}$

채점 및 오답 분석

학생이 쓴 답을 기재하고, 오답인 경우 [중재 결정표]에서 가능한 오류 원인을 1~8 중에서 골라 번호로 기재합니다. 기타 원인 때문에 오답이 발생했을 경우, 구체적으로 어떤 이유인지 기재합니다. 가능한 오답의 원인을 모두 기재합니다.

혼자 풀어 보는 문제	정답	학생이 쓴 답	오답 원인
1. $5 \times \frac{1}{2}$	$\frac{5}{2}$ 또는 $2\frac{1}{2}$		
2. $\frac{2}{3} \times \frac{5}{3}$	$\frac{10}{9}$ 또는 $1\frac{1}{9}$		
3. $4 \div \frac{2}{3}$	6		
4. $6 \div \frac{3}{7}$	14		
5. $5 \div \frac{5}{4}$	4		
6. $11 \div \frac{5}{3}$	$\frac{33}{5} = 6\frac{3}{5}$		
7. $3 \div \frac{6}{5}$	$\frac{15}{6} = 2\frac{1}{2}$		
	정답 개수	/ 7	

중재 결정표

☞ **오답 원인을 분석하여 차후 중재를 결정하세요.**

오답 원인	발생 빈도	최다 발생 오류	중재 결정
1. 사전 지식 및 기술(자연수의 나눗셈, 약분하기, 최대공약수 구하기, 분수의 곱셈, 역수 구하기)			
2. 용어나 문제 이해 부족(약분, 최대공약수, 서로소, 역수)			
3. 자연수를 분모가 1인 분수로 바꾸는 방법의 이해와 적용의 어려움			
4. 나눗셈식을 곱셈식으로 바꾸기 위해 나눗셈 기호를 곱셈 기호로, 제수 대신 제수의 역수를 곱하는 절차의 이해와 적용의 어려움			
5. 분수의 곱셈식을 계산한 후, 최대공약수로 약분하여 기약분수로 바꾸는 절차의 이해와 적용의 어려움			
6. 분모와 분자가 서로소일 때는 더 이상 약분할 수 없다는 것의 이해와 적용의 어려움			
7. 부주의/계산 실수			
8. 기타(구체적 원인 기재하기)			

가장 흔한 오답 원인	1과 2 중 하나	3, 4, 5, 6 중 하나	7
	AND	AND	OR
오답률	오답이 2개 이상	오답이 2개 이상	오답이 2개 미만
다음 중재	브리지(Bridge)	동 차시 반복	다음 차시

브리지(Bridge) 차시
- 분수의 곱셈
- 자연수 나눗셈
- 1.3차시
- 1.4차시

6차시

분수와 분수의 나눗셈 - 역수 이용

[내비게이션 1.6] 분수와 분수의 나눗셈 - 역수 이용

	순서	예 ($3\frac{3}{5} \div \frac{3}{2}$)
❶	대분수를 가분수로 바꾸기	$3\frac{3}{5} \div \frac{3}{2} = \frac{(3 \times 5)+3}{5} \div \frac{3}{2} = \frac{18}{5} \div \frac{3}{2}$
❷	나눗셈 기호를 곱셈 기호로 바꾸고 제수의 역수를 곱하기	제수인 $\frac{3}{2}$의 역수는 $\frac{2}{3}$ $3\frac{3}{5} \div \frac{3}{2} = \frac{18}{5} \div \frac{3}{2} = \frac{18}{5} \times \frac{2}{3}$
❸	분모는 분모끼리, 분자는 분자끼리 곱한 후에 기약분수가 되도록 나누기	• 분모끼리, 분자끼리 곱함 $3\frac{3}{5} \div \frac{3}{2} = \frac{18}{5} \times \frac{2}{3} = \frac{18 \times 2}{5 \times 3} = \frac{36}{15}$ • 기약분수가 되도록 약분하려면 분자와 분모의 최대공약수로 분자와 분모를 나누어야 함(36과 15의 최대공약수는 3) $\frac{36}{15} = \frac{36 \div 3}{15 \div 3} = \frac{12}{5}$ $3\frac{3}{5} \div \frac{3}{2} = \frac{12}{5} = 2\frac{2}{5}$

차시 목표 분수와 분수의 나눗셈을 분수의 역수를 이용하여 계산할 수 있다.

사전 지식 약분, 기약분수, 가분수, 진분수, 대분수, 자연수의 나눗셈, 분수의 곱셈, 역수, 대분수를 가분수로 바꾸기, 최대공약수 구하기

준비물 1단계 6차시 학생용 교재, **내비게이션 1.6**

흔한 오류

1. 대분수를 가분수로 바꿀 때 오류를 보인다.
   - 오류 예: $4\frac{2}{3}$를 가분수로 고칠 때 $\frac{4 \times 2}{3} = \frac{8}{3}$이라 한다.

2. 제수인 분수의 역수를 곱하여 분수의 나눗셈을 할 때 나눗셈을 곱셈으로 바꾸는 것을 빼먹거나, 제수의 역수를 곱하지 않고 제수를 곱한다.
   - 오류 예: $\frac{2}{3} \div \frac{1}{5} = \frac{2}{3} \div \frac{5}{1}$ 또는 $\frac{2}{3} \div \frac{1}{5} = \frac{2}{3} \times \frac{1}{5}$이라 답한다.

3. 나눗셈의 결과를 약분해야 할 때 분모와 분자의 최대공약수로 약분하지 않고 최대공약수보다 작은 공약수로 약분한 후 더 이상 약분될 수 없다고 생각한다.
   - 오류 예: $\frac{24}{48} = \frac{24 \div 6}{48 \div 6} = \frac{4}{8}$

4. 분모와 분자가 크기가 큰 수일 때, 최대공약수를 구하는 데 어려움을 보인다.

사전평가

처음 두 문제는 가장 필수적인 사전 지식에 대한 이해를 묻고, 3번부터 7번까지는 차시 목표인 개념과 기술의 이해를 묻습니다.

다음을 계산하시오.

1. $3 \times \frac{6}{5}$

2. $\frac{7}{4} \times \frac{12}{5}$

다음 나눗셈을 분수의 역수를 이용하여 계산하시오.

3. $\frac{5}{6} \div \frac{4}{3}$

4. $\frac{1}{6} \div \frac{4}{7}$

5. $7\frac{4}{5} \div \frac{3}{5}$

6. $6\frac{1}{2} \div \frac{3}{4}$

7. $3\frac{1}{8} \div 2\frac{2}{5}$

정답

1. $\frac{18}{5}$ 2. $\frac{21}{5}$ 3. $\frac{5}{8}$ 4. $\frac{7}{24}$

5. 13 6. $\frac{26}{3}$ 7. $\frac{125}{96}$

Level 1.1
6차시

접속하기

차시 목표 및 개념 설명

오늘은 분수 ÷ 분수를 역수를 사용하여 계산하는 방법을 배우려 합니다. 먼저, 이번 차시에서 많이 사용될 개념과 기술을 정리해 봅시다.

1. 분수의 역수는 무엇입니까? 곱해서 1이 되는 두 수를 서로의 역수라고 합니다. 예를 들어, $\frac{2}{3}$는 $\frac{3}{2}$의 역수이고 $\frac{3}{2}$은 $\frac{2}{3}$의 역수입니다.

2. 대분수란 무엇입니까? 자연수와 분수를 모두 포함한 분수를 말합니다. 예를 들어, $2\frac{1}{3}$, $1\frac{3}{4}$, $3\frac{2}{5}$ 등이 대분수입니다.

3. 가분수란 $\frac{5}{4}$, $\frac{4}{3}$, $\frac{12}{6}$와 같이 분모가 분자보다 작은 분수를 말합니다.

4. 대분수를 가분수로 만들려면 어떻게 해야 합니까? 대분수를 가분수로 만들 때는 분모는 그대로 두고 대분수의 자연수 부분과 분모를 곱한 값에 원래 있던 분자를 더하여 가분수의 분자를 구합니다(예: $3\frac{2}{5} = \frac{(3 \times 5)+2}{5}$).

5. 기약분수란 무엇입니까? 더 이상 약분할 수 없는 분수를 말합니다.

6 자연수를 분수로 만들면 분모가 1인 가분수가 됩니다. 자연수는 $\frac{\text{자연수}}{1}$로 바꿔 쓸 수 있습니다($3 = \frac{3}{1}$).

7. 분수 ÷ 분수는 어떻게 계산합니까? 분수 ÷ 분수는 분수의 역수를 사용하여 다음과 같은 방법으로 계산할 수 있습니다. 예를 들어, $3\frac{3}{5} \div \frac{3}{2}$를 풀기 위해서는,

   1) 먼저, 대분수가 있는 경우 가분수로 바꿉니다.

   $\rightarrow 3\frac{3}{5} \div \frac{3}{2} = \frac{(3 \times 5)+3}{5} \div \frac{3}{2} = \frac{18}{5} \div \frac{3}{2}$

2) 나눗셈 기호를 곱셈으로 바꾸고 제수의 역수를 곱합니다.

제수인 $\frac{3}{2}$의 역수는 $\frac{2}{3}$입니다.

$\rightarrow 3\frac{3}{5} \div \frac{3}{2} = \frac{18}{5} \div \frac{3}{2} = \frac{18}{5} \times \frac{2}{3}$

3) 분모는 분모끼리, 분자는 분자끼리 곱하고 기약분수가 되도록 약분합니다.

(1) 분모는 분모끼리, 분자는 분자끼리 곱합니다.

$\rightarrow 3\frac{3}{5} \div \frac{3}{2} = \frac{18}{5} \times \frac{2}{3} = \frac{18 \times 2}{5 \times 3} = \frac{36}{15}$

(2) 기약분수로 약분하려면 분자와 분모의 최대공약수로 분자와 분모를 나눕니다.

36과 15의 최대공약수는 3이므로 3으로 분모와 분자를 나누면 $2\frac{2}{5}$가 답입니다.

$\rightarrow \frac{36}{15} = \frac{36 \div 3}{15 \div 3} = \frac{12}{5}$

$\rightarrow 3\frac{3}{5} \div \frac{3}{2} = \frac{12}{5} = 2\frac{2}{5}$

보여 주기

개념 및 기술 교수, 개념 및 기술 예시 제시, 보는 수학 내비게이션을 이용한 교사 모델링

(내비게이션 1.6 을 보여 주며) 분수와 분수의 나눗셈을 분수의 역수를 이용하여 계산하는 방법을 다시 한번 정리해 봅시다. 첫째, 대분수를 분모가 1인 가분수로 바꿉니다. 둘째, 나눗셈 기호를 곱셈 기호로 바꾸고 제수의 역수를 곱합니다. 셋째, 분모는 분모끼리, 분자는 분자끼리 곱한 후 기약분수로 약분합니다. 분수와 분수의 나눗셈을 분수의 역수를 사용하여 계산하는 방법을 이용하여 다음 문제를 풀어 봅시다.

❶ (보여 주는 문제 1을 보여 주며) $\frac{4}{15} \div \frac{2}{3}$를 계산하시오.

1. 먼저, 대분수가 있는 경우 가분수로 바꿉니다.
   - 주어진 나눗셈식에 포함된 분수는 둘 다 진분수입니다.

     → $\frac{4}{15} \div \frac{2}{3}$

2. 나눗셈 기호를 곱셈으로 바꾸고 제수의 역수를 곱합니다.
   - 제수인 $\frac{2}{3}$의 역수는 $\frac{3}{2}$입니다.

     → $\frac{4}{15} \div \frac{2}{3} = \frac{4}{15} \times \frac{3}{2}$

3. 분모는 분모끼리, 분자는 분자끼리 곱하고 기약분수가 되도록 약분합니다.
   - 분수의 곱셈을 합니다.

     → $\frac{4}{15} \div \frac{2}{3} = \frac{4}{15} \times \frac{3}{2} = \frac{4 \times 3}{15 \times 2} = \frac{12}{30}$

   - 기약분수로 약분하려면 분자와 분모의 최대공약수로 분자와 분모를 나눕니다. 12와 30의 최대공약수는 6이므로 6으로 분자와 분모를 약분합니다.

     → $\frac{12}{30} = \frac{12 \div 6}{30 \div 6} = \frac{2}{5}$

     → $\boxed{\frac{4}{15} \div \frac{2}{3} = \frac{2}{5}}$

2 (보여 주는 문제 2를 보여 주며) $2\frac{7}{10} \div \frac{6}{5}$을 계산하시오.

1. 먼저, 대분수가 있는 경우 가분수로 바꿉니다.

- 주어진 문제에서는 피제수인 $2\frac{7}{10}$이 대분수이므로 가분수로 바꿉니다.

$\rightarrow 2\frac{7}{10} \div \frac{6}{5} = \frac{(2 \times 10) + 7}{10} \div \frac{6}{5} = \frac{27}{10} \div \frac{6}{5}$

2. 다음은 나눗셈 기호를 곱셈으로 바꾸고 제수의 역수를 곱합니다.

- 제수인 $\frac{6}{5}$의 역수는 $\frac{5}{6}$입니다.

$\rightarrow 2\frac{7}{10} \div \frac{6}{5} = \frac{27}{10} \div \frac{6}{5} = \frac{27}{10} \times \frac{5}{6}$

3. 분모는 분모끼리, 분자는 분자끼리 곱하고 기약분수가 되도록 약분합니다.

- 분모는 분모끼리, 분자는 분자끼리 곱합니다.

$\rightarrow 2\frac{7}{10} \div \frac{6}{5} = \frac{27}{10} \div \frac{6}{5} = \frac{27}{10} \times \frac{5}{6} = \frac{27 \times 5}{10 \times 6} = \frac{135}{60}$

- 기약분수로 약분하려면 분자와 분모의 최대공약수로 분자와 분모를 나눕니다.

135과 60의 최대공약수는 15이므로 15로 분자와 분모를 나눕니다.

$\rightarrow \frac{135}{60} = \frac{135 \div 15}{60 \div 15} = \frac{9}{4} = 2\frac{1}{4}$

$\rightarrow \boxed{2\frac{7}{10} \div \frac{6}{5} = 2\frac{1}{4}}$

3 (보여 주는 문제 3을 보여 주며) $2\frac{7}{14} \div 1\frac{2}{7}$를 계산하시오.

1. 먼저, 대분수가 있는 경우 대분수를 가분수로 바꿉니다.

- 피제수인 $2\frac{7}{14}$과 제수인 $1\frac{2}{7}$ 둘 다 대분수이므로 가분수로 바꿉니다.

$\rightarrow 2\frac{7}{14} \div 1\frac{2}{7} = \frac{(2 \times 14) + 7}{14} \div \frac{(1 \times 7) + 2}{7} = \frac{35}{14} \div \frac{9}{7}$

2. 다음은 나눗셈 기호를 곱셈으로 바꾸고 제수의 역수를 곱합니다.

- 제수인 $\frac{9}{7}$의 역수는 $\frac{7}{9}$입니다.

$\rightarrow 2\frac{7}{14} \div 1\frac{2}{7} = \frac{35}{14} \div \frac{9}{7} = \frac{35}{14} \times \frac{7}{9}$

3. 분모는 분모끼리, 분자는 분자끼리 곱하고 기약분수가 되도록 약분합니다.

- 분모는 분모끼리, 분자는 분자끼리 곱합니다.

$\rightarrow 2\frac{7}{14} \div 1\frac{2}{7} = \frac{35}{14} \div \frac{9}{7} = \frac{35}{14} \times \frac{7}{9} = \frac{35 \times 7}{14 \times 9} = \frac{245}{126}$

- 기약분수로 약분하려면 분자와 분모의 최대공약수로 분자와 분모를 나눕니다. 245와 126의 최대공약수는 7이므로 7로 분자와 분모를 나눕니다.

$\rightarrow \frac{245}{126} = \frac{245 \div 7}{126 \div 7} = \frac{35}{18} = 1\frac{17}{18}$

$\rightarrow \boxed{2\frac{7}{14} \div 1\frac{2}{7} = 1\frac{17}{18}}$

함께 풀기

(내비게이션 1.6 을 보여 주며) 문제를 풀기 전에, 분수와 분수의 나눗셈을 분수의 역수를 이용하여 계산하는 방법을 다시 한번 정리해 봅시다. 먼저, 대분수가 있다면 대분수를 가분수로 바꾸고 나눗셈 기호를 곱셈 기호로 바꾼 후 제수인 분수의 역수를 곱합니다. 마지막으로, 분모는 분모끼리, 분자는 분자끼리 곱한 후 기약분수로 약분합니다. 곱하기 전에 미리 약분할 수 있으면 미리 약분해도 됩니다. 자연수와 분수의 나눗셈을 분수의 역수를 이용하여 계산하는 방법을 참고하여 다음 문제를 풀어 봅시다.

Level 1.1

6차시

❶ (함께 풀어 보는 문제 1을 가리키며) $\frac{9}{8} \div \frac{3}{4}$을 역수를 이용하여 계산하시오.

1. 분수와 분수의 나눗셈을 할 때 가장 먼저 해야 할 일은 무엇입니까? 대분수가 있는지 확인하여 대분수를 가분수로 바꿔야 합니다.
   - 주어진 문제에는 대분수가 있습니까? 주어진 문제에는 대분수가 없습니다.
   - 주어진 식을 그대로 사용하여 계산할 수 있습니다.

   → $\frac{9}{8} \div \frac{3}{4}$

2. 다음은 무엇을 합니까? 나눗셈식을 곱셈식으로 바꿔야 합니다.
   - 나눗셈식을 곱셈식으로 바꾸려면 어떻게 해야 합니까? 나눗셈 기호를 곱셈으로 바꾸고 제수인 분수의 역수를 곱합니다.
   - 제수인 분수는 무엇입니까? $\frac{3}{4}$입니다.
   - $\frac{3}{4}$의 역수는 무엇입니까? $\frac{3}{4}$의 역수는 $\frac{4}{3}$입니다.

   → $\frac{9}{8} \div \frac{3}{4} = \frac{9}{8} \times \frac{4}{3}$

3. 다음은 무엇을 합니까? 분모는 분모끼리, 분자는 분자끼리 곱하고 기약분수가 되도록 약분합니다.

- 분모끼리 곱한 값은 얼마입니까? $8 \times 3 = 24$입니다.
- 분자끼리 곱한 값은 얼마입니까? $9 \times 4 = 36$입니다.

$\rightarrow \frac{9}{8} \times \frac{4}{3} = \frac{9 \times 4}{8 \times 3} = \frac{36}{24}$

- 기약분수가 되도록 약분하려면 어떻게 합니까? 분자와 분모의 최대공약수로 분자와 분모를 나눕니다. 분모 24와 분자 36의 최대공약수는 얼마입니까? 24와 36의 최대공약수는 12입니다.
- 분모와 분자를 12로 나누면 어떻게 됩니까? 분모는 2가 되고 분자는 3이 됩니다. 답은 $\frac{3}{2}$입니다.

$\rightarrow \frac{36}{24} = \frac{36 \div 12}{24 \div 12} = \frac{3}{2} = 1\frac{1}{2}$

$\rightarrow \boxed{\frac{9}{8} \div \frac{3}{4} = 1\frac{1}{2}}$

② (함께 풀어 보는 문제 2를 가리키며) $1\frac{5}{6} \div \frac{10}{3}$을 역수를 이용하여 계산하시오.

1. 분수와 분수의 나눗셈을 할 때 가장 먼저 해야 할 일은 무엇입니까? 대분수가 있다면 대분수를 가분수로 바꿔야 합니다.

- 주어진 문제에는 대분수가 있습니까? 피제수인 $1\frac{5}{6}$가 대분수입니다.
- $1\frac{5}{6}$를 가분수로 나타내려면 어떻게 해야 합니까? 분모는 그대로 쓰고, 분자는 분모와 자연수의 곱셈값에 분자를 더해서 구합니다.

$\rightarrow 1\frac{5}{6} \div \frac{10}{3} = \frac{(1 \times 6) + 5}{6} \div \frac{10}{3} = \frac{11}{6} \div \frac{10}{3}$

2. 다음은 무엇을 합니까? 나눗셈식을 곱셈식으로 바꿔야 합니다.

- 나눗셈식을 곱셈식으로 바꾸려면 어떻게 해야 합니까? 나눗셈 기호를 곱셈으로 바

꾸고 제수인 분수의 역수를 곱합니다.

- 제수인 분수는 무엇입니까? $\frac{10}{3}$입니다.
- $\frac{10}{3}$의 역수는 무엇입니까? $\frac{10}{3}$의 역수는 $\frac{3}{10}$입니다.

$\rightarrow 1\frac{5}{6} \div \frac{10}{3} = \frac{11}{6} \div \frac{10}{3} = \frac{11}{6} \times \frac{3}{10}$

3. 다음은 무엇을 합니까? 분모는 분모끼리, 분자는 분자끼리 곱하고 기약분수가 되도록 약분합니다.
   - 분모끼리 곱한 값은 얼마입니까? $6 \times 10 = 60$입니다.
   - 분자끼리 곱한 값은 얼마입니까? $11 \times 3 = 33$입니다.

   $\rightarrow \frac{11}{6} \times \frac{3}{10} = \frac{11 \times 3}{6 \times 10} = \frac{33}{60}$

   - 기약분수가 되도록 약분하려면 어떻게 합니까? 분자와 분모의 최대공약수로 분자와 분모를 나눕니다. 분모 60과 분자 33의 최대공약수는 얼마입니까? 60과 33의 최대공약수는 3입니다.
   - 분모와 분자를 3으로 나누면 어떻게 됩니까? 분모는 20이 되고 분자는 11이 됩니다. 답은 $\frac{11}{20}$입니다.

   $\rightarrow \frac{33}{60} = \frac{33 \div 3}{60 \div 3} = \frac{11}{20}$

   $\rightarrow \boxed{1\frac{5}{6} \div \frac{10}{3} = \frac{11}{20}}$

3 (함께 풀어 보는 문제 3을 가리키며) $5\frac{5}{6} \div 1\frac{7}{8}$을 역수를 이용하여 계산하시오.

1. 분수와 분수의 나눗셈을 할 때 가장 먼저 해야 할 일은 무엇입니까? 대분수가 있는 경우, 대분수를 가분수로 바꿔 줍니다.
   - 주어진 문제에서 대분수는 무엇입니까? 피제수인 $5\frac{5}{6}$와 제수인 $1\frac{7}{8}$이 둘 다 대분수입니다.

- $5\frac{5}{6}$를 가분수로 바꾸려면 어떻게 해야 합니까? 분모는 그대로 6이라 쓰고, 분자는 자연수인 5와 분모인 6을 곱한 값에 원래 분자 자리에 있던 수 5를 더하여 구합니다.
- $1\frac{7}{8}$을 가분수로 나타내면 어떻게 됩니까? 마찬가지로 분모는 8로 그대로 쓰고, 분자는 자연수 1을 분모 8에 곱한 값에 분자 자리에 있던 수 7을 더하여 구합니다.

  $\rightarrow 5\frac{5}{6} \div 1\frac{7}{8} = \frac{(5\times6)+5}{6} \div \frac{(1\times8)+7}{8} = \frac{35}{6} \div \frac{15}{8}$

2. 다음은 무엇을 합니까? 나눗셈식을 곱셈식으로 바꿔야 합니다.

- 나눗셈식을 곱셈식으로 바꾸려면 어떻게 해야 합니까? 나눗셈 기호를 곱셈으로 바꾸고 제수인 분수의 역수를 곱합니다.
- 제수인 분수는 무엇입니까? $\frac{15}{8}$입니다.
- $\frac{15}{8}$의 역수는 무엇입니까? $\frac{15}{8}$의 역수는 $\frac{8}{15}$입니다.

  $\rightarrow 5\frac{5}{6} \div 1\frac{7}{8} = \frac{35}{6} \div \frac{15}{8} = \frac{35}{6} \times \frac{8}{15}$

3. 다음은 무엇을 합니까? 분모는 분모끼리, 분자는 분자끼리 곱하고 기약분수가 되도록 약분합니다.

- 분모끼리 곱한 값은 얼마입니까? $6 \times 15 = 90$입니다.
- 분자끼리 곱한 값은 얼마입니까? $35 \times 8 = 280$입니다.

  $\rightarrow \frac{35}{6} \times \frac{8}{15} = \frac{35\times8}{6\times15} = \frac{280}{90}$
- 기약분수가 되도록 약분하려면 어떻게 합니까? 분자와 분모의 최대공약수로 분자와 분모를 나눕니다. 분모 90과 분자 280의 최대공약수는 얼마입니까? 90과 280의 최대공약수는 10입니다.
- 분자와 분모를 10으로 나누면 어떻게 됩니까? 분모를 10으로 나누면 9가 되고 분자를 10으로 나누면 28이 됩니다. 답은 $\frac{280}{90} = \frac{28}{9} = 3\frac{1}{9}$입니다.

  $\rightarrow \frac{280}{90} = \frac{280\div10}{90\div10} = \frac{28}{9} = 3\frac{1}{9}$

  $\rightarrow \boxed{5\frac{5}{6} \div 1\frac{7}{8} = 3\frac{1}{9}}$

아 그렇구나!

혼동되는 문제 다시 풀기

최다 오류를 반례로 제시하여 개념 및 기술 획득 강화

아 그렇구나! 에서는 분수의 역수를 이용하여 분수 ÷ 분수를 계산할 때 우리가 혼동스러워하는 문제를 함께 풀어 봅니다. 다음 문제를 풀 때 왜 실수가 많은지 그 이유를 함께 생각해 봅시다.

1 (아 그렇구나! 문제 1을 가리키며) $\frac{3}{5} \div 1\frac{3}{8}$을 계산할 때 혼동되는 점은 무엇입니까?

⇨ 대분수 $1\frac{3}{8}$을 가분수 $\frac{11}{8}$로 바꾸고 나눗셈 기호를 곱셈 기호로 바꾼 후, 제수 대신 제수의 역수를 곱하면 주어진 식은 $\frac{3}{5} \div 1\frac{3}{8} = \frac{3}{5} \div \frac{11}{8} = \frac{3}{5} \times \frac{8}{11}$이 됩니다. 분수의 곱셈식을 계산하면 $\frac{3}{5} \times \frac{8}{11} = \frac{3 \times 8}{5 \times 11} = \frac{24}{55}$가 되는데, 이때 24와 55는 각각 약수는 여러 개이지만 공약수는 1밖에 없는 서로소입니다. 따라서 더 이상 약분할 수 없습니다. 답은 $\frac{24}{55}$입니다.

배움 체크하기

(배움 체크 리스트 를 가리키며) 오늘 우리가 함께 공부한 것을 혼자서도 할 수 있는지 체크해 봅시다. 혼자서도 할 수 있으면 👍, 선생님의 도움이 더 필요하다면 ?에 동그라미로 표시하세요.

배움 체크 리스트	👍	?
1. 두 분수의 곱셈 방법을 이해하고 적용할 수 있습니다.		
2. 두 자연수의 최대공약수를 구하여 약분할 수 있습니다.		
3. 대분수를 가분수로 고칠 수 있습니다.		
4. 분수와 분수의 나눗셈을 할 때는, 먼저 대분수는 가분수로 바꾼다는 것을 이해하고 적용할 수 있습니다.		
5. 대분수를 가분수로 바꾼 후, 나눗셈 기호를 곱셈 기호로 바꾸고 제수인 분수의 역수를 곱한다는 것을 이해하고 적용할 수 있습니다.		
6. 분수끼리 곱셈한 후, 분모와 분자의 최대공약수로 분모와 분자를 약분하여 기약분수를 만드는 방법을 이해하고 적용할 수 있습니다.		
7. 분모와 분자의 공약수가 1뿐인 서로소일 때는 더 이상 약분할 수 없다는 것을 이해하고 적용할 수 있습니다.		

혼자 풀기

(혼자 풀어 보는 문제 1~7을 제시하며) 오늘 배운 것을 기억하면서 문제를 혼자 풀어 보는 시간입니다. 내비게이션 1.6 을 사용하면 도움이 됩니다.

다음을 계산하시오.

1. $3 \times \frac{5}{6}$

2. $\frac{7}{4} \times \frac{1}{2}$

다음 나눗셈을 분수의 역수를 이용하여 계산하시오.

3. $\frac{5}{6} \div \frac{4}{3}$

4. $\frac{1}{6} \div \frac{4}{7}$

5. $7\frac{4}{5} \div \frac{3}{5}$

6. $6\frac{1}{2} \div \frac{3}{4}$

7. $3\frac{1}{8} \div 2\frac{2}{5}$

채점 및 오답 분석

학생이 쓴 답을 기재하고, 오답인 경우 중재 결정표 에서 가능한 오류 원인을 1~8 중에서 골라 번호로 기재합니다. 기타 원인 때문에 오답이 발생했을 경우, 구체적으로 어떤 이유인지 기재합니다. 가능한 오답의 원인을 모두 기재합니다.

혼자 풀어 보는 문제	정답	학생이 쓴 답	오답 원인
1. $3 \times \frac{5}{6}$	$\frac{5}{2}$ 또는 $2\frac{1}{2}$		
2. $\frac{7}{4} \times \frac{1}{2}$	$\frac{7}{8}$		
3. $\frac{5}{6} \div \frac{4}{3}$	$\frac{5}{8}$		
4. $\frac{1}{6} \div \frac{4}{7}$	$\frac{7}{24}$		
5. $7\frac{4}{5} \div \frac{3}{5}$	$\frac{39}{3} = 13$		
6. $6\frac{1}{2} \div \frac{3}{4}$	$\frac{26}{3} = 8\frac{2}{3}$		
7. $3\frac{1}{8} \div 2\frac{2}{5}$	$\frac{125}{96} = 1\frac{29}{96}$		
	정답 개수	/ 7	

중재 결정표

오답 원인을 분석하여 차후 중재를 결정하세요.

오답 원인	발생 빈도	최다 발생 오류	중재 결정
1. 사전 지식 및 기술(자연수의 나눗셈, 약분하기, 최대공약수 구하기, 분수의 곱셈, 역수 구하기, 대분수를 가분수로 고치기)			
2. 용어나 문제 이해 부족(약분, 최대공약수, 서로소, 역수, 대분수, 가분수, 진분수)			
3. 분수의 나눗셈을 계산하기 위해서 대분수를 가분수로 바꾸는 방법의 이해와 적용의 어려움			
4. 나눗셈식을 곱셈식으로 바꾸기 위해 나눗셈 기호를 곱셈 기호로 바꾸고, 제수 대신 제수의 역수를 곱하는 절차의 이해와 적용의 어려움			
5. 분수의 곱셈식을 계산한 후, 최대공약수로 약분하여 기약분수로 바꾸는 절차의 이해와 적용의 어려움			
6. 분모와 분자가 서로소일 때는 더 이상 약분할 수 없다는 것의 이해와 적용의 어려움			
7. 부주의/계산 실수			
8. 기타(구체적 원인 기재하기)			

가장 흔한 오답 원인	1과 2 중 하나	3, 4, 5, 6 중 하나	7
	AND	AND	OR
오답률	오답이 2개 이상	오답이 2개 이상	오답이 2개 미만
다음 중재	브리지(Bridge)	동 차시 반복	다음 차시

브리지(Bridge) 차시
- 1.4차시
- 1.5차시

7차시

소수점의 위치가 같은 소수의 나눗셈 - 분수 이용

[내비게이션 1.7] 소수점의 위치가 같은 소수의 나눗셈 - 분수의 나눗셈 이용

	순서	예 (1.44 ÷ 0.12)
①	소수를 분모가 1인 분수로 바꾸기	• $1.44 = \frac{1.44}{1}$ • $0.12 = \frac{0.12}{1}$
②	소수점 아래 자릿수만큼 10을 제곱한 수를 각 소수의 분모와 분자에 곱하기	• 소수점 아래 자릿수는 2이므로 10을 제곱하여 곱함 ($10^2 = 100$) • $1.44 = \frac{1.44 \times 100}{1 \times 100} = \frac{144}{100}$ $0.12 = \frac{0.12 \times 100}{1 \times 100} = \frac{12}{100}$
③	나눗셈 기호를 곱셈 기호로 바꾸고 제수의 역수 곱하기	• 제수인 $\frac{12}{100}$의 역수는 $\frac{100}{12}$ • $1.44 \div 0.12 = \frac{144}{100} \div \frac{12}{100} = \frac{144}{100} \times \frac{100}{12}$
④	분모는 분모끼리, 분자는 분자끼리 곱한 후에 기약분수가 되도록 나누기 분수의 곱셈 계산 중, 분모와 분자 간의 약분이 가능한 학생들은 최대공약수를 찾기 전에 먼저 식을 약분하는 것이 편리합니다.	• 분모끼리 분자끼리 곱함 $\rightarrow \frac{144}{100} \times \frac{100}{12} = \frac{144 \times 100}{100 \times 12} = \frac{14400}{1200}$ • 기약분수가 되도록 약분하려면 분자와 분모의 최대공약수로 분자와 분모를 나누어야 함(14400과 1200의 최대공약수는 1200) $\rightarrow \frac{14400}{1200} = \frac{14400 \div 1200}{1200 \div 1200} = \frac{12}{1} = 12$ $\rightarrow 1.44 \div 0.12 = 12$

차시 목표 소수점 아래 자릿수가 같은 소수의 나눗셈을 분수의 나눗셈으로 계산할 수 있다.

사전 지식 소수의 의미, 소수점 아래 자릿수, 10의 거듭제곱, 10의 거듭제곱과 자연수나 소수의 곱, 기약분수, 가분수, 진분수, 대분수, 자연수의 나눗셈, 분수의 곱셈, 역수, 대분수를 가분수로 바꾸기, 최대공약수 구하기, 가분수를 대분수로 바꾸기, 분수의 나눗셈

준비물 1단계 7차시 학생용 교재, **내비게이션 1.7**

흔한 오류

1. 소수를 분수로 바꾸기 위해 분모에 10의 거듭제곱수를 쓴 후, 분자에는 소수를 그대로 쓴다.
   - 오류 예: 2.3을 분수로 고칠 때 $\frac{2.3}{10}$이라 한다.
2. 소수점 아래 자릿수만큼 10의 거듭제곱수로 나누는 것에 혼동을 보인다.
   - 오류 예: 2.345는 소수점 아래 자릿수가 세 자리이므로 10을 세제곱한 수(10^3)로 나눠야 분자가 자연수가 되는데 $\frac{23.45}{10}$라 답한다.
3. 소수의 자연수 부분이 0인 소수를 분수로 나타내는 데 어려움을 겪는다.
   - 오류 예: $0.4 = \frac{04}{10}$라 답한다.

사전평가

처음 두 문제는 가장 필수적인 사전 지식에 대한 이해를 묻고, 3번부터 7번까지는 차시 목표인 개념과 기술의 이해를 묻습니다.

다음을 계산하시오.

1. $36 \div 9$

2. 2.04×10^3

다음 나눗셈을 분수의 나눗셈을 이용하여 계산하시오.

3. $5.4 \div 0.9$

4. $5.7 \div 0.3$

5. $3.68 \div 0.46$

6. $7.82 \div 0.34$

7. $12.1 \div 1.1$

정답

1. 4 **2.** 2040 **3.** 6 **4.** 19

5. 8 **6.** 23 **7.** 11

접속하기

차시 목표 및 개념 설명

오늘은 소수점 아래 자릿수가 같은 소수들의 나눗셈을 분수의 나눗셈을 이용하여 계산하는 방법을 배우려 합니다. 먼저, 이번 차시에서 많이 사용될 개념과 기술을 정리해 봅시다.

1. 소수에 10을 곱하면 어떻게 변합니까? 소수에 10을 곱하면 소수점 자리가 오른쪽으로 한 칸 이동합니다. 예를 들어, 4.21에 10을 곱하면 소수점이 오른쪽으로 한 칸 이동하여 42.1이 됩니다.

2. 소수에 100을 곱하면 어떻게 변합니까? 소수에 100을 곱하면 소수점 자리가 오른쪽으로 두 칸 이동합니다. 4.21에 100을 곱하면 421이 됩니다. 마찬가지로, 소수에 1000을 곱하면 소수점 자리가 오른쪽으로 세 자리 이동합니다. 4.21에 1000을 곱하면 4210이 됩니다.

3. 소수를 분수로 만들려면 어떻게 해야 합니까? 먼저, 소수를 분모가 1인 분수로 만듭니다. 소수점 아래 자릿수만큼 10을 거듭제곱한 수(예를 들어, 2.32면 소수점 아래 자릿수가 두 자릿수이므로 $10^2 = 100$)로 분모와 분자에 곱해 줍니다. 예를 들어, 43.23을 분수로 나타내려면 43.23을 분모가 1인 분수로 고치고, 43.23의 소수점 아래 자릿수는 두 자리이므로 100을 분모와 분자에 곱합니다.

$$43.23 = \frac{43.23}{1} = \frac{43.23 \times 100}{1 \times 100} = \frac{4323}{100}$$

4. 기약분수란 무엇입니까? 더 이상 약분할 수 없는 분수를 말합니다.

5. 분수 ÷ 분수는 어떻게 계산합니까? 분수 ÷ 분수는 분수의 역수를 사용하여 다음과 같은 방법으로 계산할 수 있습니다. 예를 들어, $3\frac{2}{5} \div \frac{3}{2}$을 풀기 위해서는,

   1) 먼저, 대분수가 있는 경우 가분수로 바꿉니다.

$\rightarrow 3\frac{2}{5} \div \frac{3}{2} = \frac{(3 \times 5)+2}{5} \div \frac{3}{2} = \frac{17}{5} \div \frac{3}{2}$

2) 나눗셈 기호를 곱셈으로 바꾸고 제수의 역수를 곱합니다.

제수인 $\frac{3}{2}$의 역수는 $\frac{2}{3}$입니다.

$\rightarrow 3\frac{2}{5} \div \frac{3}{2} = \frac{17}{5} \div \frac{3}{2} = \frac{17}{5} \times \frac{2}{3}$

3) 분모는 분모끼리, 분자는 분자끼리 곱하고 기약분수가 되도록 약분합니다.

기약분수로 약분하려면 분자와 분모의 최대공약수로 분자와 분모를 나눕니다.

$\rightarrow 3\frac{2}{5} \div \frac{3}{2} = \frac{17}{5} \times \frac{2}{3} = \frac{17 \times 3}{5 \times 3} = \frac{34}{15}$

34와 15는 1이외에 공약수가 없는 서로소이므로 $\frac{34}{15}$가 답입니다.

6. 소수점 아래 자릿수가 같은 소수들의 나눗셈은 어떻게 계산합니까? 소수점 아래 자릿수가 같은 소수들의 나눗셈은 다음과 같이 분수의 나눗셈으로 바꿔 계산할 수 있습니다. 예를 들어, $1.44 \div 0.12$를 계산할 때,

1) 먼저, 소수를 분모가 1인 분수로 바꿉니다.

소수 1.44를 분모가 1인 분수로 바꾸면 $\frac{1.44}{1}$입니다.

소수 0.12를 분모가 1인 분수로 바꾸면 $\frac{0.12}{1}$입니다.

2) 분모와 분자에 두 소수의 소수점 아래 자릿수의 개수만큼 10을 곱한 수를 곱합니다.

두 소수의 소수점 아래 자릿수는 두 자릿수이므로 10을 두 번 곱한 값, $10^2 = 100$을 분모와 분자에 곱합니다.

$\rightarrow 1.44 = \frac{1.44}{1} = \frac{1.44 \times 100}{1 \times 100} = \frac{144}{100}$

$\rightarrow 0.12 = \frac{0.12}{1} = \frac{0.12 \times 100}{1 \times 100} = \frac{12}{100}$

3) 분수의 나눗셈을 계산합니다.

(1) 곱셈 기호를 나눗셈으로 바꾸고 제수의 역수를 곱합니다.

$\rightarrow 1.44 \div 0.12 = \frac{144}{100} \div \frac{12}{100} = \frac{144}{100} \times \frac{100}{12}$

분수의 곱셈계산 중, 분모와 분자간의 약분이 가능한 학생들은 최대공약수를 찾기 전에 먼저 식을 약분하는 것이 편리합니다.

(2) 분모는 분모끼리, 분자는 분자끼리 곱합니다.

$\rightarrow \dfrac{144}{100} \times \dfrac{100}{12} = \dfrac{144 \times 100}{100 \times 12} = \dfrac{14400}{1200}$

(3) 분모와 분자를 최대공약수로 나눠 기약분수로 만듭니다. 14400과 1200은 1200이 최대공약수입니다. 최대공약수를 찾기 어려우면 분모와 분자의 공통약수로 더 이상 나뉘지 않을 때까지 여러 번 나눠 줍니다.

$\rightarrow \dfrac{14400}{1200} = \dfrac{14400 \div 1200}{1200 \div 1200} = \dfrac{12}{1} = 12$

$\rightarrow 1.44 \div 0.12 = 12$

보여 주기

개념 및 기술 교수, 개념 및 기술 예시 제시, 보는 수학 내비게이션을 이용한 교사 모델링

(내비게이션 1.7 을 보여 주며) 소수점의 위치가 같은 소수의 나눗셈을 분수의 나눗셈으로 계산하는 방법을 다시 한번 정리해 봅시다. 첫째, 소수를 분모가 1인 분수로 바꿉니다. 둘째, 소수점 아래 자릿수만큼 10을 곱해서 분모와 분자에 곱합니다. 셋째, 나눗셈 기호를 곱셈 기호로 바꾸고 제수의 역수를 곱합니다. 마지막으로, 분모는 분모끼리, 분자는 분자끼리 곱한 후 기약분수로 약분합니다. 분수의 나눗셈을 이용하여 다음 문제를 풀어 봅시다.

1 (보여 주는 문제 1을 보여 주며) $7.2 \div 0.9$를 계산하시오.

1. 먼저, 소수를 분모가 1인 분수로 바꿉니다.
   - 소수 7.2를 분모가 1인 분수로 바꾸면 $\frac{7.2}{1}$ 입니다.
   - 소수 0.9를 분모가 1인 분수로 바꾸면 $\frac{0.9}{1}$ 입니다.

2. 분모와 분자에 두 소수의 소수점 아래 자릿수의 개수만큼 10을 곱한 수를 곱합니다.
   - 두 소수의 소수점 아래 자릿수는 한 자릿수이므로 10을 한 번 곱한 값, $10^1 = 10$을 분모와 분자에 곱합니다.

   $\rightarrow 7.2 = \frac{7.2}{1} = \frac{7.2 \times 10}{1 \times 10} = \frac{72}{10}$

   $\rightarrow 0.9 = \frac{0.9}{1} = \frac{0.9 \times 10}{1 \times 10} = \frac{9}{10}$

3. 분수의 나눗셈을 계산합니다.
   - 곱셈 기호를 나눗셈으로 바꾸고 제수의 역수를 곱합니다.

   $\rightarrow 7.2 \div 0.9 = \frac{72}{10} \div \frac{9}{10} = \frac{72}{10} \times \frac{10}{9}$

   - 분모는 분모끼리, 분자는 분자끼리 곱합니다.

   $\rightarrow \frac{72}{10} \times \frac{10}{9} = \frac{72 \times 10}{10 \times 9} = \frac{720}{90}$

- 분모와 분자를 최대공약수로 나눠 기약분수로 만듭니다. 720과 90은 90이 최대공약수입니다. 최대공약수를 구하기 어려우면, 분모와 분자의 공통약수로 분모와 분자가 더 이상 나뉘지 않을 때까지 여러 번 나눠 줍니다.

  $\rightarrow \dfrac{720}{90} = \dfrac{720 \div 90}{90 \div 90} = \dfrac{8}{1} = 8$

  $\rightarrow$ $\boxed{7.2 \div 0.9 = 8}$

2 (보여 주는 문제 2를 보여 주며) 28.9 ÷ 1.7을 계산하시오.

1. 먼저, 소수를 분모가 1인 분수로 바꿉니다.
   - 소수 28.9를 분모가 1인 분수로 바꾸면 $\dfrac{28.9}{1}$입니다.
   - 소수 1.7을 분모가 1인 분수로 바꾸면 $\dfrac{1.7}{1}$입니다.

2. 분모와 분자에 두 소수의 소수점 아래 자릿수의 개수만큼 10을 곱한 수를 곱합니다.
   - 두 소수의 소수점 아래 자릿수는 한 자릿수이므로 10을 한 번 곱한 값, $10^1 = 10$을 분모와 분자에 곱합니다.

     $\rightarrow 28.9 = \dfrac{28.9}{1} = \dfrac{28.9 \times 10}{1 \times 10} = \dfrac{289}{10}$

     $\rightarrow 1.7 = \dfrac{1.7}{1} = \dfrac{1.7 \times 10}{1 \times 10} = \dfrac{17}{10}$

3. 분수의 나눗셈을 계산합니다.
   - 곱셈 기호를 나눗셈으로 바꾸고 제수의 역수를 곱합니다.

     $\rightarrow 28.9 \div 1.7 = \dfrac{289}{10} \div \dfrac{17}{10} = \dfrac{289}{10} \times \dfrac{10}{17}$
   - 분모는 분모끼리, 분자는 분자끼리 곱합니다.

     $\rightarrow \dfrac{289}{10} \times \dfrac{10}{17} = \dfrac{289 \times 10}{10 \times 17} = \dfrac{2890}{170}$
   - 분모와 분자를 최대공약수로 나눠 기약분수로 만듭니다. 2890과 170은 170이 최대

공약수입니다. 최대공약수를 구하기 어려우면, 분모와 분자의 공통약수로 분모와 분자가 더 이상 나눠지지 않을 때까지 여러 번 나눠 줍니다.

$\rightarrow \frac{2890}{170} = \frac{2890 \div 170}{170 \div 170} = \frac{17}{1} = 17$

$\rightarrow$ $\boxed{28.9 \div 1.7 = 17}$

3 (보여 주는 문제 3을 보여 주며) 1.68 ÷ 0.24를 계산하시오.

1. 먼저, 소수를 분모가 1인 분수로 바꿉니다.
   - 소수 1.68을 분모가 1인 분수로 바꾸면 $\frac{1.68}{1}$ 입니다.
   - 소수 0.24를 분모가 1인 분수로 바꾸면 $\frac{0.24}{1}$ 입니다.

Level 1.1
7차시

2. 분모와 분자에 두 소수의 소수점 아래 자릿수의 개수만큼 10을 곱한 수를 곱합니다.
   - 두 소수의 소수점 아래 자릿수는 2이므로 10을 두 번 곱한 값, $10^2 = 100$을 분모와 분자에 곱합니다.

   $\rightarrow 1.68 = \frac{1.68}{1} = \frac{1.68 \times 100}{1 \times 100} = \frac{168}{100}$

   $\rightarrow 0.24 = \frac{0.24}{1} = \frac{0.24 \times 100}{1 \times 100} = \frac{24}{100}$

3. 분수의 나눗셈을 계산합니다.
   - 곱셈 기호를 나눗셈으로 바꾸고 제수의 역수를 곱합니다.

   $\rightarrow 1.68 \div 0.24 = \frac{168}{100} \div \frac{24}{100} = \frac{168}{100} \times \frac{100}{24}$

   - 분모는 분모끼리, 분자는 분자끼리 곱합니다.

   $\rightarrow \frac{168}{100} \times \frac{100}{24} = \frac{168 \times 100}{100 \times 24} = \frac{16800}{2400}$

   - 분모와 분자를 최대공약수로 나눠 기약분수로 만듭니다. 16800과 2400은 2400이 최대공약수입니다. 최대공약수를 구하기 어려우면, 분모와 분자의 공통약수로 분

모와 분자가 더 이상 나눠지지 않을 때까지 여러 번 나눠 줍니다.

$$\rightarrow \frac{16800}{2400} = \frac{16800 \div 2400}{2400 \div 2400} = \frac{7}{1} = 7$$

$$\rightarrow \boxed{1.68 \div 0.24 = 7}$$

함께 풀기

(내비게이션 1.7을 보여 주며) 문제를 풀기 전에, 소수점의 위치가 같은 소수의 나눗셈을 분수의 나눗셈을 이용하여 계산하는 방법을 다시 한번 정리해 봅시다. 먼저, 소수를 분모가 1인 분수로 바꾸고 소수점 아래 자릿수만큼 10을 제곱한 값을 분모와 분자에 곱합니다. 분수의 나눗셈식이 되었으므로, 나눗셈 기호를 곱셈 기호로 바꾼 후 제수인 분수의 역수를 곱합니다. 마지막으로, 분모는 분모끼리, 분자는 분자끼리 곱한 후에 기약분수로 약분합니다. 곱하기 전에 미리 약분할 수 있으면 미리 약분해도 됩니다. 분수와 분수의 나눗셈 계산 방법을 이용하여 소수점 위치가 같은 소수의 나눗셈을 계산해 봅시다.

❶ (함께 풀어 보는 문제 1을 가리키며) $22.4 \div 3.2$를 계산하시오.

1. 소수점 아래 자릿수가 같은 소수들을 나눗셈할 때 가장 먼저 해야 할 일은 무엇입니까? 소수를 분모가 1인 분수로 바꿔야 합니다.
   - 22.4를 분모가 1인 분수로 바꾸면 어떻게 됩니까? 22.4는 $\frac{22.4}{1}$가 됩니다.
   - 3.2를 분모가 1인 분수로 바꾸면 어떻게 됩니까? 3.2는 $\frac{3.2}{1}$가 됩니다.
   - 주어진 나눗셈식은 다음과 같이 바뀝니다.

     $\rightarrow 22.4 \div 3.2 = \frac{22.4}{1} \div \frac{3.2}{1}$

2. 다음은 무엇을 합니까? 분모와 분자에 두 소수의 소수점 아래 자릿수의 개수만큼 10을 제곱한 수를 곱합니다.
   - 22.4와 3.2의 소수점 아래 자릿수는 몇 개입니까? 한 개입니다.
   - 따라서 10을 한 번 곱한 값, $10^1 = 10$을 분모와 분자에 곱합니다.

     $\rightarrow 22.4 = \frac{22.4}{1} = \frac{22.4 \times 10}{1 \times 10} = \frac{224}{10}$

     $\rightarrow 3.2 = \frac{3.2}{1} = \frac{3.2 \times 10}{1 \times 10} = \frac{32}{10}$

3. 다음은 무엇을 합니까? 분수와 분수의 나눗셈을 계산합니다.

(1) 분수와 분수의 나눗셈을 계산하려면 어떻게 해야 합니까? 나눗셈 기호를 곱셈으로 바꾸고 제수인 분수의 역수를 곱합니다.

- 제수인 분수는 무엇입니까? $\frac{32}{10}$입니다.
- $\frac{32}{10}$의 역수는 무엇입니까? $\frac{32}{10}$의 역수는 $\frac{10}{32}$입니다.

$\rightarrow 22.4 \div 3.2 = \frac{224}{10} \div \frac{32}{10} = \frac{224}{10} \times \frac{10}{32}$

(2) 다음은 무엇을 합니까? 분모는 분모끼리, 분자는 분자끼리 곱합니다.

- 분모끼리 곱한 값은 얼마입니까? $10 \times 32 = 320$입니다.
- 분자끼리 곱한 값은 얼마입니까? $224 \times 10 = 2240$입니다.

$\rightarrow \frac{224}{10} \times \frac{10}{32} = \frac{224 \times 10}{10 \times 32} = \frac{2240}{320}$

(3) 기약분수가 되도록 약분하려면 어떻게 합니까? 분자와 분모의 최대공약수로 분자와 분모를 나눕니다.

- 분모 2240과 분자 320의 최대공약수는 얼마입니까? 2240과 320의 최대공약수는 320입니다. 최대공약수를 구하기 어려우면, 분모와 분자의 공통약수로 분모와 분자가 더 이상 나눠지지 않을 때까지 여러 번 나눠 줍니다.
- 분모와 분자를 320으로 나누면 어떻게 됩니까? 분모는 1이 되고 분자는 7이 됩니다. 답은 7입니다.

$\rightarrow \frac{2240}{320} = \frac{2240 \div 320}{320 \div 320} = \frac{7}{1} = 7$

$\rightarrow$ $\boxed{22.4 \div 3.2 = 7}$

❷ (함께 풀어 보는 문제 2를 가리키며) **7.82 ÷ 0.34를 계산하시오.**

1. 소수점 아래 자릿수가 같은 소수들을 나눗셈할 때 가장 먼저 해야 할 일은 무엇입니까? 소수를 분모가 1인 분수로 바꿔야 합니다.

- 7.82를 분모가 1인 분수로 바꾸면 어떻게 됩니까? 7.82는 $\frac{7.82}{1}$가 됩니다.
- 0.34를 분모가 1인 분수로 바꾸면 어떻게 됩니까? 0.34는 $\frac{0.34}{1}$가 됩니다.
- 주어진 나눗셈식은 다음과 같이 바뀝니다.

$\rightarrow 7.82 \div 0.34 = \frac{7.82}{1} \div \frac{0.34}{1}$

2. 다음은 무엇을 합니까? 분모와 분자에 두 소수의 소수점 아래 자릿수의 개수만큼 10을 제곱한 수를 곱합니다.

- 7.82와 0.34의 소수점 아래 자릿수는 몇 개입니까? 두 개입니다.
- 따라서 10을 두 번 제곱한 값, $10^2 = 100$을 분모와 분자에 곱합니다.

$\rightarrow 7.82 = \frac{7.82}{1} = \frac{7.82 \times 100}{1 \times 100} = \frac{782}{100}$

$\rightarrow 0.34 = \frac{0.34}{1} = \frac{0.34 \times 100}{1 \times 100} = \frac{34}{100}$

3. 다음은 무엇을 합니까? 분수와 분수의 나눗셈을 계산합니다.

(1) 분수와 분수의 나눗셈을 계산하려면 어떻게 해야 합니까? 나눗셈 기호를 곱셈으로 바꾸고 제수인 분수의 역수를 곱합니다.

- 제수인 분수는 무엇입니까? $\frac{34}{100}$입니다.
- $\frac{34}{100}$의 역수는 무엇입니까? $\frac{34}{100}$의 역수는 $\frac{100}{34}$입니다.

$\rightarrow 7.82 \div 0.34 = \frac{782}{100} \div \frac{34}{100} = \frac{782}{100} \times \frac{100}{34}$

(2) 다음은 무엇을 합니까? 분모는 분모끼리, 분자는 분자끼리 곱합니다.

- 분모끼리 곱한 값은 얼마입니까? $100 \times 34 = 3400$입니다.
- 분자끼리 곱한 값은 얼마입니까? $782 \times 100 = 78200$입니다.

$\rightarrow \frac{782}{100} \times \frac{100}{34} = \frac{782 \times 100}{100 \times 34} = \frac{78200}{3400}$

(3) 기약분수가 되도록 약분하려면 어떻게 합니까? 분자와 분모의 최대공약수로 분자와 분모를 나눕니다.

- 분모 78200과 분자 3400의 최대공약수는 얼마입니까? 78200과 3400의 최대공약수는 3400입니다. 최대공약수를 구하기 어려우면, 분모 분자를 더 이상 나눌 수 없을 때까지 공통약수로 여러 번 나누어도 됩니다.
- 분모와 분자를 3400으로 나누면 어떻게 됩니까? 분모는 1이 되고 분자는 23이 됩니다. 답은 23입니다.

$\rightarrow \frac{78200}{3400} = \frac{78200 \div 3400}{3400 \div 3400} = \frac{23}{1} = 23$

$\rightarrow$ $\boxed{7.82 \div 0.34 = 23}$

3 (함께 풀어 보는 문제 3을 가리키며) 7.92 ÷ 0.66을 **계산하시오.**

1. 소수점 아래 자릿수가 같은 소수들을 나눗셈할 때 가장 먼저 해야 할 일은 무엇입니까? 소수를 분모가 1인 분수로 바꿔야 합니다.

- 7.92를 분모가 1인 분수로 바꾸면 어떻게 됩니까? 7.92는 $\frac{7.92}{1}$가 됩니다.
- 0.66을 분모가 1인 분수로 바꾸면 어떻게 됩니까? 0.66은 $\frac{0.66}{1}$이 됩니다.
- 주어진 나눗셈식은 다음과 같이 바뀝니다.

$\rightarrow 7.92 \div 0.66 = \frac{7.92}{1} \div \frac{0.66}{1}$

2. 다음은 무엇을 합니까? 분모와 분자에 두 소수의 소수점 아래 자릿수의 개수만큼 10을 제곱한 수를 곱합니다.

- 7.92와 0.66의 소수점 아래 자릿수는 몇 개입니까? 두 개입니다.
- 따라서 10을 두 번 제곱한 값, $10^2 = 100$을 분모와 분자에 곱합니다.

$\rightarrow 7.92 = \frac{7.92}{1} = \frac{7.92 \times 100}{1 \times 100} = \frac{792}{100}$

$\rightarrow 0.66 = \frac{0.66}{1} = \frac{0.66 \times 100}{1 \times 100} = \frac{66}{100}$

3. 다음은 무엇을 합니까? 분수와 분수의 나눗셈을 계산합니다.

(1) 분수와 분수의 나눗셈을 계산하려면 어떻게 해야 합니까? 나눗셈 기호를 곱셈으로 바꾸고 제수인 분수의 역수를 곱합니다.

- 제수인 분수는 무엇입니까? $\frac{66}{100}$입니다.
- $\frac{66}{100}$의 역수는 무엇입니까? $\frac{66}{100}$의 역수는 $\frac{100}{66}$입니다.

$\rightarrow 7.92 \div 0.66 = \frac{792}{100} \div \frac{66}{100} = \frac{792}{100} \times \frac{100}{66}$

(2) 다음은 무엇을 합니까? 분모는 분모끼리, 분자는 분자끼리 곱합니다.

- 분모끼리 곱한 값은 얼마입니까? $100 \times 66 = 6600$입니다.
- 분자끼리 곱한 값은 얼마입니까? $792 \times 100 = 79200$입니다.

$\rightarrow \frac{792}{100} \times \frac{100}{66} = \frac{792 \times 100}{100 \times 66} = \frac{79200}{6600}$

(3) 기약분수가 되도록 약분하려면 어떻게 합니까? 분자와 분모의 최대공약수로 분자와 분모를 나눕니다.

- 분모 79200과 분자 6600의 최대공약수는 얼마입니까? 79200과 6600의 최대공약수는 6600입니다. 최대공약수를 구하기 어려우면, 분모 분자를 더 이상 나눌 수 없을 때까지 공통약수로 여러 번 나누어도 됩니다.
- 분모와 분자를 6600으로 나누면 어떻게 됩니까? 분모는 1이 되고 분자는 12가 됩니다. 답은 12입니다.

$\rightarrow \frac{79200}{6600} = \frac{79200 \div 6600}{6600 \div 6600} = \frac{12}{1} = 12$

$\rightarrow \boxed{7.92 \div 0.66 = 12}$

Level 1.1
7차시

아 그렇구나!

- 혼동되는 문제 다시 풀기
- 최다 오류를 반례로 제시하여 개념 및 기술 획득 강화

[아 그렇구나!] 에서는 분수의 역수를 이용하여 소수점의 위치가 같은 소수 ÷ 소수를 계산할 때 우리가 혼동스러워하는 문제를 함께 풀어 봅니다. 다음 문제를 풀 때 왜 실수가 많은지 그 이유를 함께 생각해 봅시다.

1 ([아 그렇구나!] 문제 1을 가리키며) 1.960 ÷ 0.007을 계산할 때 혼동되는 점은 무엇입니까?

⇨ 1.960과 0.007은 10의 세제곱($10^3 = 1000$)을 곱하면 자연수가 되는 소수들입니다. 소수점 아래 마지막 자리에 0이 있는 경우 0이 없는 값과 같다고 배웠기 때문에(예: 1.960 = 1.96) 이 문제를 소수점의 위치가 다른 두 소수의 나눗셈으로 보고 혼동스러워할 수 있습니다. 1.960은 1.96과 같지만 이 문제를 풀 때는 0.007과 동일한 위치에 소수점이 있는 문제로 파악하는 것이 실수 없이 문제를 푸는 데 도움이 됩니다. 즉, $1.960 = \frac{1960}{1000}$, $0.007 = \frac{7}{1000}$로 바꿀 수 있습니다.
$\frac{1960}{1000} \div \frac{7}{1000} = \frac{1960}{1000} \times \frac{1000}{7}$이 됩니다. 1000끼리 약분하면 $\frac{1960}{7}$이 되고, 분모와 분자를 7로 나누면 280이 정답입니다.

배움 체크하기

(배움 체크 리스트 를 가리키며) 오늘 우리가 함께 공부한 것을 혼자서도 할 수 있는지 체크해 봅시다. 혼자서도 할 수 있으면 👍, 선생님의 도움이 더 필요하다면 ?에 동그라미로 표시하세요.

배움 체크 리스트	👍	?
1. 두 분수의 곱셈 방법을 이해하고 적용할 수 있습니다.		
2. 두 자연수의 최대공약수를 구하여 약분할 수 있습니다.		
3. 소수를 10의 거듭제곱수가 분모인 분수로 바꿀 수 있습니다.		
4. 소수점의 위치가 같은 소수들을 나눗셈할 때는 먼저 소수를 분모가 10의 거듭제곱꼴인 분수로 바꿔야 한다는 것을 이해하고 적용할 수 있습니다.		
5. 소수를 분수로 바꾼 후, 나눗셈 기호를 곱셈 기호로 바꾸고 제수인 분수의 역수를 곱한다는 것을 이해하고 적용할 수 있습니다.		
6. 분수끼리 곱셈한 후, 분모와 분자의 최대공약수로 분모와 분자를 약분하여 기약분수로 만드는 방법을 이해하고 적용할 수 있습니다.		
7. 분모와 분자의 공약수가 1뿐인 서로소일 때는 더 이상 약분할 수 없다는 것을 이해하고 적용할 수 있습니다.		

혼자 풀기

(혼자 풀어 보는 문제 1~7을 제시하며) 오늘 배운 것을 기억하면서 문제를 혼자 풀어 보는 시간입니다. 내비게이션 1.7 을 사용하면 도움이 됩니다.

다음을 계산하시오.

1. $143 \div 13$

2. 2.04×10^3

다음 나눗셈을 분수의 나눗셈을 이용하여 계산하시오.

3. $5.4 \div 0.9$

4. $5.7 \div 0.3$

5. $3.68 \div 0.46$

6. $7.82 \div 0.34$

7. $0.540 \div 0.009$

채점 및 오답 분석

학생이 쓴 답을 기재하고, 오답인 경우 [중재 결정표]에서 가능한 오류 원인을 1~8 중에서 골라 번호로 기재합니다. 기타 원인 때문에 오답이 발생했을 경우, 구체적으로 어떤 이유인지 기재합니다. 가능한 오답의 원인을 모두 기재합니다.

혼자 풀어 보는 문제	정답	학생이 쓴 답	오답 원인
1. $143 \div 13$	11		
2. 2.04×10^3	2040		
3. $5.4 \div 0.9$	6		
4. $5.7 \div 0.3$	19		
5. $3.68 \div 0.46$	8		
6. $7.82 \div 0.34$	23		
7. $0.540 \div 0.009$	60		
	정답 개수	/ 7	

Level 1.1
7차시

중재 결정표

오답 원인을 분석하여 차후 중재를 결정하세요.

오답 원인	발생 빈도	최다 발생 오류	중재 결정
1. 사전 지식 및 기술(자연수의 나눗셈, 약분하기, 최대공약수 구하기, 분수의 곱셈, 역수 구하기, 소수를 분수로 고치기)			
2. 용어나 문제 이해 부족(약분, 최대공약수, 서로소, 역수, 소수, 10의 거듭제곱수)			
3. 소수점의 위치가 같은 소수들의 나눗셈을 계산하기 위해서 소수를 분수로 바꾸는 과정의 이해와 적용의 어려움			
4. 나눗셈식을 곱셈식으로 바꾸기 위해 나눗셈 기호를 곱셈 기호로, 제수 대신 제수의 역수를 곱하는 절차의 이해와 적용의 어려움			
5. 분수의 곱셈식을 계산한 후, 최대공약수로 약분해 기약분수로 바꾸는 절차의 이해와 적용의 어려움			
6. 분모와 분자가 서로소일 때는 더 이상 약분할 수 없다는 것의 이해와 적용의 어려움			
7. 부주의/계산 실수			
8. 기타(구체적 원인 기재하기)			

가장 흔한 오답 원인	1과 2 중 하나	3, 4, 5, 6 중 하나	7
	AND	AND	OR
오답률	오답이 2개 이상	오답이 2개 이상	오답이 2개 미만
다음 중재	브리지(Bridge)	동 차시 반복	다음 차시

브리지(Bridge) 차시

- 1.1차시
- 1.6차시

8차시

소수점의 위치가 다른 소수의 나눗셈 - 분수 이용

[내비게이션 1.8] 소수점의 위치가 다른 소수의 나눗셈 - 분수의 나눗셈 이용

	순서	예 (1.44 ÷ 0.2)
1	소수를 분모가 1인 분수로 바꾸기	• $1.44 = \frac{1.44}{1}$ • $0.2 = \frac{0.2}{1}$
2	소수점 아래 자릿수가 많은 소수를 결정하기	• 1.44와 0.2의 소수점 아래 자릿수는 각각 2와 1이므로 1.44가 소수점 아래 자릿수가 더 많은 소수임
3	소수점 아래 자릿수가 더 많은 소수의 소수점 아래 자릿수만큼 10을 제곱한 수를 각 소수의 분모와 분자에 곱하기	• 1.44의 소수점 아래 자릿수는 2이므로 10을 제곱하여 곱함 $(10^2 = 100)$ • $1.44 = \frac{1.44 \times 100}{1 \times 100} = \frac{144}{100}$ $0.2 = \frac{0.2 \times 100}{1 \times 100} = \frac{20}{100}$
4	나눗셈 기호를 곱셈 기호로 바꾸고 제수의 역수 곱하기	• 제수인 $\frac{20}{100}$의 역수는 $\frac{100}{20}$ • $1.44 \div 0.2 = \frac{144}{100} \div \frac{20}{100} = \frac{144}{100} \times \frac{100}{20}$

5	분모는 분모끼리, 분자는 분자끼리 곱한 후에 기약분수가 되도록 나누기 분수의 곱셈 계산 중, 분모와 분자 간의 약분이 가능한 학생들은 최대공약수를 찾기 전에 먼저 식을 약분하는 것이 편리합니다.	• 분모끼리 분자끼리 곱함 $\rightarrow \frac{144}{100} \times \frac{100}{20} = \frac{144 \times 100}{100 \times 20} = \frac{14400}{2000}$ • 기약분수가 되도록 약분하려면 분자와 분모의 최대공약수로 분자와 분모를 나누어야 함 (14400과 2000의 최대공약수는 400) $\rightarrow \frac{14400}{2000} = \frac{14400 \div 400}{2000 \div 400} = \frac{36}{5} = 7\frac{1}{5}$ $\rightarrow 1.44 \div 0.12 = 7\frac{1}{5}$

차시 목표 소수점 아래 자릿수가 다른 소수의 나눗셈을 분수의 나눗셈으로 계산할 수 있다.

사전 지식 소수의 의미, 소수점 아래 자릿수, 10의 거듭제곱, 10의 거듭제곱과 자연수나 소수의 곱, 기약분수, 자연수의 나눗셈, 분수의 곱셈, 역수, 대분수를 가분수로 바꾸기, 최대공약수 구하기, 가분수를 대분수로 바꾸기, 분수의 나눗셈, 소수를 분수로 나타내기, 분모가 10의 제곱수인 분수를 소수로 나타내기

준비물 1단계 8차시 학생용 교재, **내비게이션 1.8**

흔한 오류

Level 1.1

8차시

1. 소수를 분수로 바꾸려 분모에 10에 거듭제곱수를 쓴 후 분자에는 소수를 그대로 쓴다.
   - 오류 예: 2.3을 분수로 고칠 때 $\frac{2.3}{10}$이라 한다.
2. 소수점 아래 자릿수만큼 10의 거듭제곱수로 나누는 것에 혼동을 보인다.
   - 오류 예: 2.345는 소수점 아래 자릿수가 세 자리이므로 10을 세제곱한 수(10^3)로 나눠야 분자가 자연수가 되는데 $\frac{23.45}{10}$라 답한다.
3. 나뉘는 수와 나누는 수의 소수점 아래 자릿수가 다를 때 소수점 아래 자릿수가 작은 수를 분수로 바꾸는 데 어려움을 보인다.
   - 오류 예: $2.3 \div 2.34 = \frac{23}{100} \div \frac{234}{100}$라 답한다.
4. 소수점 아래 자릿수가 곱해져야 할 10의 거듭제곱수의 자릿수보다 작은 경우, 계산에 오류를 보인다.
   - 오류 예: 2.32에 1000을 곱하면 2320인데 232라 답한다.
5. 소수의 자연수 부분이 0인 소수를 분수로 나타내는 데 어려움을 겪는다.
   - 오류 예: $0.4 = \frac{04}{10}$라 답한다.

사전평가

처음 두 문제는 가장 필수적인 사전 지식에 대한 이해를 묻고, 3번부터 7번까지는 차시 목표인 개념과 기술의 이해를 묻습니다.

다음을 계산하시오.

1. $391 \div 17$

2. 3.05×10^3

다음 나눗셈을 분수의 나눗셈을 이용하여 계산하시오.

3. $19.98 \div 5.4$

4. $10.92 \div 8.4$

5. $49.64 \div 7.3$

6. $14 \div 3.5$

7. $12.1 \div 0.11$

정 답

1. 23
2. 3050
3. 3.7
4. 1.3
5. 6.8
6. 4
7. 110

접속하기

차시 목표 및 개념 설명

오늘은 소수점 아래 자릿수가 다른 소수들의 나눗셈을 분수의 나눗셈을 이용하여 계산하는 방법을 배우려 합니다. 먼저, 이번 차시에서 많이 사용될 개념과 기술을 정리해 봅시다.

1. 소수에 10을 곱하면 어떻게 변합니까? 소수에 10을 곱하면 소수점 자리가 오른쪽으로 한 칸 이동합니다. 예를 들어, 4.21에 10을 곱하면 소수점이 오른쪽으로 한 칸 이동하여 42.1이 됩니다.

2. 소수에 100을 곱하면 어떻게 변합니까? 소수에 100을 곱하면 소수점 자리가 오른쪽으로 두 칸 이동합니다. 4.21에 100을 곱하면 421이 됩니다. 마찬가지로, 소수에 1000을 곱하면 소수점 자리가 오른쪽으로 세 자리 이동합니다. 4.21에 1000을 곱하면 4210이 됩니다.

3. 소수를 분수로 만들려면 어떻게 해야 합니까? 먼저, 소수를 분모가 1인 분수로 만듭니다. 소수점 아래 자릿수만큼 10을 거듭제곱한 수(예를 들어, 2.32면 소수점 아래 자릿수가 두 자릿수이므로 $10^2 = 100$)로 분모와 분자에 곱해 줍니다. 예를 들어, 43.23을 분수로 나타내려면 43.23을 분모가 1인 분수로 고치고, 43.23의 소수점 아래 자릿수는 두 자리이므로 100을 분모와 분자에 곱합니다.

   $\rightarrow 43.23 = \dfrac{43.23}{1} = \dfrac{43.23 \times 100}{1 \times 100}$

4. 기약분수란 무엇입니까? 더 이상 약분할 수 없는 분수를 말합니다.

5. 분수 ÷ 분수는 어떻게 계산합니까? 분수 ÷ 분수는 분수의 역수를 사용하여 다음과 같은 방법으로 계산할 수 있습니다. 예를 들어, $3\frac{2}{5} \div \frac{3}{2}$을 풀기 위해서는,

   1) 먼저, 대분수가 있는 경우 가분수로 바꿉니다.

$\rightarrow 3\frac{2}{5} \div \frac{3}{2} = \frac{(3\times5)+2}{5} \div \frac{3}{2} = \frac{17}{5} \div \frac{3}{2}$

2) 나눗셈 기호를 곱셈으로 바꾸고 제수의 역수를 곱합니다.

나누는 수인 $\frac{3}{2}$의 역수는 $\frac{2}{3}$입니다.

$\rightarrow 3\frac{2}{5} \div \frac{3}{2} = \frac{17}{5} \div \frac{3}{2} = \frac{17}{5} \times \frac{2}{3}$

3) 분모는 분모끼리, 분자는 분자끼리 곱하고 기약분수가 되도록 약분합니다.

기약분수로 약분하려면 분자와 분모의 최대공약수로 분자와 분모를 나눕니다.

$\rightarrow 3\frac{2}{5} \div \frac{3}{2} = \frac{17}{5} \times \frac{2}{3} = \frac{17\times2}{5\times3} = \frac{34}{15}$

34와 15는 1 이외에 공약수가 없는 서로소이므로 $\frac{34}{15}$가 답입니다.

6. 소수점 아래 자릿수가 다른 소수들의 나눗셈은 어떻게 계산합니까? 소수점 아래 자릿수가 다른 소수들의 나눗셈은 다음과 같이 분수의 나눗셈으로 바꿔 계산할 수 있습니다. 예를 들어, $1.44 \div 0.2$를 계산할 때,

1) 먼저, 소수를 분모가 1인 분수로 바꿉니다.

소수 1.44를 분모가 1인 분수로 바꾸면 $\frac{1.44}{1}$입니다.

소수 0.2를 분모가 1인 분수로 바꾸면 $\frac{0.2}{1}$입니다.

2) 두 소수 중 소수점 아래 자릿수가 많은 소수를 결정합니다.

소수 1.44는 소수점 아래 자릿수가 두 자릿수이고 소수 0.2는 소수점 아래 자릿수가 한 자릿수이므로, 둘 중 소수점 아래 자릿수가 많은 소수는 1.44입니다.

3) 각 분수의 분모와 분자에 그 소수(둘 중 소수점 아래 자릿수가 많은 소수)의 소수점 아래 자릿수 개수만큼 10을 제곱한 수를 곱합니다.

1.44의 소수점 아래 자릿수는 두 자릿수이므로 10을 두 번 곱한 값, $10^2 = 100$을 분모와 분자에 곱합니다.

$\rightarrow 1.44 = \frac{1.44}{1} = \frac{1.44\times100}{1\times100} = \frac{144}{100}$

$\rightarrow 0.2 = \frac{0.2}{1} = \frac{0.2\times100}{1\times100} = \frac{20}{100}$

분수의 곱셈 계산 중, 분모와 분자 간의 약분이 가능한 학생들은 최대공약수를 찾기 전에 먼저 식을 약분하는 것이 편리합니다.

4) 분수의 나눗셈을 계산합니다.

(1) 곱셈 기호를 나눗셈으로 바꾸고 제수의 역수를 곱합니다.

$\rightarrow 1.44 \div 0.2 = \frac{144}{100} \div \frac{20}{100} = \frac{144}{100} \times \frac{100}{20}$

(2) 분모는 분모끼리, 분자는 분자끼리 곱합니다.

$\rightarrow \frac{144}{100} \times \frac{100}{20} = \frac{144 \times 100}{100 \times 20} = \frac{14400}{2000}$

(3) 분모와 분자를 최대공약수로 나눠 기약분수로 만듭니다. 14400과 2000은 400이 최대공약수입니다(분자와 분모가 10의 배수일 경우, 분모와 분자에 공통적으로 들어 있는 0의 수로 먼저 분모와 분자를 약분한 후 최대공약수를 구하도록 하면 혼동을 줄일 수 있습니다. 예를 들어, 14400과 2000에 공통으로 들어 있는 0의 갯수는 두 개이고 100으로 14400과 2000을 먼저 약분하면 14400은 144가 되고 2000은 20이 되므로 144와 20의 최대 공약수를 구해 분모와 분자를 약분하면 됩니다).

$\rightarrow \frac{14400}{2,000} = \frac{14400 \div 400}{2000 \div 400} = \frac{36}{5} = 7\frac{1}{5}$

$\rightarrow 1.44 \div 0.2 = 7\frac{1}{5}$

보여 주기

개념 및 기술 교수, 개념 및 기술 예시 제시, 보는 수학 내비게이션을 이용한 교사 모델링

(내비게이션 1.8 을 보여 주며) 소수점의 위치가 다른 소수의 나눗셈을 분수의 나눗셈으로 계산하는 방법을 다시 한번 정리해 봅시다. 첫째, 소수를 분모가 1인 분수로 바꿉니다. 둘째, 소수점 아래 자릿수가 더 많은 소수를 확인합니다. 셋째, 소수점 아래 자릿수가 더 많은 소수의 자릿수만큼 10을 제곱해서 각 분수의 분모와 분자에 곱합니다. 넷째, 나눗셈 기호를 곱셈 기호로 바꾸고 나누는 수의 역수를 곱합니다. 마지막으로, 분모는 분모끼리, 분자는 분자끼리 곱한 후에 기약분수로 약분합니다. 분수의 나눗셈을 이용하여 다음 문제를 풀어 봅시다.

1 (보여 주는 문제 1을 보여 주며) $7.2 \div 0.09$를 계산하시오.

1. 먼저, 소수를 분모가 1인 분수로 바꿉니다.
   - 소수 7.2를 분모가 1인 분수로 바꾸면 $\frac{7.2}{1}$입니다.
   - 소수 0.09를 분모가 1인 분수로 바꾸면 $\frac{0.09}{1}$입니다.

2. 두 소수 중 소수점 아래 자릿수가 더 많은 소수를 결정합니다.
   - 소수 7.2는 소수점 아래 자릿수가 한 자리이지만 소수 0.09는 소수점 아래 자릿수가 두 자리입니다.
   - 소수점 아래 자릿수가 많은 소수는 0.09입니다.

3. 각 분수의 분모와 분자에 그 소수(둘 중 소수점 아래 자릿수가 많은 소수)의 소수점 아래 자릿수 개수만큼 10을 제곱한 수를 곱합니다.
   - 0.09의 소수점 아래 자릿수는 두 자리이므로 10을 두 번 곱한 값, $10^2 = 100$을 분모와 분자에 곱합니다.

   $\rightarrow 7.2 = \frac{7.2}{1} = \frac{7.2 \times 100}{1 \times 100} = \frac{720}{100}$

   $\rightarrow 0.09 = \frac{0.09}{1} = \frac{0.09 \times 100}{1 \times 100} = \frac{9}{100}$

4. 분수의 나눗셈을 계산합니다.

- 나눗셈 기호를 곱셈으로 바꾸고 제수의 역수를 곱합니다.

$\rightarrow 7.2 \div 0.09 = \frac{720}{100} \div \frac{9}{100} = \frac{720}{100} \times \frac{100}{9}$

- 분모는 분모끼리, 분자는 분자끼리 곱합니다.

$\rightarrow \frac{720}{100} \times \frac{100}{9} = \frac{720 \times 100}{100 \times 9} = \frac{72000}{900}$

- 분모와 분자를 최대공약수로 나눠 기약분수로 만듭니다. 72000과 900은 900이 최대공약수입니다(또는 72000과 900에는 0이 공통으로 2개 들어 있으므로 두 수를 먼저 100으로 나누면 72000은 720이 되고 900은 9가 되어 최대공약수를 찾기가 쉽습니다. 720과 9의 최대공약수는 9입니다. 9로 720을 나누면 80이고 9로 9를 나누면 1이므로 답은 80입니다).

$\rightarrow \frac{72000}{900} = \frac{72000 \div 900}{900 \div 900} = \frac{80}{1} = 80$

$\rightarrow$ $\boxed{7.2 \div 0.09 = 80}$

Level 1.1
8차시

2 (보여 주는 문제 2를 보여 주며) 28.9 ÷ 0.17을 계산하시오.

1. 먼저, 소수를 분모가 1인 분수로 바꿉니다.

- 소수 28.9를 분모가 1인 분수로 바꾸면 $\frac{28.9}{1}$ 입니다.
- 소수 0.17을 분모가 1인 분수로 바꾸면 $\frac{0.17}{1}$ 입니다.

2. 두 소수 중 소수점 아래 자릿수가 더 많은 수를 확인합니다.

- 28.9의 소수점 아래 자릿수는 한 자리이고, 0.17의 소수점 아래 자릿수는 두 자리입니다.
- 0.17의 소수점 아래 자릿수가 더 많습니다.

3. 각 분수의 분모와 분자에 그 소수(둘 중 소수점 아래 자릿수가 많은 소수)의 소수점 아래 자릿수 개수만큼 10을 제곱한 수를 곱합니다.

- 0.17의 소수점 아래 자릿수는 두 자리이므로 10을 두 번 곱한 값, $10^2 = 100$을 분모와 분자에 곱합니다.

$\rightarrow 28.9 = \dfrac{28.9}{1} = \dfrac{28.9 \times 100}{1 \times 100} = \dfrac{2890}{100}$

$\rightarrow 0.17 = \dfrac{0.17}{1} = \dfrac{0.17 \times 100}{1 \times 100} = \dfrac{17}{100}$

4. 분수의 나눗셈을 계산합니다.

- 나눗셈 기호를 곱셈으로 바꾸고 제수의 역수를 곱합니다.

$\rightarrow 28.9 \div 0.17 = \dfrac{2890}{100} \div \dfrac{17}{100} = \dfrac{2890}{100} \times \dfrac{100}{17}$

- 분모는 분모끼리, 분자는 분자끼리 곱합니다.

$\rightarrow \dfrac{2890}{100} \times \dfrac{100}{17} = \dfrac{2890 \times 100}{100 \times 17} = \dfrac{289000}{1700}$

- 분모와 분자를 최대공약수로 나눠 기약분수로 만듭니다. 289000과 1700은 1700이 최대공약수입니다(분모와 분자에 공통으로 들어 있는 0의 개수만큼 10을 거듭제곱한 수로 먼저 분모와 분자를 나눈 후 약분해도 됩니다. 289000과 1700에는 0이 공통적으로 2개 들어 있으므로 10^2로 두 수를 나누면 분자인 289000은 2890이 되고 분모인 1700은 17이 됩니다. 2890과 17을 최대공약수인 17로 각각 나누면 분자는 170이 되고 분모는 1이 됩니다).

$\rightarrow \dfrac{289000}{1700} = \dfrac{289000 \div 1700}{1700 \div 1700} = \dfrac{170}{1} = 170$

$\rightarrow$ $\boxed{28.9 \div 0.17 = 170}$

3 (보여 주는 문제 3을 보여 주며) $1.68 \div 2.4$를 계산하시오.

1. 먼저, 소수를 분모가 1인 분수로 바꿉니다.

- 소수 1.68을 분모가 1인 분수로 바꾸면 $\frac{1.68}{1}$ 입니다.
- 소수 2.4를 분모가 1인 분수로 바꾸면 $\frac{2.4}{1}$ 입니다.

2. 두 소수 중 소수점 아래 자릿수가 더 많은 소수를 결정합니다.

- 소수 1.68은 소수점 아래 자릿수가 두 자리이고, 2.4는 소수점 아래 자릿수가 한 자리입니다.
- 1.68이 소수점 아래 자릿수가 더 많은 소수입니다.

3. 각 분수의 분모와 분자에 그 소수(둘 중 소수점 아래 자릿수가 많은 소수)의 소수점 아래 자릿수 개수만큼 10을 제곱한 수를 곱합니다.

- 1.68의 소수점 아래 자릿수는 2이므로 10을 두 번 제곱한 값, $10^2 = 100$을 각 분수의 분모와 분자에 곱합니다.

$\rightarrow 1.68 = \frac{1.68}{1} = \frac{1.68 \times 100}{1 \times 100} = \frac{168}{100}$

$\rightarrow 2.4 = \frac{2.4}{1} = \frac{2.4 \times 100}{1 \times 100} = \frac{240}{100}$

4. 분수의 나눗셈을 계산합니다.

- 나눗셈 기호를 곱셈으로 바꾸고 제수의 역수를 곱합니다.

$\rightarrow 1.68 \div 2.4 = \frac{168}{100} \div \frac{240}{100} = \frac{168}{100} \times \frac{100}{240}$

- 분모는 분모끼리, 분자는 분자끼리 곱합니다.

$\rightarrow \frac{168}{100} \times \frac{100}{240} = \frac{168 \times 100}{100 \times 240} = \frac{16800}{24000}$

- 분모와 분자를 최대공약수로 나눠 기약분수로 만듭니다. 16800과 24000은 2400이 최대공약수입니다(16800과 24000을 100으로 먼저 나눠 분자 168, 분모 240의 기약분수를 구해도 됩니다).

$\rightarrow \frac{16800}{24000} = \frac{16800 \div 2400}{24000 \div 2400} = \frac{7}{10}$

$\rightarrow \boxed{1.68 \div 2.4 = \frac{7}{10} = 0.7}$

Level 1.1
8차시

함께 풀기

(내비게이션 1.8 을 보여 주며) 문제를 풀기 전에, 소수점의 위치가 다른 소수의 나눗셈을 분수의 나눗셈을 이용하여 계산하는 방법을 다시 한번 정리해 봅시다. 먼저, 소수를 분모가 1인 분수로 바꾸고 소수점 아래 자릿수가 더 많은 소수를 확인한 후, 그 소수의 소수점 아래 자릿수만큼 10을 제곱한 값을 두 분수의 분모와 분자에 곱합니다. 분수의 나눗셈식이 되었으므로 나눗셈 기호를 곱셈 기호로 바꾼 후 제수인 분수의 역수를 곱합니다. 마지막으로, 분모는 분모끼리, 분자는 분자끼리 곱한 후에 기약분수로 약분합니다. 곱하기 전에 미리 약분할 수 있으면 약분하는 것이 좋습니다. 분수의 나눗셈 계산 방법을 이용하여 소수점 위치가 다른 소수의 나눗셈을 계산해 봅시다.

❶ (함께 풀어 보는 문제 1을 가리키며) $22.4 \div 0.32$를 계산하시오.

1. 소수점 아래 자릿수가 다른 소수들을 나눗셈할 때 가장 먼저 해야 할 일은 무엇입니까? 소수를 분모가 1인 분수로 바꿔야 합니다.
   - 22.4를 분모가 1인 분수로 바꾸면 어떻게 됩니까? 22.4는 $\frac{22.4}{1}$가 됩니다.
   - 0.32를 분모가 1인 분수로 바꾸면 어떻게 됩니까? 0.32는 $\frac{0.32}{1}$가 됩니다.
   - 주어진 나눗셈식은 다음과 같이 바뀝니다.

     $\rightarrow 22.4 \div 0.32 = \frac{22.4}{1} \div \frac{0.32}{1}$

2. 다음은 무엇을 합니까? 두 소수 중 소수점 아래 자릿수가 더 많은 소수를 결정합니다.
   - 22.4의 소수점 아래 자릿수는 몇 개입니까? 한 개입니다.
   - 0.32의 소수점 아래 자릿수는 몇 개입니까? 두 개입니다.
   - 0.32가 22.4보다 소수점 아래 자릿수가 더 많은 소수입니다.

3. 다음은 무엇을 합니까? 소수점 아래 자릿수가 더 많은 소수의 소수점 아래 자릿수의 개수만큼 10을 제곱한 수를 두 분수의 분모와 분자에 각각 곱합니다.

- 0.32의 소수점 아래 자릿수는 몇 개입니까? 2개입니다.
- 10을 두 번 곱한 값, $10^2 = 100$을 각 분수의 분모와 분자에 곱합니다.

$\rightarrow 22.4 = \frac{22.4}{1} = \frac{22.4 \times 100}{1 \times 100} = \frac{2240}{100}$

$\rightarrow 0.32 = \frac{0.32}{1} = \frac{0.32 \times 100}{1 \times 100} = \frac{32}{100}$

4. 다음은 무엇을 합니까? 나눗셈식을 곱셈식으로 바꿔야 합니다.

- 나눗셈식을 곱셈식으로 바꾸려면 어떻게 해야 합니까? 나눗셈 기호를 곱셈으로 바꾸고 제수인 분수의 역수를 곱합니다.
- 제수인 분수는 무엇입니까? $\frac{32}{100}$입니다.
- $\frac{32}{100}$의 역수는 무엇입니까? $\frac{32}{100}$의 역수는 $\frac{100}{32}$입니다.

$\rightarrow 22.4 \div 0.32 = \frac{2240}{100} \div \frac{32}{100} = \frac{2240}{100} \times \frac{100}{32}$

5. 다음은 무엇을 합니까? 분모는 분모끼리, 분자는 분자끼리 곱하고 기약분수가 되도록 약분합니다.

- 분모끼리 곱한 값은 얼마입니까? $100 \times 32 = 3200$입니다.
- 분자끼리 곱한 값은 얼마입니까? $2240 \times 100 = 224000$입니다.

$\rightarrow \frac{2240}{100} \times \frac{100}{32} = \frac{2240 \times 100}{100 \times 32} = \frac{224000}{3200}$

- 기약분수가 되도록 약분하려면 어떻게 합니까? 분자와 분모의 최대공약수로 분자와 분모를 나눕니다.
- 분모 224000과 분자 3200의 최대공약수는 얼마입니까? 224000과 3200의 최대공약수는 3200입니다(224000과 3200의 최대공약수를 구하기 전에 먼저 두 수를 100으로 나눠 2240과 32의 최대공약수를 구해 약분해도 됩니다).

- 분모와 분자를 3200으로 나누면 어떻게 됩니까? 분모는 1이 되고 분자는 70이 됩니다. 답은 70입니다.

  $\rightarrow \dfrac{224000}{3200} = \dfrac{224000 \div 3200}{3200 \div 3200} = \dfrac{70}{1} = 70$

  $\rightarrow$ $\boxed{22.4 \div 0.32 = 70}$

② (함께 풀어 보는 문제 2를 가리키며) 7.82 ÷ 0.034를 **계산하시오.**

1. 소수점 아래 자릿수가 다른 소수들을 나눗셈할 때 가장 먼저 해야 할 일은 무엇입니까? 소수를 분모가 1인 분수로 바꿔야 합니다.

- 7.82를 분모가 1인 분수로 바꾸면 어떻게 됩니까? 7.82는 $\dfrac{7.82}{1}$가 됩니다.
- 0.034를 분모가 1인 분수로 바꾸면 어떻게 됩니까? 0.034는 $\dfrac{0.034}{1}$가 됩니다.
- 주어진 나눗셈식은 다음과 같이 바뀝니다.

  $\rightarrow 7.82 \div 0.034 = \dfrac{7.82}{1} \div \dfrac{0.034}{1}$

2. 다음은 무엇을 합니까? 두 소수 중 소수점 아래 자릿수가 더 많은 소수를 결정합니다.

- 7.82의 소수점 아래 자릿수는 몇 개입니까? 2개입니다.
- 0.034의 소수점 아래 자릿수는 몇 개입니까? 3개입니다.
- 소수점 아래 자릿수가 더 많은 것은 0.034입니다.

3. 다음은 무엇을 합니까? 소수점 아래 자릿수가 더 많은 소수의 소수점 아래 자릿수의 개수만큼 10을 제곱한 수를 곱합니다.

- 0.034의 소수점 아래 자릿수는 몇 개입니까? 3개입니다.
- 따라서 10을 3번 제곱한 값, $10^3 = 1000$을 분모와 분자에 곱합니다.

  $\rightarrow 7.82 = \dfrac{7.82}{1} = \dfrac{7.82 \times 1000}{1 \times 1000} = \dfrac{7820}{1000}$

$\rightarrow 0.034 = \frac{0.034}{1} = \frac{0.034 \times 1000}{1 \times 1000} = \frac{34}{1000}$

4. 다음은 무엇을 합니까? 나눗셈식을 곱셈식으로 바꿔야 합니다.

- 나눗셈식을 곱셈식으로 바꾸려면 어떻게 해야 합니까? 나눗셈 기호를 곱셈으로 바꾸고 제수인 분수의 역수를 곱합니다.
- 제수인 분수는 무엇입니까? $\frac{34}{1000}$입니다.
- $\frac{34}{1000}$의 역수는 무엇입니까? $\frac{34}{1000}$의 역수는 $\frac{1000}{34}$입니다.

$\rightarrow 7.82 \div 0.034 = \frac{7820}{1000} \div \frac{34}{1000} = \frac{7820}{1000} \times \frac{1000}{34}$

5. 다음은 무엇을 합니까? 분모는 분모끼리, 분자는 분자끼리 곱하고 기약분수가 되도록 약분합니다.

- 분모끼리 곱한 값은 얼마입니까? $1000 \times 34 = 34000$입니다.
- 분자끼리 곱한 값은 얼마입니까? $7820 \times 1000 = 7820000$입니다.

$\rightarrow \frac{7820}{1000} \times \frac{1000}{34} = \frac{7820 \times 1000}{1000 \times 34} = \frac{7820000}{34000}$

- 기약분수가 되도록 약분하려면 어떻게 합니까? 분자와 분모의 최대공약수로 분자와 분모를 나눕니다.
- 분모 7820000과 분자 34000의 최대공약수는 얼마입니까? 7820000과 34000의 최대공약수는 34000입니다(분자 7820000과 34000을 먼저 1000으로 나눈 후 7820과 34의 최대공약수를 구해 분모와 분자를 약분해도 됩니다).
- 분모와 분자를 34000으로 나누면 어떻게 됩니까? 분모는 1이 되고 분자는 230이 됩니다. 답은 230입니다.

$\rightarrow \frac{7820000}{34000} = \frac{7820000 \div 34000}{34000 \div 34000} = \frac{230}{1} = 230$

$\rightarrow \boxed{7.82 \div 0.034 = 230}$

Level 1.1
8차시

3 (함께 풀어 보는 문제 3을 가리키며) 0.792 ÷ 0.66을 계산하시오.

1. 소수점 아래 자릿수가 다른 소수들을 나눗셈 할 때 가장 먼저 해야 할 일은 무엇입니까? 소수를 분모가 1인 분수로 바꿔야 합니다.
   - 0.792를 분모가 1인 분수로 바꾸면 어떻게 됩니까? 0.792는 $\frac{0.792}{1}$가 됩니다.
   - 0.66을 분모가 1인 분수로 바꾸면 어떻게 됩니까? 0.66은 $\frac{0.66}{1}$이 됩니다.
   - 주어진 나눗셈식은 다음과 같이 바뀝니다.

   $\rightarrow 0.792 \div 0.66 = \frac{0.792}{1} \div \frac{0.66}{1}$

2. 다음은 무엇을 합니까? 두 소수 중 소수점 아래 자릿수가 더 많은 소수를 결정합니다.
   - 0.792의 소수점 아래 자릿수는 몇 개입니까? 3개입니다.
   - 0.66의 소수점 아래 자릿수는 몇 개입니까? 2개입니다.
   - 소수점 아래 자릿수가 더 많은 것은 0.792입니다.

3. 다음은 무엇을 합니까? 소수점 아래 자릿수가 더 많은 소수의 소수점 아래 자릿수의 개수만큼 10을 제곱한 수를 곱합니다.
   - 0.792의 소수점 아래 자릿수는 몇 개입니까? 3개입니다.
   - 따라서 10을 3번 제곱한 값, $10^3 = 1000$을 분모와 분자에 곱합니다.

   $\rightarrow 0.792 = \frac{0.792}{1} = \frac{0.792 \times 1000}{1 \times 1000} = \frac{792}{1000}$

   $\rightarrow 0.66 = \frac{0.66}{1} = \frac{0.66 \times 1000}{1 \times 1000} = \frac{660}{1000}$

4. 다음은 무엇을 합니까? 나눗셈식을 곱셈식으로 바꿔야 합니다.
   - 나눗셈식을 곱셈식으로 바꾸려면 어떻게 해야 합니까? 나눗셈 기호를 곱셈으로 바꾸고 제수인 분수의 역수를 곱합니다.
   - 제수인 분수는 무엇입니까? $\frac{660}{1000}$입니다.

- $\frac{660}{1000}$의 역수는 무엇입니까? $\frac{660}{1000}$의 역수는 $\frac{1000}{660}$입니다.

  $\rightarrow 0.792 \div 0.66 = \frac{792}{1000} \div \frac{660}{1000} = \frac{792}{1000} \times \frac{1000}{660}$

5. 다음은 무엇을 합니까? 분모는 분모끼리, 분자는 분자끼리 곱하고 기약분수가 되도록 약분합니다.

- 분모끼리 곱한 값은 얼마입니까? $1000 \times 660 = 660000$입니다.
- 분자끼리 곱한 값은 얼마입니까? $792 \times 1000 = 792000$입니다.

  $\rightarrow \frac{792}{1000} \times \frac{1000}{660} = \frac{792 \times 1000}{1000 \times 660} = \frac{792000}{660000}$

- 기약분수가 되도록 약분하려면 어떻게 합니까? 분자와 분모의 최대공약수로 분자와 분모를 나눕니다.
- 분모 792000과 분자 660000의 최대공약수는 얼마입니까? 792000과 660000의 최대공약수는 132000입니다(792000과 660000을 먼저 1000으로 나눈 후, 792와 660의 최대공약수를 구해 분모와 분자를 약분해도 됩니다).
- 분모와 분자를 132000으로 나누면 어떻게 됩니까? 분모는 5가 되고 분자는 6이 됩니다. 답은 $1\frac{1}{5}$입니다.

  $\rightarrow \frac{792000}{660000} = \frac{792000 \div 132000}{660000 \div 132000} = \frac{6}{5} = 1\frac{1}{5}$

  $\rightarrow$ $\boxed{0.792 \div 0.66 = 1\frac{1}{5} = 1.2}$

Level 1.1
8차시

아 그렇구나!

혼동되는 문제 다시 풀기
최다 오류를 반례로 제시하여 개념 및 기술 획득 강화

아 그렇구나! 에서는 분수의 역수를 이용하여 소수점의 위치가 다른 소수 ÷ 소수를 계산할 때 우리가 혼동스러워하는 문제를 함께 풀어 봅니다. 다음 문제를 풀 때 왜 실수가 많은지 그 이유를 함께 생각해 봅시다.

1 (아 그렇구나! 문제 1을 가리키며) 1.2 ÷ 0.002를 **계산할 때 혼동되는 점은 무엇입니까?**

⇨ 1.2와 0.002를 분모가 1인 분수로 만든 후, 10의 세제곱($10^3 = 1000$)을 분모와 분자에 곱하면 두 소수는 각각 $1.2 = \frac{1200}{1000}$이 되고 $0.002 = \frac{2}{1000}$가 됩니다. 두 분수의 분자값이 차이가 많이 나므로 0.002를 $\frac{20}{1000}$이나 $\frac{200}{1000}$이라 생각하는 경우가 있습니다. 또는 나눗셈에 포함된 소수는 그 크기가 작은 데 비해 나눗셈의 몫이 600이 되므로 당황스러워하는 경우가 있습니다. 자연수의 나눗셈에서는 나눗셈의 결과가 피제수보다 작지만 분수나 소수의 나눗셈의 결과는 피제수보다 클 수도 있습니다. $1.2 = \frac{1200}{1000}$, $0.002 = \frac{2}{1000}$로 바꾼 후 나눗셈을 계산하면,

$\frac{1200}{1000} \div \frac{2}{1000} = \frac{1200}{1000} \times \frac{1000}{2} = \frac{1200}{2} = 600$이 됩니다.

❷ (아 그렇구나! 문제 2를 가리키며) 3 ÷ 0.02를 계산할 때 혼동되는 점은 무엇입니까?

⇨ 주어진 문제는 자연수 3을 소수 0.02로 나누는 문제입니다. 소수의 나눗셈에서 자연수가 나오면 소수점이 없으므로 당황하는 경우가 있습니다. 자연수 3은 소수 3.0으로 바꿀 수 있습니다. 3.0을 0.02로 나누기 위해 먼저 두 소수를 분모가 1인 분수로 바꾼 후, 100을 각 분수의 분모와 분자에 곱해 $\frac{300}{100} \div \frac{2}{100}$를 계산합니다. 답은 150입니다.

Level 1.1
8차시

배움 체크하기

(배움 체크 리스트 를 가리키며) 오늘 우리가 함께 공부한 것을 혼자서도 할 수 있는지 체크해 봅시다. 혼자서도 할 수 있으면 , 선생님의 도움이 더 필요하다면 ?에 동그라미로 표시하세요.

배움 체크 리스트		?
1. 두 분수의 곱셈 방법을 이해하고 적용할 수 있습니다.		
2. 두 자연수의 최대공약수를 구하여 약분할 수 있습니다.		
3. 소수점의 위치가 다른 소수들을 나눗셈할 때는 소수를 분모가 1인 분수로 만든 후, 10의 거듭제곱수를 분모와 분자에 곱한 후에 나눗셈한다는 것을 이해하고 적용할 수 있습니다.		
4. 분모와 분자에 곱해질 10의 거듭제곱수는 두 소수 중 소수점 아래 자릿수가 많은 소수를 결정하고 그 소수의 소수점 아래 자릿수만큼 10을 거듭제곱하여 만든다는 것을 이해하고 적용할 수 있습니다.		
5. 소수를 분수로 바꾼 후, 나눗셈 기호를 곱셈 기호로 바꾸고 제수인 분수의 역수를 곱한다는 것을 이해하고 적용할 수 있습니다.		
6. 분수끼리 곱셈한 후, 분모와 분자의 최대공약수로 분모와 분자를 약분하여 기약분수로 만드는 방법을 이해하고 적용할 수 있습니다.		
7. 분모와 분자의 공약수가 1뿐인 서로소일 때는 더 이상 약분할 수 없다는 것을 이해하고 적용할 수 있습니다.		

혼자 풀기

(혼자 풀어 보는 문제 1~7을 제시하며) 오늘 배운 것을 기억하면서 문제를 혼자 풀어 보는 시간입니다. 내비게이션 1.8 을 사용하면 도움이 됩니다.

다음을 계산하시오.

1. $391 \div 17$

2. 3.05×10^3

다음 나눗셈을 분수의 나눗셈을 이용하여 계산하시오.

3. $19.98 \div 5.4$

4. $10.92 \div 8.4$

5. $49.64 \div 7.3$

6. $14 \div 3.5$

7. $12.1 \div 0.11$

채점 및 오답 분석

학생이 쓴 답을 기재하고, 오답인 경우 중재 결정표 에서 가능한 오류 원인을 1~8 중에서 골라 번호로 기재합니다. 기타 원인 때문에 오답이 발생했을 경우, 구체적으로 어떤 이유인지 기재합니다. 가능한 오답의 원인을 모두 기재합니다.

혼자 풀어 보는 문제	정답	학생이 쓴 답	오답 원인
1. $391 \div 17$	23		
2. 3.05×10^3	3050		
3. $19.98 \div 5.4$	3.7 또는 $3\frac{7}{10}$		
4. $10.92 \div 8.4$	1.3 또는 $1\frac{3}{10}$		
5. $49.64 \div 7.3$	6.8 또는 $6\frac{4}{5}$		
6. $14 \div 3.5$	4		
7. $12.1 \div 0.11$	110		
	정답 개수	/ 7	

중재 결정표

오답 원인을 분석하여 차후 중재를 결정하세요.

오답 원인	발생 빈도	최다 발생 오류	중재 결정
1. 사전 지식 및 기술(자연수의 나눗셈, 약분하기, 최대공약수 구하기, 분수의 곱셈, 역수 구하기, 소수를 분수로 고치기)			
2. 용어나 문제 이해 부족(약분, 최대공약수, 서로소, 역수, 소수, 10의 거듭제곱수)			
3. 소수점의 위치가 다른 소수들의 나눗셈을 계산하기 위해서 소수를 분수로 바꾸는 과정(분모가 1인 분수로 바꾼 후, 소수점 아래 자릿수가 많은 소수의 소수점 아래 자릿수만큼 10을 거듭제곱한 수를 분모와 분자에 곱함)의 이해와 적용의 어려움			
4. 나눗셈식을 곱셈식으로 바꾸기 위해 나눗셈 기호를 곱셈 기호로 바꾸고 제수의 역수를 곱하는 절차의 이해와 적용의 어려움			
5. 분수의 곱셈식을 계산한 후, 최대공약수로 약분해 기약분수로 바꾸는 절차의 이해와 적용의 어려움			
6. 분모와 분자가 서로소일 때는 더 이상 약분할 수 없다는 것의 이해와 적용의 어려움			
7. 부주의/계산 실수			
8. 기타(구체적 원인 기재하기)			

가장 흔한 오답 원인	1과 2 중 하나	3, 4, 5, 6 중 하나	7
	AND	AND	OR
오답률	오답이 2개 이상	오답이 2개 이상	오답이 2개 미만
다음 중재	브리지(Bridge)	동 차시 반복	다음 차시

브리지(Bridge) 차시

• 1.1차시 • 1.5차시 • 1.6차시 • 1.7차시

9차시

소수의 나눗셈 - 세로셈 방법

[내비게이션 1.9] 소수의 나눗셈 - 세로셈 방법

	순서	예 (1.44 ÷ 0.2)
1	피제수를 세로셈 기호 안쪽에, 제수를 왼쪽 밖에 쓰기	$1.44 \div 0.2 \rightarrow 0.2\overline{)1.44}$
2	제수의 소수점을 소수점 아래 마지막 자릿수 다음으로 옮기기	0.2의 소수점을 오른쪽으로 한 자리 이동하여 소수점 아래 마지막 자릿수인 2 다음으로 옮김 → 2.0이 됨
3	제수의 소수점을 이동한 만큼 피제수의 소수점을 이동하기	1.44의 소수점을 오른쪽으로 한 자리 이동함 → 14.4가 됨
4	소수점의 위치가 바뀐 제수와 피제수를 세로셈 형식으로 바꾼 후, 피제수의 소수점과 같은 위치에 몫의 소수점을 찍기	$2\overline{)14.4}$ (몫 자리의 소수점 위치에 점 표시)
5	나눗셈을 세로셈 방법으로 계산하기	$\begin{array}{r} 7.2 \\ 2\overline{)14.4} \\ 14 \\ \hline 4 \\ 4 \\ \hline 0 \end{array}$ $1.44 \div 0.2 = 7.2$

차시 목표 소수의 나눗셈을 세로셈 방법을 이용하여 계산할 수 있다.

사전 지식 소수의 의미, 소수점 아래 자릿수, 자연수의 나눗셈, 소수와 10의 거듭제곱수의 곱셈

준비물 1단계 9차시 학생용 교재, **내비게이션 1.9**

흔한 오류

1. 세로셈 기호 밖에 피제수를 넣고 세로셈 기호 안에 제수를 넣는다.
   - 오류 예: 2.43 ÷ 0.3을 계산할 때 $2.43\overline{)0.3}$이라 쓴다.
2. 제수를 자연수로 만들기 위해 제수의 소수점 아래 자릿수만큼 제수와 피제수의 소수점을 오른쪽으로 이동해야 하는데, 제수의 소수점은 이동하나 피제수의 소수점은 이동하지 않는다.
   - 오류 예: 2.4 ÷ 0.3을 계산할 때 0.3을 3으로 바꾸지만 2.4는 그대로 두어 2.4 ÷ 3을 계산한다.
3. 몫의 소수점 위치를 혼동한다.
   - 오류 예: 2.43 ÷ 0.3을 계산할 때 소수점 위치를 혼동하여 0.81이라 답한다.
4. 제수를 자연수로 만들기 위해 제수의 소수점 아래 자릿수만큼 제수와 피제수의 소수점을 오른쪽으로 이동해야 하는데, 제수가 피제수보다 소수점 아래 자릿수가 많을 때 피제수의 소수점 이동을 혼동스러워한다.
   - 오류 예: 2.4 ÷ 0.03을 계산할 때 0.03을 자연수로 만들기 위해 소수점을 오른쪽으로 두 자리 이동한 후 동일한 절차를 2.4에도 적용해야 하는데, 2.4에는 소수점 아래 자리가 하나뿐이므로 혼동하여 24로 바꾼다.

사전평가

처음 두 문제는 가장 필수적인 사전 지식에 대한 이해를 묻고, 3번부터 7번까지는 차시 목표인 개념과 기술의 이해를 묻습니다.

다음 문제를 풀어 보시오.

1. $3910 \div 170$

2. 3.005×10^3

다음 문제를 세로셈 방법을 사용하여 풀어 보시오.

3. $199.8 \div 5.4$

4. $1.092 \div 0.84$

5. $49.64 \div 0.73$

6. $14 \div 3.5$

7. $1.21 \div 0.011$

정 답

1. 23 **2.** 3005 **3.** 37 **4.** 1.3

5. 68 **6.** 4 **7.** 110

접속하기

차시 목표 및 개념 설명

오늘은 소수들의 나눗셈을 세로셈으로 하는 방법을 배우려 합니다. 먼저, 이번 차시에서 많이 사용될 개념과 기술을 정리해 봅시다.

1. 소수에 10을 곱하면 어떻게 변합니까? 소수에 10을 곱하면 소수점 자리가 오른쪽으로 한 칸 이동합니다. 예를 들어, 4.21에 10을 곱하면 소수점이 오른쪽으로 한 칸 이동하여 42.1이 됩니다.

2. 소수에 100을 곱하면 어떻게 변합니까? 소수에 100을 곱하면 소수점 자리가 오른쪽으로 두 칸 이동합니다. 4.21에 100을 곱하면 421이 됩니다. 마찬가지로, 소수에 1000을 곱하면 소수점 자리가 오른쪽으로 세 자리 이동합니다. 4.21에 1000을 곱하면 4210이 됩니다.

3. 소수들의 나눗셈을 세로셈으로 계산하는 방법을 알아봅시다. 예를 들어, 1.44 ÷ 0.2를 계산하려면,

   1) 먼저, 피제수를 나눗셈의 세로셈 기호 안쪽에, 제수를 세로셈 기호 왼쪽 밖에 씁니다. 피제수인 1.44를 안쪽에, 제수 0.2를 바깥에 씁니다.

$$1.44 \div 0.2 \rightarrow 0.2\overline{)1.44}$$

$$A \div B \rightarrow B\overline{)A}$$

   2) 제수의 소수점을 소수점 아래 마지막 자릿수 다음으로 옮겨 줍니다.
   소수 0.2의 소수점을 소수점 아래 마지막 수인 2 다음으로 이동하려면 소수점을 오른쪽으로 한 칸 이동해야 합니다. 0.2의 소수점을 오른쪽으로 한 칸 이동해서 0.2를 2로 바꿉니다.

3) 제수에서 소수점을 이동한 만큼 피제수의 소수점을 이동합니다.

1.44의 소수점을 오른쪽으로 한 칸 이동하면 1.44는 14.4가 됩니다.

4) 세로셈 기호 위에 제수의 소수점 자리와 같은 자리에 소수점을 찍습니다.

$$\rightarrow \quad 2\overline{)14\dot{.}4}$$

5) 자연수의 나눗셈처럼 나눗셈합니다.

$$\rightarrow \quad \begin{array}{r} 7.\mathbf{2} \\ 2\overline{)14.4} \\ \underline{14} \\ 4 \\ \underline{-4} \\ 0 \end{array}$$

$\rightarrow 1.44 \div 0.2 = \mathbf{7.2}$

보여 주기

개념 및 기술 교수, 개념 및 기술 예시 제시, 보는 수학 내비게이션을 이용한 교사 모델링

(내비게이션 1.9 를 보여 주며) 소수의 나눗셈을 세로셈으로 계산하는 방법을 다시 한번 정리해 봅시다. 첫째, 피제수를 세로셈 기호 안쪽에, 제수를 바깥쪽에 씁니다. 둘째, 제수의 소수점을 오른쪽 끝으로 옮기려면 소수점을 몇 칸 이동해야 하는지 확인하고 소수점을 옮깁니다. 셋째, 피제수의 소수점도 제수의 소수점을 옮긴 만큼 옮깁니다. 넷째, 피제수의 새로운 소수점 자리 위에 몫의 소수점을 찍습니다. 마지막으로, 자연수의 나눗셈에서 사용했던 같은 방법으로 나눗셈을 합니다. 세로셈 방법을 이용하여 다음 소수의 나눗셈 문제를 풀어 봅시다.

1 (보여 주는 문제 1을 보여 주며) 29.88 ÷ 0.36을 계산하시오.

1. 먼저, 피제수를 나눗셈의 세로셈 기호 안쪽에 쓰고 제수를 왼쪽 밖에 씁니다.
   - 피제수인 29.88을 안쪽에, 제수 0.36을 바깥에 씁니다.

     → $0.36\overline{)29.88}$

2. 제수의 소수점을 소수점 아래 마지막 자릿수 다음으로 옮깁니다.
   - 소수 0.36의 소수점을 소수점 아래 마지막 수인 6 다음으로 이동하려면 소수점을 오른쪽으로 두 칸 이동해야 합니다.
   - 0.36의 소수점을 오른쪽으로 두 칸 이동해서 0.36을 36으로 바꿉니다.

3. 제수에서 소수점을 이동한 만큼 피제수의 소수점을 이동합니다.
   - 29.88의 소수점을 오른쪽으로 두 칸 이동하면 29.88은 2988이 됩니다.

4. 소수점의 위치가 바뀐 제수와 피제수를 세로셈 형식으로 바꾼 후, 피제수의 소수점과 같은 위치에 몫의 소수점을 찍습니다.

$$\rightarrow 36\overline{)2988.}$$

5. 자연수의 나눗셈처럼 나눗셈합니다.

```
        83.0
→ 36 )2988.
      288
      ----
       108
      -108
      ----
         0
```

→ $29.88 \div 0.36 = 83$

❷ (보여 주는 문제 2를 보여 주며) 11.2 ÷ 1.6을 계산하시오.

1. 먼저, 피제수를 나눗셈의 세로셈 기호 안쪽에 쓰고 제수를 왼쪽 밖에 씁니다.
   - 피제수인 11.2를 안쪽에, 제수 1.6을 바깥에 씁니다.

   $$\rightarrow 1.6\overline{)11.2}$$

2. 제수의 소수점을 소수점 아래 마지막 자릿수 다음으로 옮깁니다.
   - 소수 1.6의 소수점을 소수점 아래 마지막 수인 6 다음으로 이동하려면 소수점을 오른쪽으로 한 칸 이동해야 합니다.
   - 1.6의 소수점을 오른쪽으로 한 칸 이동해서 1.6을 16으로 바꿉니다.

3. 제수에서 소수점을 이동한 만큼 피제수의 소수점을 이동합니다.
   - 11.2의 소수점을 오른쪽으로 한 칸 이동하면 11.2는 112가 됩니다.

4. 소수점의 위치가 바뀐 제수와 피제수를 세로셈 형식으로 바꾼 후, 피제수의 소수점과 같은 위치에 몫의 소수점을 찍습니다.

$$\rightarrow 16\,\overline{)\,112.}$$

5. 자연수의 나눗셈처럼 나눗셈합니다.

$$\begin{array}{r} 7.0 \\ \rightarrow 16\,\overline{)\;112.} \\ -112 \\ \hline 0 \end{array}$$

→ $11.2 \div 1.6 = 7.0 = 7$

3 (보여 주는 문제 3을 보여 주며) $1.68 \div 2.4$를 **계산하시오.**

1. 먼저, 피제수를 나눗셈의 세로셈 기호 안쪽에 쓰고 제수를 왼쪽 밖에 씁니다.
   - 피제수인 1.68을 안쪽에, 제수 2.4를 바깥에 씁니다.

     $\rightarrow 2.4\,\overline{)\;1.68}$

2. 제수의 소수점을 소수점 아래 마지막 자릿수 다음으로 옮깁니다.
   - 소수 2.4의 소수점을 소수점 아래 마지막 수인 4 다음으로 이동하려면 소수점을 오른쪽으로 한 칸 이동해야 합니다.
   - 2.4의 소수점을 오른쪽으로 한 칸 이동해서 2.4를 24로 바꿉니다.

3. 제수에서 소수점을 이동한 만큼 피제수의 소수점을 이동합니다.
   - 1.68의 소수점을 오른쪽으로 한 칸 이동하면 1.68은 16.8이 됩니다.

4. 소수점의 위치가 바뀐 제수와 피제수를 세로셈 형식으로 바꾼 후, 피제수의 소수점과 같은 위치에 몫의 소수점을 찍습니다.

$$\rightarrow 24 \overline{)\,16.8}$$

5. 자연수의 나눗셈처럼 나눗셈합니다.

$$\begin{array}{r} 0.7 \\ \rightarrow 24 \overline{)\,16.8} \\ -\;0.0 \\ \hline 16\;8 \\ -16\;8 \\ \hline 0 \end{array}$$

→ $1.68 \div 2.4 = 0.7$

Level 1.1
9차시

함께 풀기

(내비게이션 1.9 를 보여 주며) 문제를 풀기 전에, 소수의 나눗셈을 세로셈을 사용하여 푸는 방법을 다시 한번 정리해 봅시다. 먼저, 피제수를 세로식 기호 안쪽에, 제수를 세로식 기호 왼쪽 바깥에 놓습니다. 다음은 제수를 자연수로 바꾸기 위해 소수점을 이동합니다. 다음은 제수의 소수점을 이동시킨 만큼 피제수의 소수점을 이동시킵니다. 피제수의 소수점 자리와 같은 자리에 몫의 소수점을 찍습니다. 마지막으로, 자연수 나눗셈을 세로셈 방법을 사용하여 나눗셈을 합니다. 세로식을 사용하여 소수의 나눗셈 문제를 함께 풀어 봅시다.

❶ (함께 풀어 보는 문제 1을 가리키며) 2.24 ÷ 0.32를 계산하시오.

1. 소수의 나눗셈을 세로셈 방법을 사용하여 계산하려면 제일 먼저 무엇을 해야 합니까? 먼저, 피제수를 나눗셈의 세로셈 기호 안쪽에 쓰고 제수를 왼쪽 밖에 씁니다.
   - 주어진 문제에서 피제수는 무엇입니까? 2.24가 피제수입니다.
   - 제수는 무엇입니까? 제수는 0.32입니다.
   - 피제수인 2.24를 세로식 나눗셈 기호 안쪽에, 0.32를 왼쪽 바깥에 씁니다.

     $\rightarrow\ 0.32\overline{)2.24}$

2. 다음은 무엇을 합니까? 제수의 소수점을 소수점 아래 마지막 자릿수 다음으로 옮깁니다.
   - 0.32의 소수점 아래 마지막 자리에 있는 수는 무엇입니까? 2입니다.
   - 소수점을 2 다음으로 옮기려면 소수점을 어느 방향으로 몇 자리 옮겨야 합니까? 0.32의 소수점을 오른쪽으로 두 자리 옮겨야 소수점이 가장 마지막 자리에 오게 됩니다.
   - 소수 0.32의 소수점을 오른쪽으로 두 자리 옮기면 0.32는 어떤 수가 됩니까? 0.32는 자연수 32가 됩니다.

3. 다음은 무엇을 합니까? 제수에서 소수점을 이동한 만큼 피제수의 소수점을 이동합니다.

- 제수의 소수점은 어느 방향으로 몇 자리 이동하였습니까? 0.32의 소수점을 오른쪽으로 두 자리 이동하였습니다.
- 피제수인 2.24의 소수점도 오른쪽으로 두 자리 이동합니다.
- 2.24의 소수점을 오른쪽으로 두 자리 이동하면 어떤 수가 됩니까? 224가 됩니다.

4. 다음은 무엇을 합니까? 소수점의 위치가 바뀐 제수와 피제수를 세로셈 형식으로 바꾼 후, 피제수의 소수점과 같은 위치에 몫의 소수점을 찍습니다.

→ 32) 224.
(몫의 소수점 . 을 224. 의 소수점 위에 찍음)

5. 자연수의 나눗셈처럼 나눗셈합니다.

```
            7.0
→ 32 )  224.
       -224
       ----
          0
```

→ $2.24 \div 0.32 = 7.0 = 7$

❷ (함께 풀어 보는 문제 2를 가리키며) 7.82 ÷ 3.4를 **계산하시오.**

1. 소수의 나눗셈을 세로셈 방법을 사용하여 계산하려면 제일 먼저 무엇을 해야 합니까? 먼저, 피제수를 나눗셈의 세로셈 기호 안쪽에 쓰고 제수를 왼쪽 밖에 씁니다.

- 주어진 문제에서 피제수는 무엇입니까? 7.82가 피제수입니다.
- 제수는 무엇입니까? 제수는 3.4입니다.

- 피제수인 7.82를 세로식 나눗셈 기호 안쪽에, 제수인 3.4를 왼쪽 바깥에 씁니다.

→ $3.4\overline{)7.82}$

2. 다음은 무엇을 합니까? 제수의 소수점이 소수점 아래 가장 마지막 수 다음으로 가도록 옮겨야 합니다.
   - 3.4의 소수점 아래 마지막 자리에 있는 수는 무엇입니까? 4입니다.
   - 소수점을 4 다음으로 옮기려면 소수점을 어느 방향으로 몇 자리 옮겨야 합니까? 3.4의 소수점을 오른쪽으로 한 자리 옮겨야 소수점이 가장 마지막 자리에 오게 됩니다.
   - 소수 3.4의 소수점을 오른쪽으로 한 자리 옮기면 3.4는 어떤 수가 됩니까? 3.4는 자연수 34가 됩니다.

3. 다음은 무엇을 합니까? 제수에서 소수점을 이동한 만큼 피제수의 소수점을 이동합니다.
   - 제수의 소수점은 어느 방향으로 몇 자리 이동하였습니까? 3.4의 소수점을 오른쪽으로 한 자리 이동하였습니다.
   - 피제수인 7.82의 소수점도 오른쪽으로 한 자리 이동합니다.
   - 7.82의 소수점을 오른쪽으로 한 자리 이동하면 어떤 수가 됩니까? 78.2가 됩니다.

4. 다음은 무엇을 합니까? 소수점의 위치가 바뀐 제수와 피제수를 세로셈 형식으로 바꾼 후, 피제수의 소수점과 같은 위치에 몫의 소수점을 찍습니다.

→ $\begin{array}{r} . \\ 34\overline{)78.2} \end{array}$

5. 자연수의 나눗셈처럼 나눗셈합니다.

$$\begin{array}{r@{\,}l} & 2.3 \\ \rightarrow 34 \,\big) & 78.2 \\ & 68 \\ \hline & 10\,2 \\ & -10\,2 \\ \hline & 0 \end{array}$$

→ $27.82 \div 3.4 = 2.3$

3 (함께 풀어 보는 문제 3을 가리키며) $0.792 \div 0.66$을 **계산하시오.**

1. 소수의 나눗셈을 세로셈 방법을 사용하여 계산하려면 제일 먼저 무엇을 해야 합니까? 먼저 피제수를 나눗셈의 세로셈 기호 안쪽에 쓰고 제수를 왼쪽 밖에 씁니다.
   - 주어진 문제에서 피제수는 무엇입니까? 0.792가 피제수입니다.
   - 제수는 무엇입니까? 제수는 0.66입니다.
   - 피제수인 0.792를 세로식 나눗셈 기호 안쪽에, 제수인 0.66을 왼쪽 바깥에 씁니다.

   $\rightarrow 0.66\,\big)\overline{0.792}$

2. 다음은 무엇을 합니까? 제수의 소수점을 소수점 아래 가장 마지막 수 다음으로 가도록 옮겨야 합니다.
   - 0.66의 소수점 아래 마지막 자리에 있는 수는 무엇입니까? 두 번째 6입니다.
   - 소수점을 6 다음으로 옮기려면 소수점을 어느 방향으로 몇 자리 옮겨야 합니까? 0.66의 소수점을 오른쪽으로 두 자리 옮겨야 소수점이 가장 마지막 자리에 오게 됩니다.

- 소수 0.66의 소수점을 오른쪽으로 두 자리 옮기면 0.66은 어떤 수가 됩니까? 0.66은 자연수 66이 됩니다.

3. 다음은 무엇을 합니까? 제수에서 소수점을 이동한 만큼 피제수의 소수점을 이동합니다.

- 제수의 소수점은 어느 방향으로 몇 자리 이동하였습니까? 0.66의 소수점은 오른쪽으로 두 자리 이동하였습니다.
- 피제수인 0.792의 소수점도 오른쪽으로 두 자리 이동합니다.
- 0.792의 소수점을 오른쪽으로 두 자리 이동하면 어떤 수가 됩니까? 79.2가 됩니다.

4. 다음은 무엇을 합니까? 소수점의 위치가 바뀐 제수와 피제수를 세로셈 형식으로 바꾼 후, 피제수의 소수점과 같은 위치에 몫의 소수점을 찍습니다.

$$\rightarrow \begin{array}{r} . \\ 66\overline{)\,79.2} \end{array}$$

5. 자연수의 나눗셈처럼 나눗셈합니다.

$$\rightarrow \begin{array}{r} 1.2 \\ 66\overline{)\,79.2} \\ \underline{66} \\ 13\;2 \\ \underline{-13\;2} \\ 0 \end{array}$$

→ $\boxed{0.792 \div 0.66 = 1.2}$

아 그렇구나!

- 혼동되는 문제 다시 풀기
- 최다 오류를 반례로 제시하여 개념 및 기술 획득 강화

아 그렇구나! 에서는 세로셈 방법을 이용하여 소수의 나눗셈을 할 때 우리가 혼동스러워하는 문제를 함께 풀어 봅니다. 다음 문제를 풀 때 왜 실수가 많은지 그 이유를 함께 생각해 봅시다.

1 (아 그렇구나! 문제 1을 가리키며) 28.9 ÷ 0.17을 계산할 때 혼동되는 점은 무엇입니까?

⇨ 지금까지 연습해 온 문제들은 제수의 소수점 아래 자릿수가 피제수의 소수점 아래 자릿수보다 더 적거나 같은 경우였습니다. 주어진 문제는 제수의 소수점 아래 자릿수가 피제수보다 많습니다. 제수를 자연수로 바꾸기 위해 0.17의 소수점을 오른쪽으로 두 자리 옮기면 피제수인 28.9의 소수점도 오른쪽으로 두 자리 옮겨야 합니다. 28.9의 소수점을 오른쪽으로 두 자리 옮기면 2890이 됩니다. 마지막 0을 종종 생략하여 실수하는 경우가 있습니다. 28.9 ÷ 0.17은 2890 ÷ 17로 바뀌고, 세로식 계산 절차를 따라 풀면 답은 170입니다.

❷ (아 그렇구나! 문제 2를 가리키며) 5 ÷ 0.25를 계산할 때 혼동되는 점은 무엇입니까?

⇨ 주어진 문제는 자연수 5를 소수 0.25로 나누는 문제입니다. 소수의 나눗셈에서 자연수가 나오면 소수점이 없으므로 당황하는 경우가 있습니다. 자연수 5는 소수 5.0으로 바꿀 수 있습니다. 5.0을 0.25로 나누기 위해 제수 0.25의 소수점을 오른쪽으로 두 자리 이동하여 0.25를 자연수 25로 바꾸고, 5.0의 소수점도 오른쪽으로 두 자리 이동합니다. 5.0의 소수점을 오른쪽으로 두 자리 이동하면 500이 됩니다. 5 ÷ 0.25는 500 ÷ 25가 되고 나눗셈 결과는 20입니다.

배움 체크하기

(배움 체크 리스트 를 가리키며) 오늘 우리가 함께 공부한 것을 혼자서도 할 수 있는지 체크해 봅시다. 혼자서도 할 수 있으면 👍, 선생님의 도움이 더 필요하다면 ?에 동그라미로 표시하세요.

배움 체크 리스트	👍	?
1. 세로셈을 이용한 두 자연수의 나눗셈 방법을 이해하고 적용할 수 있습니다.		
2. 제수와 피제수를 구분하고 세로셈을 하기 위해 제수와 피제수를 적절한 자리에 놓을 수 있습니다.		
3. 소수점 아래 자릿수를 이해하고 비교할 수 있습니다.		
4. 세로셈으로 소수를 나눗셈하려면 제수의 소수점을 소수점 아래 자릿수만큼 오른쪽으로 이동하여 제수를 자연수로 만든다는 것을 이해하고 적용할 수 있습니다.		
5. 제수의 소수점을 오른쪽으로 이동한 만큼 피제수의 소수점도 이동한다는 것을 이해하고 적용할 수 있습니다.		
6. 자연수가 된 제수와 변경된 피제수를 세로셈 절차를 적용하여 나눗셈한다는 것을 이해하고 적용할 수 있습니다.		
7. 세로셈에서 몫의 소수점은 피제수의 소수점의 위치와 동일하다는 것을 이해하고 적용할 수 있습니다.		

혼자 풀기

(혼자 풀어 보는 문제 1~7을 제시하며) 오늘 배운 것을 기억하면서 문제를 혼자 풀어 보는 시간입니다. 내비게이션 1.9 를 사용하면 도움이 됩니다.

다음을 계산하시오.

1. $3910 \div 170$

2. 3.005×10^3

다음 나눗셈을 세로셈 방법을 이용하여 계산하시오.

3. $199.8 \div 5.4$

4. $1.092 \div 0.84$

5. $49.64 \div 0.73$

6. $14 \div 3.5$

7. $1.21 \div 0.011$

채점 및 오답 분석

학생이 쓴 답을 기재하고, 오답인 경우 중재 결정표 에서 가능한 오류 원인을 1~8 중에서 골라 번호로 기재합니다. 기타 원인 때문에 오답이 발생했을 경우, 구체적으로 어떤 이유인지 기재합니다. 가능한 오답의 원인을 모두 기재합니다.

혼자 풀어 보는 문제	정답	학생이 쓴 답	오답 원인
1. $3910 \div 170$	23		
2. 3.005×10^3	3005		
3. $199.8 \div 5.4$	37		
4. $1.092 \div 0.84$	1.3		
5. $49.64 \div 0.73$	68		
6. $14 \div 3.5$	4		
7. $1.21 \div 0.011$	110		
	정답 개수	/ 7	

Level 1.1
9차시

중재 결정표

오답 원인을 분석하여 차후 중재를 결정하세요.

오답 원인	발생 빈도	최다 발생 오류	중재 결정
1. 사전 지식 및 기술(자연수의 나눗셈, 소수점 아래 자릿수 구하기, 세로로 하는 나눗셈에서 제수와 피제수의 위치)			
2. 용어나 문제 이해 부족(제수, 피제수, 세로셈, 10의 거듭제곱수)			
3. 제수의 소수점을 제수의 끝자리로 옮겨 제수를 자연수로 만드는 과정의 이해와 적용의 어려움			
4. 제수의 소수점을 이동한 만큼 피제수의 소수점을 옮기는 절차에 대한 이해와 적용의 어려움			
5. 나눗셈의 몫의 소수점의 위치를 결정하는 방법의 이해와 적용의 어려움			
6. 제수와 피제수를 바꾼 후에는 자연수의 세로셈 나눗셈처럼 두 수를 나눗셈하는 것의 이해와 적용의 어려움			
7. 부주의/계산 실수			
8. 기타(구체적 원인 기재하기)			

가장 흔한 오답 원인	1과 2 중 하나	3, 4, 5, 6 중 하나	7
	AND	AND	OR
오답률	오답이 2개 이상	오답이 2개 이상	오답이 2개 미만
다음 중재	브리지(Bridge)	동 차시 반복	다음 차시

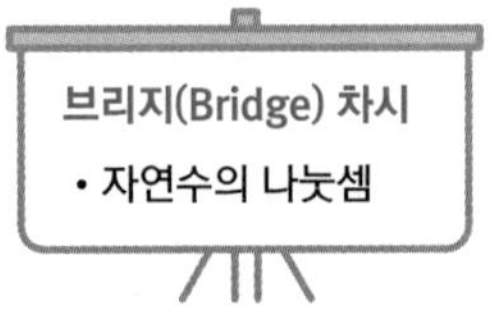

10차시

비의 뜻

[내비게이션 1.10] 비를 사용하여 두 수를 비교하기

△에 대한		□의 비
기준량 △		비교하는 양 □
비교하는 양	:	기준량

	순서	예 (쌀 6컵에 완두콩 2컵을 넣어 완두콩 밥을 지으려 할 때, 쌀의 양에 대한 완두콩의 비)
1	구해야 할 비를 △에 대한 □의 비의 형태로 쓰기	• △에 대한 □의 비 • 쌀의 양에 대한 **완두콩**의 비
2	기준량을 확인하고 ':'의 오른쪽에 쓰기 △에 대한 □의 비에서 △에 해당하는 수가 기준량임	쌀의 양이 기준량이므로 쌀의 양인 6을 ':'의 오른쪽에 씀 — ___ : 6
3	**비교하는 양**을 확인하고 ':'의 왼쪽에 쓰기 △에 대한 □의 **비**에서 □에 해당하는 수가 비교하는 양임	**완두콩** 양이 비교하는 양이므로 2를 ':'의 왼쪽에 씀 — 2 : 6 쌀의 양에 대한 완두콩 양의 비는 — 2 : 6
4	두 수의 최대공약수로 두 수를 나누기	2와 6의 최대공약수는 2 — $\frac{2}{2} : \frac{6}{2}$ $= 1 : 3$

차시 목표 비의 뜻을 알고 두 수를 비를 사용하여 비교할 수 있다.

사전 지식 두 수의 나눗셈 비교, 표로 나타낸 정보 읽기

준비물 1단계 10차시 학생용 교재, **내비게이션 1.10**

흔한 오류

1. 비교하는 양과 기준량의 의미를 이해하지 못하여 비교하는 양과 기준량을 바꿔 쓴다.
   - 오류 예: 남학생 3명과 여학생 5명이 있을 때, 남학생에 대한 여학생의 비를 3 : 5라 답한다.
2. 두 수를 비교하여 비로 나타냈을 때, 그 의미를 정확히 이해하지 못한다.
   - 오류 예: 2 : 3과 3 : 2가 같다고 생각한다.
3. 비교하는 양이나 기준량이 주어지지 않아 주어진 정보를 사용하여 계산하여 구해야 할 때 어려움을 보인다.
   - 오류 예: 남학생 수, 여학생 수를 포함하는 표를 보고 남학생 수와 전체 학생 수의 비를 나타내야 할 때, 남학생 수와 여학생 수에 대한 정보를 사용한다.
4. 두 수량을 비교하는 표를 보고 비로 나타내야 할 때, 두 수량의 관계를 비교하지 않고 한 수량의 정보만 비교한다.

사전평가

처음 두 문제는 가장 필수적인 사전 지식에 대한 이해를 묻고, 3번부터 7번까지는 차시 목표인 개념과 기술의 이해를 묻습니다.

다음 물음에 답하시오.

1. 쌀 4컵에 물 3컵을 넣어 밥을 지으려 할 때, 물 : 쌀 = _____ : _____

2. 딸기 7개에 요구르트 2병을 넣어 딸기 주스를 만들려 할 때,
   요구르트 : 딸기 = _____ : _____

3. 남학생이 12명과 여학생이 10명 있을 때, 남학생 수에 대한 여학생 수의 비

4. 가로 4cm, 세로 9cm인 직사각형이 있을 때, 가로에 대한 세로의 비

5. 두발자전거 3대와 자동차 3대가 있을 때, 자전거 바퀴 수에 대한 자동차 바퀴 수의 비

6. 남학생이 13명, 여학생이 12명 있을 때, 전체 학생 수에 대한 여학생 수의 비

7. 가로 4cm, 세로 9cm, 넓이 $36cm^2$인 직사각형이 있을 때, 직사각형의 넓이에 대한 세로의 비

정답

1. 물 : 쌀 = 3 : 4
2. 요구르트 : 딸기 = 2 : 7
3. 여학생 수 : 남학생 수 = 10 : 12 = 5 : 6
4. 세로 : 가로 = 9 : 4
5. 자동차 바퀴 수 : 자전거 바퀴 수 = 12 : 6 = 2 : 1
6. 여학생 수 : 전체 학생 수 = 12 : 25
7. 세로 : 넓이 = 9 : 36 = 1 : 4

접속하기

차시 목표 및 개념 설명

오늘은 두 수량을 비를 사용하여 비교하는 방법을 배우려 합니다. 먼저, 이번 차시에서 많이 사용될 개념과 기술을 정리해 봅시다.

1. 비란 무엇입니까? 두 수량을 ':' 기호를 사용하여 ':' 왼쪽에 있는 수가 오른쪽에 있는 수의 몇 배인지를 비교하는 방법을 말합니다. ':' 오른쪽에 있는 양을 기준량, 왼쪽에 있는 양을 비교하는 양이라고 합니다. 예를 들어, 의자가 3개 있는 방에 학생이 6명 있는 상황은 두 가지 방법으로 나타낼 수 있습니다.

   1) 의자가 기준량일 때- 학생 수 : 의자 수 , 즉 6 : 3이 의자 수에 대한 학생 수의 비입니다.

   2) 학생 수가 기준량일 때- 의자 수 : 학생 수 , 즉 3 : 6이 학생 수에 대한 의자의 비입니다.

   비교하는 양 : 기준량

2. 비는 어떻게 읽습니까? 비를 읽을 때는 **기준량에 대한 비교하는 양의 비**, **비교하는 양의 기준량에 대한 비**, 비교하는 양과 기준량의 비라 읽습니다. 예를 들어, 학생 수 : 의자 수 로 비가 표시되었다면, 의자 수에 대한 학생 수의 비, 학생 수의 의자 수에 대한 비, 학생 수와 의자 수의 비라 읽습니다. 7 : 3은 3에 대한 7의 비, 7의 3에 대한 비, 7과 3의 비라 읽습니다.

3. 비를 사용하여 두 수를 비교하는 방법을 알아봅시다. 예를 들어, 캠프에 참석한 학생 수가 30, 캠프에 참석하지 않은 학생 수가 20명일 때, 캠프에 참석한 학생 수에 대한 캠프에 참석하지 않은 학생의 비를 구하려면,

   1) 구해야 할 비를 △에 대한 □**의 비**의 형태로 씁니다.

△에 대한 □의 비
캠프에 참석한 학생 수에 대한 캠프에 참석하지 않은 학생 수의 비

캠프에 참석한 학생 수에 대한 캠프에 참석하지 않은 학생의 비를 구해야 합니다.

2) 먼저, 기준량을 확인하고 ':' 오른쪽에 씁니다.

△에 대한 □의 비에서 △에 해당하는 수가 기준량입니다. 캠프에 참석한 학생 수에 대한 캠프에 참석하지 않은 학생의 비를 구해야 하므로, 캠프에 참석한 학생 수가 기준량입니다. 30을 ':' 오른쪽에 씁니다.

비교하는 양 : 기준량
: 30

3) 비교하는 양을 확인하고 ':' 왼쪽에 씁니다.

△에 대한 □의 비에서 □에 해당하는 수가 기준량입니다. 캠프에 참석한 학생 수에 대한 캠프에 참석하지 않은 학생의 비를 구해야 하므로, 캠프에 참석하지 않은 학생 수가 비교하는 양입니다. 20을 ':' 왼쪽에 씁니다.

비교하는 양 : 기준량
20 : 30

4) 20과 30 두 수의 최대공약수인 10으로 두 수를 나눕니다.

$$\frac{20}{10} : \frac{30}{10} = 2 : 3$$

다음 그림은 두 수량을 비교하기 위해 기준량과 비교하는 양을 결정하고 두 수량의 크기의 비를 나타내는 과정을 간단히 보여 줍니다.

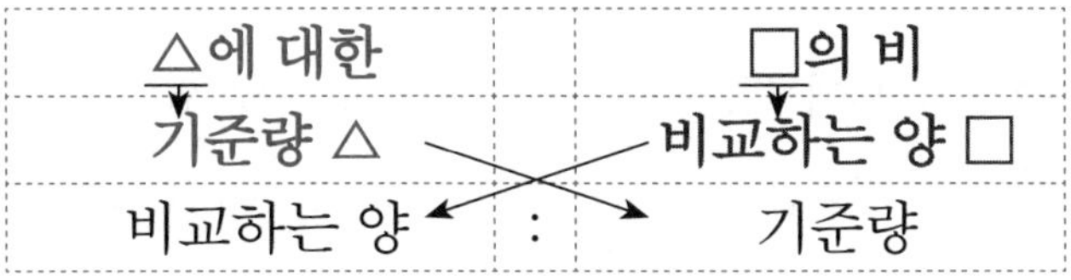

보여 주기

개념 및 기술 교수, 개념 및 기술 예시 제시, 보는 수학 내비게이션을 이용한 교사 모델링

(내비게이션 1.10 을 보여 주며) 비를 사용하여 두 수를 비교하는 방법을 다시 한번 정리해 봅시다. 첫째, 구해야 할 비를 △에 대한 □의 비의 형태로 씁니다. 둘째, △에 해당하는 수량인 기준량을 찾아 ':' 오른쪽에 씁니다. 셋째, □에 해당하는 수량인 비교하는 양을 찾아 ':' 왼쪽에 씁니다. 비를 사용하여 두 수를 비교하는 방법을 사용하여 다음 문제를 풀어 봅시다.

1 (보여 주는 문제 1을 보여 주며) 쌀 6컵에 완두콩 2컵을 넣어 완두콩밥을 지으려 할 때, 쌀의 양에 대한 완두콩의 비를 구하시오.

1. 구해야 할 비를 △에 대한 □의 비의 형태로 씁니다.

△에 대한 □의 비 쌀의 양에 대한 완두콩의 비

2. 먼저, 기준량을 확인하고 ':'의 오른쪽에 씁니다.
   - △에 대한 □의 비에서 △에 해당하는 수가 기준량입니다.
   - 쌀의 양에 대한 완두콩의 비를 구해야 하므로 쌀의 양이 기준량입니다.
   - 쌀의 양은 6이므로 6을 ':'의 오른쪽에 씁니다.

비교하는 양 : 기준량 : 6

3. 비교하는 양을 확인하고 ':'의 왼쪽에 씁니다.
   - △에 대한 □의 비에서 □에 해당하는 수가 비교하는 양입니다.
   - 쌀의 양에 대한 완두콩 양의 비를 구해야 하므로 완두콩 양이 비교하는 양입니다.
   - 완두콩 양은 2컵이므로 2를 ':'의 왼쪽에 씁니다.

비교하는 양 : 기준량
2 : 6

4. 두 수의 최대공약수로 두 수를 나눕니다.

- 2와 6의 최대공약수는 2입니다.
- $2:6 = \frac{2}{2} : \frac{6}{2} = 1:3$입니다.

2 (보여 주는 문제 2를 보여 주며) 6,000원을 쓰고 8,000원을 저축했을 때, 저축한 금액에 대한 쓴 금액의 비를 구하시오.

1. 구해야 할 비를 △에 대한 □의 비의 형태로 씁니다.

△에 대한 □의 비
저축 금액에 대한 쓴 금액의 비

2. 먼저, 기준량을 확인하고 ':'의 오른쪽에 씁니다.

- △에 대한 □의 비에서 △에 해당하는 수가 기준량입니다.
- 저축한 금액에 대한 쓴 금액의 비를 구해야 하므로 저축한 금액이 기준량입니다.
- 저축한 금액은 8,000원이므로 8000을 ':'의 오른쪽에 씁니다.

비교하는 양 : 기준량
: 8000

Level 1.2
10차시

3. 비교하는 양을 확인하고 ':'의 왼쪽에 씁니다.

- △에 대한 □의 비에서 □에 해당하는 수가 비교하는 양입니다.
- 저축한 금액에 대한 쓴 금액의 비를 구해야 하므로 쓴 금액이 비교하는 양입니다.
- 쓴 금액은 6,000원이므로 6000을 ':'의 왼쪽에 씁니다.

비교하는 양 : 기준량
6000 : 8000

4. 두 수의 최대공약수로 두 수를 나눕니다.
   - 6000과 8000의 최대공약수는 2000입니다.
   - $6000 : 8000 = \frac{6000}{2000} : \frac{8000}{2000} = 3 : 4$입니다.

3 (보여 주는 문제 3을 보여 주며) **다음 표를 보고, 고양이를 키우는 학생 수에 대한 애완동물을 키우지 않는 학생 수의 비를 구하시오.**

	고양이	개	기타 애완동물	애완동물을 키우지 않는 학생
학생 수	5	12	3	7

1. 구해야 할 비를 △에 대한 □의 비의 형태로 씁니다.

△에 대한 □의 비
고양이를 키우는 학생 수에 대한 애완동물을 키우지 않는 학생 수의 비

2. 먼저, 기준량을 확인하고 ':'의 오른쪽에 씁니다.
   - △에 대한 □의 비에서 △에 해당하는 수가 기준량입니다.
   - 고양이를 키우는 학생 수에 대한 애완동물을 키우지 않는 학생 수의 비를 구해야 하므로 고양이를 키우는 학생 수가 기준량입니다.
   - 고양이를 키우는 학생 수는 5명이므로 5를 ':'의 오른쪽에 씁니다.

비교하는 양 : 기준량
: 5

3. 비교하는 양을 확인하고 ':'의 왼쪽에 씁니다.

- △에 대한 □의 비에서 □에 해당하는 수가 비교하는 양입니다.
- 고양이를 키우는 학생 수에 대한 애완동물을 키우지 않는 학생 수의 비를 구해야 하므로 애완동물을 키우지 않는 학생 수가 비교하는 양입니다.
- 애완동물을 키우지 않는 학생 수는 7명이므로 7을 ':'의 왼쪽에 씁니다.

비교하는 양 : 기준량 7 : 5

4. 두 수의 최대공약수로 두 수를 나눕니다.

- 7과 5는 공통약수가 1뿐인 서로소입니다.
- 7 : 5가 정답입니다.

Level 1.2
10차시

함께 풀기

(내비게이션 1.10 을 보여 주며) 문제를 풀기 전에, 비를 사용하여 두 수를 비교하는 방법을 다시 한번 정리해 봅시다. 먼저, 구해야 할 비를 △에 대한 □의 비의 형태로 쓰고, △에 해당하는 수를 ':'의 오른쪽에, □에 해당하는 수량을 ':'의 왼쪽에 써서 나타냅니다. 비를 사용하여 두 수를 비교하는 방법을 기억하면서 다음 문제를 함께 풀어 봅시다.

① (함께 풀어 보는 문제 1을 가리키며) 물 6컵에 라면 두 봉지를 끓였을 경우, 라면 개수에 대한 물의 비를 구하시오.

1. 비를 사용하여 두 수를 비교하려면 가장 먼저 무엇을 해야 합니까? 먼저, 구해야 할 비를 △에 대한 □의 비의 형태로 씁니다.

   - 구해야 할 비는 무엇입니까? 라면 개수에 대한 물의 비를 구해야 합니다.

△에 대한 □의 비 라면 개수에 대한 물의 비

2. 다음은 무엇을 합니까? 기준량을 확인하고 ':'의 오른쪽에 씁니다.

   - 기준량은 어떻게 찾습니까? △에 대한 □의 비로 구해야 할 비를 나타냈을 때, △에 해당하는 수량이 기준량입니다.
   - 라면 개수에 대한 물의 비에서 △에 해당하는 수량은 무엇입니까? 라면 개수에 대한 물의 비에서 △에 해당하는 수량은 라면 개수입니다.
   - 라면 개수는 얼마입니까? 라면은 2봉지이므로 2를 ':'의 오른쪽에 씁니다.

비교하는 양 : 기준량 : 2

3. 다음은 무엇을 합니까? 비교하는 양을 확인하여 ':'의 왼쪽에 씁니다.

- 비교하는 양은 어떻게 찾습니까? △에 대한 □의 비로 나타냈을 때, □에 해당하는 수가 비교하는 양입니다.
- 라면 개수에 대한 물의 양의 비에서 □에 해당하는 수량은 무엇입니까? 라면 개수에 대한 물의 양의 비에서 □에 해당하는 수량은 물의 양입니다.
- 물의 양은 얼마입니까? 물의 양은 6컵이므로 6을 ':'의 왼쪽에 씁니다.

비교하는 양 : 기준량
6 : 2

→ 라면 개수에 대한 물의 양의 비는 6 : 2입니다.

4. 다음은 무엇을 합니까? 두 수의 최대공약수로 두 수를 나눕니다.

- 6과 2의 최대공약수는 무엇입니까? 2입니다.
- 6과 2를 2로 나누면 각각 어떻게 됩니까?
- $6 : 2 = \frac{6}{2} : \frac{2}{2} = 3 : 1$이 정답입니다.

Level 1.2
10차시

❷ (함께 풀어 보는 문제 2를 가리키며) 인형 뽑기에서 4번은 성공하고 8번은 실패했을 경우, 인형 뽑기에서 실패한 횟수에 대한 성공한 횟수의 비를 구하시오.

1. 비를 사용하여 두 수를 비교하려면 가장 먼저 무엇을 해야 합니까? 먼저, 구해야 할 비를 △에 대한 □의 비의 형태로 씁니다.

- 구해야 할 비는 무엇입니까? 인형 뽑기에서 실패한 횟수에 대한 성공한 횟수의 비를 구해야 합니다.

△에 대한 □의 비
인형 뽑기에서 실패한 횟수에 대한 성공한 횟수의 비

2. 다음은 무엇을 합니까? 기준량을 확인하고 ':'의 오른쪽에 씁니다.

- 기준량은 어떻게 찾습니까? △에 대한 □의 비로 구해야 할 비를 나타냈을 때, △에 해당하는 수량이 기준량입니다.
- 인형 뽑기에서 실패한 횟수에 대한 성공한 횟수의 비에서 △에 해당하는 수량은 무엇입니까? 인형 뽑기에서 실패한 횟수에 대한 성공한 횟수의 비에서 △에 해당하는 수량은 인형 뽑기에서 실패한 횟수입니다.
- 인형 뽑기에서 실패한 횟수는 얼마입니까? 인형 뽑기에서 실패한 횟수는 8번이므로 8을 ':'의 오른쪽에 씁니다.

비교하는 양 : 기준량
: 8

3. 다음은 무엇을 합니까? 비교하는 양을 확인하여 ':'의 왼쪽에 씁니다.

- 비교하는 양은 어떻게 찾습니까? △에 대한 □의 비로 나타냈을 때, □에 해당하는 수가 비교하는 양입니다.
- 인형 뽑기에서 실패한 횟수에 대한 성공한 횟수의 비에서 □에 해당하는 수량은 무엇입니까? 인형 뽑기에서 실패한 횟수에 대한 성공한 횟수의 비에서 □에 해당하는 수량은 인형 뽑기에서 성공한 횟수입니다.
- 인형 뽑기에서 성공한 횟수는 얼마입니까? 인형 뽑기에서 성공한 횟수는 4번이므로 4를 ':'의 왼쪽에 씁니다.

비교하는 양 : 기준량
4 : 8

→ 인형 뽑기에서 실패한 횟수에 대한 성공한 횟수의 비는 4 : 8입니다.

4. 다음은 무엇을 합니까? 4 : 8의 최대공약수로 4와 8을 나누어 간단히 나타냅니다.

- 4와 8의 최대공약수는 무엇입니까? 4입니다.
- $4:8 = \frac{4}{4} : \frac{8}{4} = 1:2$가 정답입니다.

3 (함께 풀어 보는 문제 3을 가리키며) **다음 표를 보고, 안경을 끼는 남학생 수에 대한 안경이나 드림렌즈를 사용하지 않는 여학생 수의 비를 구하시오.**

	안경을 끼는 학생	드림렌즈를 끼는 학생	안경이나 드림렌즈를 사용하지 않는 학생
남학생 수	7	1	7
여학생 수	4	5	6

1. 비를 사용하여 두 수를 비교하려면 가장 먼저 무엇을 해야 합니까? 먼저, 구해야 할 비를 △에 대한 □의 비의 형태로 씁니다.
   - 구해야 할 비는 무엇입니까? 안경을 끼는 남학생 수에 대한 안경이나 드림렌즈를 사용하지 않는 여학생 수의 비를 구해야 합니다.

△에 대한 □의 비
안경을 끼는 남학생 수에 대한 **안경이나 드림렌즈를 사용하지 않는 여학생 수의 비**

2. 다음은 무엇을 합니까? 기준량을 확인하고 ':'의 오른쪽에 씁니다.
   - 기준량은 어떻게 찾습니까? △에 대한 □의 비로 구해야 할 비를 나타냈을 때, △에 해당하는 수량이 기준량입니다.
   - 안경을 끼는 남학생 수에 대한 안경이나 드림렌즈를 사용하지 않는 여학생의 수의 비에서 △에 해당하는 수량은 무엇입니까? 안경을 끼는 남학생 수가 △에 해당하는 수량입니다.
   - 안경을 끼는 남학생 수는 얼마입니까? 안경을 끼는 남학생 수는 7명이므로 7을 ':'의 오른쪽에 씁니다.

비교하는 양 : 기준량
: 7

Level 1.2
10차시

3. 다음은 무엇을 합니까? 비교하는 양을 확인하여 ':'의 왼쪽에 씁니다.

- 비교하는 양은 어떻게 찾습니까? △에 대한 □의 비로 나타냈을 때, □에 해당하는 수가 비교하는 양입니다.
- 안경을 끼는 남학생 수에 대한 안경이나 드림렌즈를 사용하지 않는 여학생 수의 비에서 □에 해당하는 수량은 무엇입니까? 안경이나 드림렌즈를 사용하지 않는 여학생 수가 □에 해당하는 수량입니다.
- 안경이나 드림렌즈를 사용하지 않는 여학생 수는 몇 명입니까? 안경이나 드림렌즈를 사용하지 않는 여학생 수는 6명이므로 6을 ':'의 왼쪽에 씁니다.

비교하는 양 : 기준량
6 : 7

→ 안경을 끼는 남학생 수에 대한 안경이나 드림렌즈를 사용하지 않는 여학생 수의 비는 6 : 7입니다.

4. 다음은 무엇을 합니까? 6과 7의 최대공약수로 두 수를 나누어 간단히 나타냅니다.

- 6과 7을 나눌 수 있는 공통약수는 무엇입니까? 6과 7은 공통약수가 1뿐인 서로소입니다.
- 6 : 7은 더 이상 간단히 나타낼 수 없으므로 6 : 7이 정답입니다.

아 그렇구나!

혼동되는 문제 다시 풀기

최다 오류를 반례로 제시하여 개념 및 기술 획득 강화

아 그렇구나! 에서는 비를 사용하여 두 수의 크기를 비교할 때 우리가 혼동스러워하는 문제를 함께 풀어 봅니다. 다음 문제를 풀 때 왜 실수가 많은지 그 이유를 함께 생각해 봅시다.

1 (아 그렇구나! 문제 1을 가리키며) 용돈 10,000원을 받아 6,000원은 쓰고 4,000원을 저축했을 때, 받은 용돈 금액에 대한 저축한 금액의 비를 구할 때 혼동되는 점은 무엇입니까?

⇨ 주어진 문제에는 기준량과 비교하는 양뿐 아니라 비를 구하는 데 필요하지 않은 수량값도 포함되어 있습니다. 기준량과 비교하는 양에 해당하는 적절한 수량을 선택하지 못하면 오답을 낼 수 있습니다. 기준량은 용돈 금액이고 비교하는 양은 저축한 금액이므로 비교하는 양 : 기준량은 4000 : 10000입니다. 간단히 나타내면 4000 : 10000 = 2 : 5입니다. 쓴 돈 6,000원은 비를 구하는 데 필요치 않은 수량입니다.

❷ (아 그렇구나! 문제 2를 가리키며) 자동차가 휘발유 5리터(L)로 35km를 달렸을 때, 사용된 휘발유에 대한 자동차가 달린 거리의 비를 계산할 때 혼동되는 점은 무엇입니까?

⇨ 지금까지 연습한 문제들에서는 기준량과 비교하는 수량의 단위가 같았는데(예: 학생 수, 성공 횟수와 실패 횟수), 주어진 문제는 기준량인 휘발유량의 단위는 리터(L)이고 비교하는 양인 자동차가 달린 거리의 단위는 km이므로 당황하는 경우가 있습니다. 사용된 휘발유량에 대한 자동차가 달린 거리의 비는 35 : 5, 즉 7 : 1입니다.

❸ (아 그렇구나! 문제 3을 가리키며) 가로가 3cm, 세로가 5cm인 직사각형이 있을 때, 세로의 길이에 대한 직사각형 면적의 비를 구할 때 혼동되는 점은 무엇입니까?

⇨ 주어진 문제에는 비교하는 양이 나와 있지 않습니다. 주어진 정보를 이용하여 비교하는 양인 직사각형의 면적을 구한 후, 세로의 길이에 대한 직사각형 면적의 비를 구해야 합니다. 비교하는 양인 직사각형의 면적은 $3\text{cm} \times 5\text{cm} = 15\text{cm}^2$이고 기준량은 세로의 길이 5cm이므로 세로의 길이에 대한 직사각형 면적의 비는 15 : 5, 즉 3 : 1입니다.

배움 체크하기

(배움 체크 리스트를 가리키며) 오늘 우리가 함께 공부한 것을 혼자서도 할 수 있는지 체크해 봅시다. 혼자서도 할 수 있으면 👍, 선생님의 도움이 더 필요하다면 ?에 동그라미로 표시하세요.

배움 체크 리스트	👍	?
1. 비교하는 수의 의미를 이해하고 찾을 수 있습니다.		
2. 기준량의 의미를 이해하고 찾을 수 있습니다.		
3. 두 수량의 비교는 비를 사용하여 나타낼 수 있다는 것을 이해하고 적용할 수 있습니다.		
4. A : B는 A가 B의 몇 배인가를 나타내고 A와 B의 비라고 한다는 것을 이해하고 적용할 수 있습니다.		
5. A : B에서 A는 비교하는 양, B는 기준량이라는 것을 이해하고 적용할 수 있습니다.		
6. A : B는 A의 B에 대한 비, B에 대한 A의 비, A와 B의 비라고 읽는 것을 이해하고 적용할 수 있습니다.		
7. 비교하는 양이나 기준량이 주어지지 않았을 때, 주어진 정보를 사용하여 그 값을 구해야 한다는 것을 이해하고 적용할 수 있습니다(예: 남학생 수가 12명, 여학생 수가 6명일 때 전체 학생 수에 대한 여학생의 수).		

혼자 풀기

(혼자 풀어 보는 문제 1~7을 제시하며) 오늘 배운 것을 기억하면서 문제를 혼자 풀어 보는 시간입니다. 내비게이션 1.10 을 사용하면 도움이 됩니다.

다음 물음에 답하시오.

1. 쌀 4컵에 물 3컵을 넣어 밥을 지으려 할 때, 물 : 쌀 = _____ : _____

2. 딸기 7개에 요구르트 2병을 넣어 딸기 주스를 만들려 할 때,

   요구르트 : 딸기 = _____ : _____

3. 남학생이 12명과 여학생이 10명 있을 때, 남학생 수에 대한 여학생 수의 비

4. 가로 4cm, 세로 9cm인 직사각형이 있을 때, 가로에 대한 세로의 비

5. 두발자전거 3대와 자동차 3대가 있을 때, 자전거 바퀴 수에 대한 자동차 바퀴 수의 비

6. 남학생이 13명, 여학생이 12명 있을 때, 전체 학생 수에 대한 여학생 수의 비

7. 가로 4cm, 세로 9cm, 넓이 36cm^{2}인 직사각형이 있을 때, 직사각형의 넓이에 대한 세로의 비

채점 및 오답 분석

학생이 쓴 답을 기재하고, 오답인 경우 중재 결정표 에서 가능한 오류 원인을 1~8 중에서 골라 번호로 기재합니다. 기타 원인 때문에 오답이 발생했을 경우, 구체적으로 어떤 이유인지 기재합니다. 가능한 오답의 원인을 모두 기재합니다.

혼자 풀어 보는 문제	정답	학생이 쓴 답	오답 원인
1. 쌀 4컵에 물 3컵을 넣어 밥을 지으려 할 때, 물 : 쌀	3 : 4		
2. 딸기 7개에 요구르트 2병을 넣어 딸기 주스를 만들려 할 때, 요구르트 : 딸기	2 : 7		
3. 남학생이 12명, 여학생이 10명 있을 때, 남학생에 대한 여학생의 비	10 : 12 = 5 : 6		
4. 가로 4cm, 세로 9cm인 직사각형이 있을 때, 가로에 대한 세로의 비	9 : 4		
5. 두발자전거 3대와 자동차 3대가 있을 때, 자전거 바퀴 수에 대한 자동차 바퀴 수	12 : 6 = 2 : 1		
6. 남학생이 13명, 여학생이 12명 있을 때, 전체 학생 수에 대한 여학생의 비	12 : 25		
7. 가로 4cm, 세로 9cm, 넓이 $36cm^2$인 직사각형이 있을 때, 직사각형의 넓이에 대한 세로의 비	9 : 36 = 1 : 4		
	정답 개수	/ 7	

Level 1.2
10차시

중재 결정표

오답 원인을 분석하여 차후 중재를 결정하세요.

오답 원인	발생 빈도	최다 발생 오류	중재 결정
1. 사전 지식 및 기술(나눗셈을 이용한 두 수량의 비교, 표에서 필요한 정보 찾기)			
2. 용어나 문제 이해 부족(비교하는 양, 기준량, 비)			
3. 두 수량을 비를 사용하여 비교할 때는 비교하는 양 : 기준량으로 나타낸다는 것의 이해와 적용의 어려움			
4. 주어진 정보에서 비교하는 양이나 기준량을 찾는 방법의 이해와 적용의 어려움			
5. A : B는 B에 대한 A의 비라 읽는다는 것의 이해와 적용의 어려움			
6. 비교하는 양이나 기준량이 주어지지 않아 주어진 정보를 사용하여 구해야 할 때 절차의 이해와 적용의 어려움			
7. 부주의/계산 실수			
8. 기타(구체적 원인 기재하기)			

가장 흔한 오답 원인	1과 2 중 하나	3, 4, 5, 6 중 하나	7
	AND	AND	OR
오답률	오답이 2개 이상	오답이 2개 이상	오답이 2개 미만
다음 중재	브리지(Bridge)	동 차시 반복	다음 차시

브리지(Bridge) 차시

- 자연수의 나눗셈
- 분수의 의미 복습

11차시

비율의 뜻

[내비게이션 1.11] 비율(비)을 사용하여 두 수를 비교하기

△에 대한	□의 비율
기준량	비교하는 양
→ 비율 $= \dfrac{\text{비교하는 양}}{\text{기준량}} = \dfrac{\square}{\triangle}$	

	순서	예 (캠프에 참석한 학생 수가 40명이고 캠프에 참석하지 않은 학생 수가 20명일 때, 캠프에 참석한 학생 수에 대한 캠프에 참석하지 않은 학생 수의 비율)
❶	구해야 할 비율을 △에 대한 □의 비의 형태로 쓰기	• △에 대한 □의 **비율** → 캠프에 참석한 학생 수에 대한 **캠프에 참석하지 않은 학생 수의 비율**
❷	기준량과 **비교하는 양** 구하기 △에 대한 □의 **비율**에서 △에 해당하는 수가 기준량이고 □에 해당하는 수가 **비교하는 양**	• 기준량 → △에 대한 □의 **비율**에서 △에 해당하는 수량은 캠프에 참석한 학생 수 40명 • **비교하는 양** → △에 대한 □의 **비율**에서 □에 해당하는 수는 캠프에 참석하지 않은 학생 수 20명
❸	**비교하는 양**을 기준량으로 나누어 분수나 소수로 나타내기	〈비율〉 $\dfrac{\text{비교하는 양}}{\text{기준량}} = \dfrac{\square}{\triangle} = \dfrac{20}{40} = \dfrac{1}{2}$ 또는 0.5가 캠프에 참석한 학생 수에 대한 캠프에 참석하지 않은 학생 수의 비율

차시 목표 비율(비)의 뜻을 알고 두 수를 비율을 사용하여 비교할 수 있다.

사전 지식 두 수의 나눗셈, 표로 나타낸 정보 읽기, 비의 뜻, 두 수를 비로 나타내기, 분수의 나눗셈, 기준량과 비교하는 양의 이해

준비물 1단계 11차시 학생용 교재, **내비게이션 1.11**

흔한 오류

1. 비교하는 양과 기준량의 의미를 이해하지 못하여 비교하는 양과 기준량을 바꿔 쓴다.
   - 오류 예: 남학생 3명과 여학생 5명이 있을 때, 남학생에 대한 여학생의 비율을 $\frac{3}{5}$이라 답한다.
2. 두 수를 비교하여 비율로 나타냈을 때, 그 의미를 정확히 이해하지 못한다.
   - 오류 예: $\frac{3}{5}$과 $\frac{5}{3}$가 같다고 생각한다.
3. 비교하는 양이나 기준량이 주어지지 않아 주어진 정보를 사용하여 구해야 할 때 어려움을 보인다.
   - 오류 예: 직사각형의 가로와 세로의 길이가 주어지고 직사각형의 면적에 대한 가로 길이의 비율을 구해야 할 때, 직사각형의 가로 길이와 세로 길이의 비율을 구한다.
4. 두 수량을 비교하는 표를 보고 비율로 나타내야 할 때, 필요한 수량을 찾는 데 어려움을 겪는다.
   - 오류 예: 각 초등학교별 남학생, 여학생 수를 비교한 표를 보고 A초등학교의 남학생 수와 B초등학교의 여학생 수를 비율로 나타내야 할 때, A초등학교의 남학생 수와 여학생 수를 비율로 나타내거나 A초등학교의 남학생 수와 B초등학교의 남학생 수의 비율을 구한다.

사전평가

처음 두 문제는 가장 필수적인 사전 지식에 대한 이해를 묻고, 3번부터 7번까지는 차시 목표인 개념과 기술의 이해를 묻습니다.

다음 물음에 답하시오.

1. 쌀 4컵에 물 3컵을 넣어 밥을 지으려 할 때, 쌀 양에 대한 물 양의 비를 나타내시오.
2. 가로 4cm, 세로 9cm인 직사각형이 있을 때, 가로에 대한 세로의 비를 나타내시오.
3. 남학생이 12명과 여학생이 10명 있을 때, 남학생 수에 대한 여학생 수의 비율을 분수와 소수로 나타내시오.
4. 퀴즈 대회 참가자 180명 중 예선 통과자가 120명일 때, 퀴즈 대회 참가자에 대한 예선 통과자의 비율을 분수와 소수로 나타내시오.
5. 기차역에서 해수욕장까지의 거리가 5km이고 버스역에서 해수욕장까지의 거리가 3km일 때, 기차역–해수욕장의 거리에 대하여 버스역–해수욕장 거리의 비율을 분수와 소수로 나타내시오.
6. 2시간에 100km를 달리는 자동차의 속도(시간에 대한 거리의 비율)를 분수와 소수로 나타내시오.
7. 가로 6cm, 세로 8cm인 직사각형이 있을 때, 직사각형의 넓이에 대한 세로의 비율을 분수와 소수로 나타내시오.

정 답

1. 물 : 쌀 = 3 : 4
2. 세로 : 가로 = 9 : 4
3. $\frac{\text{여학생 수}}{\text{남학생 수}} = \frac{10}{12} = \frac{5}{6} = 0.8333$
4. $\frac{\text{예선 통과자 수}}{\text{퀴즈 참가자 수}} = \frac{120}{180} = \frac{2}{3} = 0.6667$
5. $\frac{\text{버스역까지 거리}}{\text{기차역까지 거리}} = \frac{3}{5} = 0.6$
6. $\frac{\text{거리}}{\text{시간}} = \frac{100}{2} = 50$
7. $\frac{\text{세로}}{\text{넓이}} = \frac{8}{48} = \frac{1}{6} = 0.1666$

접속하기

차시 목표 및 개념 설명

오늘은 두 수량을 비율을 사용하여 비교하는 방법을 배우려 합니다. 먼저, 이번 차시에서 많이 사용될 개념과 기술을 정리해 봅시다.

1. 비란 무엇입니까? 두 수량을 ':' 기호를 사용하여 ':' 왼쪽에 있는 수가 오른쪽에 있는 수의 몇 배인지를 비교하는 방법을 말합니다. ':' 오른쪽에 있는 양을 기준량, 왼쪽에 있는 양을 비교하는 양이라고 합니다. 예를 들어, 의자가 3개 있는 방에 학생이 6명 있는 상황은 두 가지 방법으로 나타낼 수 있습니다.

   1) 의자 수가 기준량일 때–학생 수 : 의자 수, 즉 6 : 3이 의자 수에 대한 학생 수의 비입니다.

   2) 학생 수가 기준량일 때–의자 수 : 학생 수, 즉 3 : 6이 학생 수에 대한 의자 수의 비입니다.

비교하는 양 : 기준량

2. 비를 사용하여 두 수를 비교하는 방법을 알아봅시다. 예를 들어, 캠프에 참석한 학생 수가 30, 캠프에 참석하지 않은 학생 수가 20명일 때, 캠프에 참석한 학생 수에 대한 캠프에 참석하지 않은 학생의 비를 구하려면,

   1) 구해야 할 비를 △에 대한 □의 비의 형태로 씁니다.

△에 대한 **□의 비**
캠프에 참석한 학생 수에 대한 **캠프에 참석하지 않은 학생 수의 비**

   캠프에 참석한 학생 수에 대한 캠프에 참석하지 않은 학생의 비를 구해야 합니다.

   2) 먼저, 기준량을 확인하고 ':' 오른쪽에 씁니다.

   △에 대한 **□의 비**에서 △에 해당하는 수가 기준량입니다. 캠프에 참석한 학생 수에

대한 캠프에 참석하지 않은 학생의 비를 구해야 하므로, 캠프에 참석한 학생 수가 기준량입니다. 30을 ':' 오른쪽에 씁니다.

비교하는 양 : 기준량
: 30

3) 비교하는 양을 확인하고 ':' 왼쪽에 씁니다.

△에 대한 □의 비에서 □에 해당하는 수가 기준량입니다. 캠프에 참석한 학생 수에 대한 캠프에 참석하지 않은 학생 수의 비를 구해야 하므로, 캠프에 참석하지 않은 학생 수가 비교하는 양입니다. 20을 ':' 왼쪽에 씁니다.

비교하는 양 : 기준량
20 : 30

4) 두 수의 최대공약수로 두 수를 나눕니다. 20과 30의 최대공약수는 10이므로 20 : 30 $= \frac{20}{10} : \frac{30}{10} = 2 : 3$입니다.

3. 비율이란 무엇입니까? 비율은 비에서 비교하는 양을 기준량으로 나눈 값을 말합니다. 비율은 분수로 나타내거나 소수로 나타낼 수 있습니다.

$$\text{비율} = \frac{\text{비교하는 양}}{\text{기준량}}$$

Level 1.2
11차시

4. 비율을 사용하여 두 수를 비교하는 방법을 알아봅시다. 예를 들어, 캠프에 참석한 학생 수가 40명이고 캠프에 참석하지 않은 학생 수가 20명일 때, 캠프에 참석한 학생 수에 대한 캠프에 참석하지 않은 학생 수의 비율을 구하려면,

1) 구해야 할 비를 **△에 대한 □의 비율**의 형태로 씁니다.

△에 대한 □의 비율
캠프에 참석한 학생 수에 대한 : 캠프에 참석하지 않은 학생 수의 비율

2) 기준량과 비교하는 양을 구합니다.

(1) △에 대한 □의 비율에서 △에 해당하는 수가 **기준량**입니다. 캠프에 참석한 학생 수 40명이 기준량입니다.

(2) △에 대한 □의 비율에서 □에 해당하는 수가 **비교하는 양**입니다. 캠프에 참석하지 않은 학생 수 20명이 비교하는 양입니다.

3) **비교하는 양**을 **기준량**으로 나눕니다.

비교하는 양인 20을 기준량인 40으로 나누면,

비율 $= \dfrac{\text{비교하는 양}}{\text{기준량}} = \dfrac{□}{△} = \dfrac{20}{40} = \dfrac{1}{2}$ 또는 0.5가 캠프에 참석한 학생 수에 대한 캠프에 참석하지 않은 학생 수의 비율입니다.

△에 대한 □의 비율 → $\dfrac{\text{□의 비율}}{\text{△에 대한}}$

보여 주기

개념 및 기술 교수, 개념 및 기술 예시 제시, 보는 수학 내비게이션을 이용한 교사 모델링

(내비게이션 1.11 을 보여 주며) 비율을 사용하여 두 수를 비교하는 방법을 다시 한번 정리해 봅시다. 첫째, 구해야 할 비를 △에 대한 □의 비의 형태로 씁니다. 둘째, △에 해당하는 수량인 기준량과 □에 해당하는 수량인 비교하는 양을 구합니다. 셋째, 비교하는 양을 기준량으로 나누어 분수나 소수의 형태로 비율을 나타냅니다. 비율을 사용하여 두 수를 비교하는 방법을 사용하여 다음 문제를 풀어 봅시다.

① (보여 주는 문제 1을 보여 주며) 쌀 6컵에 완두콩 2컵을 넣어 완두콩밥을 지으려 할 때, 쌀의 양에 대한 완두콩 양의 비율을 구하시오.

1. 구해야 할 비를 △에 대한 □의 **비율**의 형태로 씁니다.
   - △에 대한 □의 비율
   - 쌀의 양에 대한 완두콩 양의 비율

2. 기준량과 비교하는 양을 구합니다.
   - △에 대한 □의 비에서 △에 해당하는 수가 **기준량**입니다.
     → 쌀 6컵이 기준량입니다.
   - △에 대한 □의 비에서 □에 해당하는 수가 **비교하는 양**입니다.
     → 완두콩 2컵이 비교하는 양입니다.

3. **비교하는 양을 기준량으로 나눕니다.**
   - 비교하는 양인 2를 기준량인 6으로 나누면,
     → 비율 $= \dfrac{\text{비교하는 양}}{\text{기준량}} = \dfrac{\square}{\triangle} = \dfrac{2}{6} = \dfrac{1}{3}$ 또는 0.333이 쌀의 양에 대한 완두콩 양의 비율입니다.

❷ (보여 주는 문제 2를 보여 주며) 2시간에 100km를 달리는 자동차의 시간에 대한 거리의 비율(속도)을 구하시오.

1. 구해야 할 비를 △에 대한 □의 **비율**의 형태로 씁니다.
   - △에 대한 □의 비율
   - 시간에 대한 거리의 비율

2. 기준량과 비교하는 양을 구합니다.
   - △에 대한 □의 비에서 △에 해당하는 수가 **기준량**입니다.
     → 자동차가 달린 시간인 2시간이 기준량입니다.
   - △에 대한 □의 비에서 □에 해당하는 수가 **비교하는 양**입니다.
     → 자동차가 달린 거리인 100km가 비교하는 양입니다.

3. **비교하는 양**을 **기준량**으로 나눕니다.
   - 비교하는 양인 100을 기준량인 2로 나누면,
     → 비율 $= \frac{\text{비교하는 양}}{\text{기준량}} = \frac{□}{△} = \frac{100}{2} = 50$이 자동차가 달린 시간에 대한 거리의 비율(속도)입니다.

❸ (보여 주는 문제 3을 보여 주며) **다음 표를 보고, 개를 키우는 학생 수에 대한 기타 애완동물을 키우는 학생 수의 비율을 구하시오.**

	고양이	개	기타 애완동물	애완동물을 키우지 않는 학생
학생 수	5	12	3	7

1. 구해야 할 비를 △에 대한 □의 **비율**의 형태로 씁니다.
   - △에 대한 □의 비율
   - 개를 키우는 학생 수에 대한 기타 애완동물을 키우는 학생 수의 비율

2. 기준량과 비교하는 양을 구합니다.

- △에 대한 □의 비에서 △에 해당하는 수가 **기준량**입니다.

  → 개를 키우는 학생 수인 12명이 기준량입니다.

- △에 대한 □의 비에서 □에 해당하는 수가 **비교하는 양**입니다.

  → 기타 애완동물을 키우는 학생 수인 3이 비교하는 양입니다.

3. **비교하는 양**을 기준량으로 나눕니다.

- 비교하는 양인 3을 기준량인 12로 나누면,

  → 비율 $= \dfrac{\text{비교하는 양}}{\text{기준량}} = \dfrac{\square}{\triangle} = \dfrac{3}{12} = \dfrac{1}{4}$ 또는 0.25가 개를 키우는 학생 수에 대한 기타 애완동물을 키우는 학생 수의 비율입니다.

Level 1.2
11차시

함께 풀기

(내비게이션 1.11 을 보여 주며) 문제를 풀기 전에, 비율을 사용하여 두 수를 비교하는 방법을 다시 한번 정리해 봅시다. 첫째, 구해야 할 비를 **△에 대한 □**의 비의 형태로 씁니다. 둘째, △에 해당하는 수량인 기준량과 □에 해당하는 수량인 비교하는 양을 구합니다. 셋째, 비교하는 양을 기준량으로 나누어 분수나 소수의 형태로 비율을 나타냅니다. 비율을 사용하여 두 수를 비교하는 방법을 사용하여 다음 문제를 풀어 봅시다.

1 (함께 풀어 보는 문제 1을 가리키며) 물 6컵에 라면 두 봉지를 끓였을 경우, 라면 개수에 대한 물의 비율을 구하시오.

1. 비율을 사용하여 두 수를 비교하려면 가장 먼저 무엇을 해야 합니까? 구해야 할 비를 **△에 대한 □의 비율**의 형태로 씁니다.
   - 구해야 할 비율은 무엇입니까? 라면 개수에 대한 물의 비율을 구해야 합니다.

     → **△에 대한 □의 비율**

     → **라면 개수에 대한 물의 비율**

2. 다음은 무엇을 합니까? 기준량과 비교하는 양을 구합니다.
   - **기준량**은 어떻게 구합니까? **△에 대한 □의 비**에서 △에 해당하는 수가 **기준량**입니다.
   - △에 해당하는 수량은 무엇입니까? 라면 개수 2봉지가 △에 해당하는 수량, 즉 기준량입니다.
   - **비교하는 양**은 어떻게 구합니까? **△에 대한 □의 비**에서 □에 해당하는 수가 **비교하는 양**입니다.
   - □에 해당하는 수량은 무엇입니까? 물의 양 6컵이 □에 해당하는 수량, 즉 비교하는 양입니다.

3. 다음은 무엇을 합니까? **비교하는 양**을 **기준량**으로 나눕니다.

- 비교하는 양인 6을 기준량인 2으로 나누면 어떻게 됩니까?

  비율 $= \dfrac{\text{비교하는 양}}{\text{기준량}} = \dfrac{\square}{\triangle} = \dfrac{6}{2} = 3$이 라면 개수에 대한 물의 양의 비율입니다.

❷ (함께 풀어 보는 문제 2를 가리키며) 인형 뽑기에서 4번은 성공하고 8번은 실패했을 경우, 인형 뽑기에서 실패한 횟수에 대한 성공한 횟수의 비율를 구하시오.

1. 비율을 사용하여 두 수를 비교하려면 가장 먼저 무엇을 해야 합니까? 구해야 할 비를 △**에 대한** □의 **비율**의 형태로 씁니다.

- 구해야 할 비율은 무엇입니까? 인형 뽑기에서 실패한 횟수에 대한 성공한 횟수의 비율을 구해야 합니다.

  → △에 대한 □의 비율

  → **인형 뽑기에서 실패한 횟수에 대한 성공한 횟수의 비율**

2. 다음은 무엇을 합니까? 기준량과 비교하는 양을 구합니다.

- **기준량**은 어떻게 구합니까? △**에 대한** □의 비에서 △에 해당하는 수가 **기준량**입니다.
- △에 해당하는 수량은 무엇입니까? 인형 뽑기에서 실패한 횟수인 8이 △에 해당하는 수량, 즉 기준량입니다.
- **비교하는 양**은 어떻게 구합니까? △**에 대한** □의 비에서 □에 해당하는 수가 **비교하는 양**입니다.
- □에 해당하는 수량은 무엇입니까? 인형 뽑기에서 성공한 횟수인 4가 □에 해당하는 수량, 즉 비교하는 양입니다.

3. 다음은 무엇을 합니까? 비교하는 양을 기준량으로 나눕니다.

- 비교하는 양인 4를 기준량인 8로 나누면, 어떻게 됩니까?

  비율 $= \dfrac{\text{비교하는 양}}{\text{기준량}} = \dfrac{\square}{\triangle} = \dfrac{4}{8} = \dfrac{1}{2}$ 또는 0.5가 인형 뽑기에서 실패한 횟수에 대한 성공한 횟수의 비율입니다.

3 (함께 풀어 보는 문제 3을 가리키며) **다음 표를 보고, 안경을 낀 남학생 수에 대한 드림렌즈를 낀 여학생 수의 비율를 구하시오.**

	안경을 끼는 학생	드림렌즈를 끼는 학생	안경이나 드림렌즈를 사용하지 않는 학생
남학생 수	10	1	4
여학생 수	4	8	3

1. 비율을 사용하여 두 수를 비교하려면 가장 먼저 무엇을 해야 합니까? 구해야 할 비를 △에 대한 □의 **비율**의 형태로 씁니다.

- 구해야 할 비율은 무엇입니까? 안경을 낀 남학생 수에 대한 드림렌즈를 낀 여학생 수의 비율을 구해야 합니다.

  → △에 대한 □의 비율

  → 안경을 낀 남학생 수에 대한 **드림렌즈를 낀 여학생 수의 비율**

2. 다음은 무엇을 합니까? 기준량과 비교하는 양을 구합니다.

- 기준량은 어떻게 구합니까? △에 대한 □의 비에서 △에 해당하는 수가 기준량입니다.
- △에 해당하는 수량은 무엇입니까? 안경을 낀 남학생 10명이 △에 해당하는 수량, 즉 기준량입니다.
- **비교하는 양**은 어떻게 구합니까? △에 대한 □의 비에서 □에 해당하는 수가 **비교하는 양**입니다.

- □에 해당하는 수량은 무엇입니까? 드림렌즈를 낀 여학생 수인 8이 □에 해당하는 수량, 즉 비교하는 양입니다.

3. 다음은 무엇을 합니까? **비교하는 양**을 **기준량**으로 나눕니다.

- 비교하는 양인 8을 기준량인 10으로 나누면, 어떻게 됩니까?

  비율 $= \dfrac{\text{비교하는 양}}{\text{기준량}} = \dfrac{\square}{\triangle} = \dfrac{8}{10} = \dfrac{4}{5}$ 또는 0.8이 안경을 낀 남학생 수에 대한 드림렌즈를 낀 여학생 수의 비율입니다.

Level 1.2
11차시

아 그렇구나!

혼동되는 문제 다시 풀기
최다 오류를 반례로 제시하여 개념 및 기술 획득 강화

아 그렇구나! 에서는 비율을 사용하여 두 수의 크기를 비교할 때 우리가 혼동스러워하는 문제를 함께 풀어 봅니다. 다음 문제를 풀 때 왜 실수가 많은지 그 이유를 함께 생각해 봅시다.

1 (아 그렇구나! 문제 1을 가리키며) 자두 10개를 2,000원에 파는 가게와 자두 12개를 3,000원에 파는 가게가 있을 때, 어느 가게가 자두를 더 싸게 파는 것인지 자두에 대한 가격의 비율을 사용하여 결정하라는 문제를 풀 때 혼동되는 점은 무엇입니까?

⇨ 주어진 문제를 풀기 위해서는 자두에 대한 가격의 비율을 가게별로 계산하여 둘 중 더 싼 가격(자두에 대한 가격의 비율이 더 낮은 가게)에 자두를 파는 가게를 선택하여야 합니다. 자두 10개를 2,000원에 파는 가게의 자두에 대한 가격의 비율은 $\frac{2000}{10} = \frac{200}{1} = 200$이고, 자두 12개를 3,000원에 파는 가게의 자두에 대한 가격의 비율은 $\frac{3000}{12} = \frac{250}{1} = 250$입니다. 자두에 대한 가격의 비율이 더 작은 가게가 더 싸게 파는 가게이므로 자두 10개를 2,000원에 파는 가게가 자두를 더 싸게 파는 가게라고 결정할 수 있습니다.

❷ (아 그렇구나! 문제 2를 가리키며) 두 시간에 120km를 달리는 자동차와 4시간에 150km를 달리는 자동차가 있을 때, 어떤 자동차가 더 빨리 달리는 것인지 걸린 시간에 대한 거리의 비율을 사용하여 결정해야 할 때 혼동되는 점은 무엇입니까?

⇨ 주어진 문제를 풀기 위해서는 자동차별로 달린 시간에 대한 달린 거리의 비율(속도)을 계산하여 속도가 더 빠른(큰) 자동차를 선택해야 합니다. 두 시간에 120km를 달린 자동차의 시간에 대한 거리의 비율은 $\frac{120}{2} = \frac{60}{1} = 60$이고, 4시간에 150km를 달린 자동차의 시간에 대한 거리의 비율은 $\frac{150}{40} = 37.5$입니다. 속도가 더 빠른 자동차는 두 시간에 120km를 달린 자동차입니다.

❸ (아 그렇구나! 문제 3을 가리키며) 가로가 3cm, 세로가 5cm인 직사각형이 있을 때, 세로의 길이에 대한 직사각형 면적의 비율을 구할 때 혼동되는 점은 무엇입니까?

⇨ 지금까지 연습한 문제들은 기준량과 비교하는 수량 정보를 포함하고 있었는데, 주어진 문제에서는 비교하는 양인 직사각형의 면적이 주어지지 않아 계산해서 구해야 합니다. 비교하는 양인 직사각형의 면적은 $3cm \times 5cm = 15cm^2$이고 기준량은 세로의 길이 5cm이므로 세로의 길이에 대한 직사각형 면적의 비율은 $\frac{15}{5} = \frac{3}{1} = 3$입니다.

배움 체크하기

(배움 체크 리스트 를 가리키며) 오늘 우리가 함께 공부한 것을 혼자서도 할 수 있는지 체크해 봅시다. 혼자서도 할 수 있으면 , 선생님의 도움이 더 필요하다면 ?에 동그라미로 표시하세요.

배움 체크 리스트		?
1. 비교하는 수의 의미를 이해하고 찾을 수 있습니다.		
2. 기준량의 의미를 이해하고 찾을 수 있습니다.		
3. 두 수량의 비교는 비율을 사용하여 나타낼 수 있다는 것을 이해하고 적용할 수 있습니다.		
4. 두 수량의 비율은 비교하는 양을 기준량으로 나눈 값이라는 것을 이해하고 적용할 수 있습니다.		
5. 비율을 계산할 때는 구해야 할 비를 A에 대한 B의 비율로 나타낸 후, A는 기준량, B는 비교하는 양으로 선택한다는 것을 이해하고 적용할 수 있습니다.		
6. 비율은 분수나 소수로 나타낼 수 있음을 이해하고 적용할 수 있습니다.		
7. 비교하는 양이나 기준량이 문제에 주어지지 않았을 경우, 주어진 정보를 이용하여 비교하는 양이나 기준량을 구한 후 비율을 구할 수 있다는 것을 이해하고 적용할 수 있습니다(예: 남학생 수가 12명, 여학생 수가 6명일 때 전체 학생 수에 대한 여학생의 수의 비율을 구하기 위해 전체 학생 수를 계산하여 기준량으로 둔다).		

혼자 풀기

(혼자 풀어 보는 문제 1~7을 제시하며) 오늘 배운 것을 기억하면서 문제를 혼자 풀어 보는 시간입니다. 내비게이션 1.11 을 사용하면 도움이 됩니다.

다음 물음에 답하시오.

1. 쌀 4컵에 물 3컵을 넣어 밥을 지으려 할 때, 쌀 양에 대한 물 양의 비를 나타내시오.

2. 가로 4cm, 세로 9cm인 직사각형이 있을 때, 가로에 대한 세로의 비를 나타내시오.

3. 남학생이 12명과 여학생이 10명 있을 때, 남학생 수에 대한 여학생 수의 비율을 분수와 소수로 나타내시오.

4. 퀴즈 대회 참가자 180명 중 예선 통과자가 120명일 때, 퀴즈 대회 참가자에 대한 예선 통과자의 비율을 분수와 소수로 나타내시오.

5. 기차역에서 해수욕장까지의 거리가 5km이고 버스역에서 해수욕장까지의 거리가 3km일 때, 기차역–해수욕장의 거리에 대하여 버스역–해수욕장 거리의 비율을 분수와 소수로 나타내시오.

6. 2시간에 100km를 달리는 자동차의 속도(시간에 대한 거리의 비율)를 분수와 소수로 나타내시오.

7. 가로 6cm, 세로 8cm인 직사각형이 있을 때, 직사각형의 넓이에 대한 세로의 비율을 분수와 소수로 나타내시오.

채점 및 오답 분석

학생이 쓴 답을 기재하고, 오답인 경우 중재 결정표 에서 가능한 오류 원인을 1~8 중에서 골라 번호로 기재합니다. 기타 원인 때문에 오답이 발생했을 경우, 구체적으로 어떤 이유인지 기재합니다. 가능한 오답의 원인을 모두 기재합니다.

혼자 풀어 보는 문제	정답	학생이 쓴 답	오답 원인
1. 쌀 4컵에 물 3컵을 넣어 밥을 지으려 할 때, 쌀 양에 대한 물 양의 비	3 : 4		
2. 가로 4cm, 세로 9cm인 직사각형이 있을 때, 가로에 대한 세로의 비	9 : 4		
3. 남학생이 12명과 여학생이 10명 있을 때, 남학생에 대한 여학생의 비율	$\frac{10}{12} = \frac{5}{6}$ 또는 0.833		
4. 퀴즈 대회 참가자 180명 중 예선 통과자가 120명일 때, 퀴즈 대회 참가자에 대한 예선 통과자의 비율	$\frac{120}{180} = \frac{2}{3}$ 또는 0.666		
5. 기차역에서 해수욕장까지의 거리가 5km이고 버스역에서 해수욕장까지의 거리가 3km일 때, 기차역-해수욕장의 거리에 대한 버스역-해수욕장 거리의 비율	$\frac{3}{5}$ 또는 0.6		
6. 2시간에 100km를 달리는 자동차의 속도(시간에 대한 거리의 비율)	$\frac{100}{2}$ 또는 50		
7. 가로 6cm, 세로 8cm인 직사각형이 있을 때, 직사각형의 넓이에 대한 세로의 비율	$\frac{8}{48} = \frac{1}{6}$ 또는 0.166		
	정답 개수	/ 7	

중재 결정표

오답 원인을 분석하여 차후 중재를 결정하세요.

오답 원인	발생 빈도	최다 발생 오류	중재 결정
1. 사전 지식 및 기술(나눗셈을 이용한 두 수량의 비교, 표에서 필요한 정보 찾기, 두 수의 비 구하기, 분수의 나눗셈)			
2. 용어나 문제 이해 부족(비교하는 양, 기준량, 비, 비율)			
3. 두 수량을 비율을 사용하여 비교할 때는 비교하는 양을 기준량으로 나눈다는 것의 이해와 적용의 어려움			
4. 주어진 문제에서 비교하는 양이나 기준량을 이해하고 결정하는 것의 어려움			
5. 비율을 분수나 소수로 나타낼 수 있다는 것의 이해와 적용의 어려움			
6. 비교하는 양이나 기준량이 주어지지 않아 주어진 정보를 사용하여 구해야 할 때 절차의 이해와 적용의 어려움			
7. 부주의/계산 실수			
8. 기타(구체적 원인 기재하기)			

가장 흔한 오답 원인	1과 2 중 하나	3, 4, 5, 6 중 하나	7
	AND	AND	OR
오답률	오답이 2개 이상	오답이 2개 이상	오답이 2개 미만
다음 중재	브리지(Bridge)	동 차시 반복	다음 차시

브리지(Bridge) 차시
- 1.2차시
- 1.10차시

12차시

백분율 구하기

[내비게이션 1.12] 백분율 구하기

△ 중 □의 %

$$\rightarrow \text{백분율} = \frac{\text{비교하는 양}}{\text{기준량}} \times 100 = \frac{\square}{\triangle} \times 100\%$$

	순서	예 (캠프에 참석한 학생 100명 중 여학생이 40명 일 때, 캠프에 참석한 학생 중 여학생은 몇 %)
1	구해야 할 백분율을 △ 중 □의 **백분율**의 형태로 쓰기	• △ 중 □의 % → 캠프에 참석한 학생 중 **여학생 수의** %
2	기준량과 **비교하는 양** 구하기 △ 중 □의 %에서 △에 해당하는 수가 기준량이고 □에 해당하는 수가 **비교하는 양**	• 기준량 → △ 중 □의 %에서 △에 해당하는 수량은 캠프에 참석한 학생 수 100명 • **비교하는 양** → △ 중 □의 %에서 □에 해당하는 수는 여학생 수 40명
3	**비교하는 양**을 기준량으로 나눈 후, 100을 곱하고 %를 쓰기	백분율 $= \frac{\text{비교하는 양}}{\text{기준량}} \times 100$ $= \frac{40}{100} \times 100\%$ = 40%가 캠프에 참석한 학생 중 여학생의 백분율(%)

차시 목표 백분율의 의미를 이해하고 계산할 수 있다.

사전 지식 두 수의 나눗셈, 표로 나타낸 정보 읽기, 비의 뜻, 비율의 뜻, 비율로 나타내기, 분수의 나눗셈, 기준량과 비교하는 양의 이해

준비물 1단계 12차시 학생용 교재, **내비게이션 1.12**

흔한 오류

1. 비교하는 양과 기준량의 의미를 이해하지 못하여 비교하는 양과 기준량을 바꿔 쓴다.
   - 오류 예: 학생 10명 중 남학생이 3명 있을 때 전체 학생 중 남학생은 몇 %인지 구해야 하는 문제에서 전체 학생 중 남학생은 $\frac{10}{3} \times 100$%라 답한다.
2. 백분율을 구할 때 두 수를 비교한 비율에 100을 곱하지 않고 비율만 계산한다.
   - 오류 예: 학생 10명 중 남학생이 3명 있을 때 전체 학생 중 남학생은 몇 %인지 구해야 하는 문제에서 전체 학생 중 남학생은 $\frac{3}{10} = 0.3$%라 답한다.
3. 백분율을 구한 후 백분율 기호인 %를 쓰지 않는다.
4. 비교하는 양이나 기준량이 주어지지 않아 주어진 정보를 사용하여 구해야 할 때 어려움을 보인다.
   - 오류 예: 물 150g에 소금 50g을 넣은 소금물의 농도, 즉 소금물 중 소금의 백분율을 구해야 하는 문제를 풀 때 소금물의 농도는 $\frac{50}{150} \times 100 = 33.3$%라 답한다.
5. 100%가 넘는 백분율의 이해에 어려움을 보인다.
   - 오류 예: 평균 주행 속도가 50km인 고속도로에서 70km로 달리고 있을 때 이 자동차의 속도는 평균 주행 속도의 몇 %인가를 묻는 문제에서 $\frac{70}{50} \times 100 = 140$%라 답하지 않고 $\frac{50}{70} \times 100 = 71.4$%라 답한다.

사전평가

처음 두 문제는 가장 필수적인 사전 지식에 대한 이해를 묻고, 3번부터 7번까지는 차시 목표인 개념과 기술의 이해를 묻습니다.

다음 물음에 답하시오.

1. 퀴즈 대회 참가자 180명 중 예선 통과자가 120명일 때, 퀴즈 대회 참가자에 대한 예선 통과자의 비율을 분수와 소수로 나타내시오.
2. 2시간에 100km를 달리는 자동차의 속도(시간에 대한 거리의 비율)를 분수와 소수로 나타내시오.
3. 6학년 전체 200명 학생 중 50명이 방과후 테니스 교실에 참가했을 때, 방과후 테니스 교실에 참가한 학생은 6학년 학생의 몇 %입니까?
4. 우리 반 학생 25명 중 공포 영화를 좋아하는 학생은 10명입니다. 공포 영화를 좋아하는 학생은 우리 반 학생 전체의 몇 %입니까?
5. 20개의 농구공을 골대에 던졌을 때, 그중 8개가 성공했을 경우 성공률은 몇 %입니까?
6. 마트에서 한 개에 5,000원 하는 우유를 4,000원에 팔고 있다면, 현재 우유값은 정상가의 몇 %입니까?
7. 최근 건설한 고속도로에서 자동차의 표준 주행 속도는 시간당 80km인데 경훈 아빠의 자동차는 60km로 주행하고 있습니다. 경훈 아빠 자동차의 주행 속도는 표준 주행 속도의 몇 %입니까?

정답

1. $\frac{\text{예선 통과자 수}}{\text{퀴즈 참가자 수}} = \frac{120}{180} = \frac{2}{3} = 0.6667$
2. $\frac{\text{거리}}{\text{시간}} = \frac{100}{2} = 50$
3. $\frac{50}{200} \times 100\% = 25\%$
4. $\frac{10}{25} \times 100\% = 40\%$
5. $\frac{8}{20} \times 100\% = 40\%$
6. $\frac{4000}{5000} \times 100\% = 80\%$
7. $\frac{60}{80} \times 100\% = 75\%$

접속하기

차시 목표 및 개념 설명

오늘은 두 수량을 백분율을 사용하여 비교하는 방법을 배우려 합니다. 먼저, 이번 차시에서 많이 사용될 개념과 기술을 정리해 봅시다.

1. 비란 무엇입니까? 두 수량을 ':' 기호를 사용하여 ':' 왼쪽에 있는 수가 오른쪽에 있는 수의 몇 배인지를 비교하는 방법을 말합니다. ':' 오른쪽에 있는 양을 기준량, 왼쪽에 있는 양을 비교하는 양이라고 합니다. 예를 들어, 의자가 3개 있는 방에 학생이 6명 있는 상황은 두 가지 방법으로 나타낼 수 있습니다.

   1) 의자 수가 기준량일 때 – 학생 수 : 의자 수, 즉 6 : 3이 의자 수에 대한 학생 수의 비입니다.

   2) 학생 수가 기준량일 때 – 의자 수 : 학생 수, 즉 3 : 6이 학생 수에 대한 의자 수의 비입니다.

비교하는 양 : 기준량

2. 비율이란 무엇입니까? 비율은 비에서 비교하는 양을 기준량으로 나눈 값을 말합니다. 비율은 분수로 나타내거나 소수로 나타낼 수 있습니다.

$$\text{비율} = \frac{\text{비교하는 양}}{\text{기준량}}$$

3. 백분율이란 무엇입니까? 백분율은 기준량에 대한 비교하는 양의 비율에 100을 곱한 값을 말하고, % 기호를 사용하여 나타냅니다.

$$\text{백분율(\%)} = \frac{\text{비교하는 양}}{\text{기준량}} \times 100$$

4. 백분율을 사용하여 두 수를 비교하는 방법을 알아봅시다. 예를 들어, 캠프에 참석한 학생 100명 중 여학생이 40명일 때, 캠프에 참석한 학생 중 여학생은 몇 %인지 구하려면,

1) 구해야 할 백분율을 △ 중 □의 %의 형태로 씁니다.

→ △ 중 □의 %

→ 캠프에 참석한 학생 중 여학생의 %

2) **기준량**과 **비교하는 양**을 구합니다.

→ **기준량**은 △ 중 □의 %에서 △에 해당하는 수량입니다.

△ 중 □의 %에서 △에 해당하는 수량은 캠프에 참석한 전체 학생이므로 100이 기준량입니다.

→ **비교하는** 양은 △ 중 □의 %에서 □에 해당하는 수량입니다.

△ 중 □의 %에서 □에 해당하는 수량은 여학생 수이므로 여학생 수 40명이 비교하는 양입니다.

3) **비교하는 양**을 기준량으로 나눈 값(비율)에 100을 곱하고 %를 씁니다.

비교하는 양인 40을 기준량인 100으로 나누고 100을 곱하면,

백분율 $= \frac{\text{비교하는 양(부분)}}{\text{기준량(전체)}} \times 100 = \frac{40}{100} \times 100 = 40\%$가 캠프에 참석한 전체 학생 수에 대한 여학생 수의 백분율입니다.

Level 1.2
12차시

보여 주기

개념 및 기술 교수, 개념 및 기술 예시 제시, 보는 수학 내비게이션을 이용한 교사 모델링

(내비게이션 1.12 를 보여 주며) 백분율을 사용하여 두 수를 비교하는 방법을 다시 한번 정리해 봅시다. 첫째, 기준량과 비교하는 양을 구합니다. 둘째, 비율을 구한 후 100을 곱하고 %를 씁니다. 백분율을 사용하여 두 수를 비교하는 방법을 사용하여 다음 문제를 풀어 봅시다.

1 (보여 주는 문제 1을 보여 주며) 20km 코스를 달리는 마라톤 대회에 참가한 선수가 15km 지점을 막 통과했을 때, 이 선수가 지금까지 달린 거리는 완주 거리의 몇 %인지 구하시오.

1. 구해야 할 백분율을 △ 중 □의 %의 형태로 씁니다.
   - △ 중 □의 %
   - 완주 거리 중 선수가 달린 거리의 %

2. 기준량과 비교하는 양을 구합니다.
   - 기준량은 △ 중 □의 %에서 △에 해당하는 수량입니다.
   - △ 중 □의 %에서 △에 해당하는 수량은 완주 거리이므로 완주 거리인 20km가 기준량입니다.
   - 비교하는 양은 △ 중 □의 %에서 □에 해당하는 수량입니다.
   - △ 중 □의 %에서 □에 해당하는 수량은 선수가 달린 거리이므로 선수가 지금까지 달린 거리인 15km가 비교하는 양입니다.

3. 비교하는 양을 기준량으로 나눈 값(비율)에 100을 곱하고 %를 씁니다.
   - 비교하는 양인 15를 기준량인 20으로 나누고 100을 곱하면,

     백분율 $= \dfrac{\text{비교하는 양(부분)}}{\text{기준량(전체)}} \times 100 = \dfrac{15}{20} \times 100 = 75\%$가 마라톤 20km 코스 중 15km의 백분율입니다.

2 (보여 주는 문제 2를 보여 주며) **쌀 6컵에 완두콩 2컵을 넣어 완두콩밥을 지으려 할 때, 완두콩밥 중 완두콩은 몇 %인지 구하시오.**

1. 구해야 할 백분율을 △ 중 □의 %의 형태로 씁니다.
   - △ 중 □의 %
   - **완두콩밥 중 완두콩의 %**

2. **기준량**과 **비교하는 양**을 구합니다.
   - **기준량**은 △ 중 □의 %에서 △에 해당하는 수량입니다.
   - △ 중 □의 %에서 △에 해당하는 수량은 완두콩밥이므로 완두콩밥을 구성하는 두 곡물인 쌀과 완두콩을 합한 값입니다. 쌀 + 완두콩 = 6 + 2 = 8컵이 기준량입니다.
   - **비교하는 양**은 △ 중 □의 %에서 □에 해당하는 수량입니다.
   - △ 중 □의 %에서 □에 해당하는 수량은 완두콩의 수량이므로 완두콩 2컵이 비교하는 양입니다.

3. **비교하는 양**을 **기준량**으로 나눈 값(비율)에 100을 곱하고 %를 씁니다.
   - 비교하는 양인 2를 기준량인 8로 나누고 100을 곱하면,

     백분율 $= \dfrac{\textbf{비교하는 양(부분)}}{\textbf{기준량(전체)}} \times 100 = \dfrac{\mathbf{2}}{\mathbf{8}} \times 100 =$ **25**%가 완두콩밥에 들어 있는 완두콩의 백분율(%)입니다.

Level 1.2
12차시

3 (보여 주는 문제 3을 보여 주며) **다음 표는 다인이네 반 학생들이 어떤 애완동물을 키우고 있는지를 조사한 결과를 정리한 것이다. 다인이네 반 학생 중 개를 키우는 학생은 몇 %인지 구하시오.**

	고양이	개	기타 애완동물	애완동물을 키우지 않는 학생
학생 수	7	12	3	8

1. 구해야 할 백분율을 △ 중 □의 %의 형태로 씁니다.

- △ 중 □의 %
- 다인이네 반 학생 중 **개를 키우는 학생**의 %

2. **기준량**과 **비교하는 양**을 구합니다.

- **기준량**은 △ 중 □의 %에서 △에 해당하는 수량입니다.
- △ 중 □의 %에서 △에 해당하는 수량은 다인이네 반 학생이므로 조사에 참석한 모든 학생의 수를 합한 값입니다. 고양이를 키우는 학생 수 + 개를 키우는 학생 수 + 기타 애완동물을 키우는 학생 수 + 애완동물을 키우지 않는 학생 수 = 7 + 12 + 3 + 8 = 30명이 조사에 참석한 다인이네 반 학생 수입니다.
- **비교하는 양**은 △ 중 □의 %에서 □에 해당하는 수량입니다.
- △ 중 □의 %에서 □에 해당하는 수량은 개를 키우는 학생 수이므로 12명이 비교하는 양입니다.

3. 비교하는 양을 기준량으로 나눈 값(비율)에 100을 곱하고 %를 씁니다.

- 비교하는 양인 12를 기준량인 30으로 나누고 100을 곱하면,

백분율 $= \dfrac{\text{비교하는 양(부분)}}{\text{기준량(전체)}} \times 100 = \dfrac{12}{30} \times 100 =$ **40%**가 다인이네 반 전체 학생 중 개를 키우는 학생의 백분율(%)입니다.

함께 풀기

(내비게이션 1.12 를 보여 주며) 문제를 풀기 전에, 백분율을 사용하여 두 수를 비교하는 방법을 다시 한번 정리해 봅시다. 첫째, 구해야 할 백분율을 △ 중 □의 %의 형태로 씁니다. 둘째, △에 해당하는 수량인 기준량과 □에 해당하는 수량인 비교하는 양을 구합니다. 셋째, 비교하는 양을 기준량으로 나눈 값에 100을 곱해 주고 %를 써 줍니다. 다음 문제를 함께 풀어 봅시다.

1 (함께 풀어 보는 문제 1을 가리키며) **보릿가루 6컵에 콩가루 4컵을 섞어 미숫가루를 만들었을 경우, 미숫가루 중 보릿가루는 몇 %입니까?**

1. 백분율(%)을 사용하여 두 수를 비교하려면 가장 먼저 무엇을 해야 합니까?
   - 구해야 할 백분율을 △ 중 □의 %의 형태로 씁니다.
   - 구해야 할 백분율(%)은 무엇입니까? 미숫가루 중 보릿가루의 %를 구해야 합니다.

     → △ 중 □의 %

     → 미숫가루 중 **보릿가루의** %

2. 다음은 무엇을 합니까? 기준량과 **비교하는 양**을 구합니다.
   - 기준량은 어떻게 구합니까? 기준량은 △ 중 **□의** %에서 △에 해당하는 수량입니다.
   - 미숫가루 중 **보릿가루의** %에서 △에 해당하는 수량은 무엇입니까? 미숫가루입니다.
   - 미숫가루를 나타내는 수량은 얼마입니까? 미숫가루를 나타내는 수량은 문제에 포함되지 않았으므로, 주어진 정보인 보릿가루와 콩가루의 수량을 합하여 구해야 합니다.
   - 보릿가루와 콩가루를 합하면 얼마입니까? 6컵의 보릿가루와 4컵의 콩가루를 섞어 미숫가루를 만들었으므로 미숫가루는 총 10컵입니다.
   - 비교하는 양은 어떻게 구합니까? **비교하는 양**은 △ 중 **□의** %에서 □에 해당하는 수량입니다. 미숫가루 중 **보릿가루의** %에서 □에 해당하는 수량은 보릿가루의 수량이므로 6컵이 비교하는 양입니다.

3. 다음은 무엇을 합니까? **비교하는 양을 기준량으로 나눈 값(비율)에 100을 곱하고 %를 씁니다.**

- 비교하는 양인 6을 기준량인 10으로 나누고 100을 곱하면,

  백분율 $= \dfrac{\text{비교하는 양(부분)}}{\text{기준량(전체)}} \times 100 = \dfrac{6}{10} \times 100 = 60\%$가 미숫가루에 들어 있는 보릿가루의 백분율(%)입니다.

❷ (함께 풀어 보는 문제 2를 가리키며) 인형 뽑기에서 3번은 성공하고 9번은 실패했을 경우, 인형 뽑기에서 성공한 횟수의 %를 구하시오.

1. 백분율(%)을 사용하여 두 수를 비교하려면 가장 먼저 무엇을 해야 합니까?
   - 구해야 할 백분율을 △ 중 □의 %의 형태로 씁니다.
   - 구해야 할 백분율(%)은 무엇입니까? 인형 뽑기 중 성공한 횟수의 %를 구해야 합니다.

     → △ 중 □의 %

     → **인형 뽑기 중 성공한 횟수의 %**

2. 다음은 무엇을 합니까? **기준량과 비교하는 양을 구합니다.**
   - 기준량은 어떻게 구합니까? **기준량은 △ 중 □의 %에서 △에 해당하는 수량입니다.**
   - **인형 뽑기 중 성공한 횟수의 %에서 △에 해당하는 수량은 무엇입니까? 인형 뽑기를 한 횟수입니다.**
   - 인형 뽑기를 한 횟수를 나타내는 수량은 얼마입니까? 인형 뽑기를 한 횟수는 문제에 주어지지 않았으므로, 주어진 정보인 인형 뽑기에서 성공한 횟수와 실패한 횟수의 합을 구해야 합니다.
   - 인형 뽑기에서 성공한 횟수와 실패한 횟수를 합한 값은 얼마입니까? 3회의 성공과 9회의 실패를 합하면 12가 인형 뽑기를 시도한 횟수이고 기준량이 됩니다.

- 비교하는 양은 어떻게 구합니까? **비교하는 양은 △ 중 □의 %에서 □에 해당하는 수량입니다. 인형 뽑기 중 성공한 횟수의** %에서 □에 해당하는 수량은 성공한 횟수의 수량이므로 3회가 비교하는 양입니다.

3. 다음은 무엇을 합니까? **비교하는 양을 기준량으로** 나눈 값(비율)에 100을 곱하고 %를 씁니다.

- 비교하는 양인 3을 기준량인 12로 나누고 100을 곱하면,

백분율 $= \dfrac{\text{비교하는 양(부분)}}{\text{기준량(전체)}} \times 100 = \dfrac{3}{12} \times 100 = 25\%$가 인형 뽑기에서 성공한 횟수의 백분율(%)입니다.

3 (함께 풀어 보는 문제 3을 가리키며) **다음 표를 보고, 설문 조사에 참여한 전체 학생 중 안경을 낀 학생 수는 몇 %인지 구하시오.**

	안경을 낀 학생	드림렌즈를 낀 학생	안경이나 드림렌즈를 사용하지 않는 학생
남학생 수	10	1	4
여학생 수	5	7	3

1. 백분율(%)을 사용하여 두 수를 비교하려면 가장 먼저 무엇을 해야 합니까?

- 구해야 할 백분율을 △ 중 □의 %의 형태로 씁니다.
- 구해야 할 백분율(%)은 무엇입니까? 설문 조사에 참여한 전체 학생 중 안경을 낀 학생의 %를 구해야 합니다.

→ △ 중 □의 %

→ **설문 조사에 참석한 전체 학생 중 안경을 낀 학생의 %**

2. 다음은 무엇을 합니까? **기준량과 비교하는 양**을 구합니다.

- 기준량은 어떻게 구합니까? **기준량은 △ 중 □의 %에서 △에 해당하는 수량입니다.**

Level 1.2
12차시

- 설문 조사에 참석한 전체 학생 중 **안경을 낀 학생의** %에서 △에 해당하는 수량은 무엇입니까? 설문 조사에 참석한 전체 학생의 수입니다.
- 설문 조사에 참석한 전체 학생 수는 얼마입니까? 설문 조사에 참석한 전체 학생 수는 문제에 따로 포함되어 있지 않으므로, 표에 있는 정보를 이용하여 전체 학생 수를 구해야 합니다.
- 안경을 낀 남학생과 여학생 수, 드림렌즈를 낀 남학생과 여학생 수, 안경이나 드림렌즈를 사용하지 않는 남학생과 여학생 수를 합하여 전체 학생 수를 구합니다. 10 + 5 + 1 + 7 + 4 + 3 = 30명이 전체 학생 수이며 기준량입니다.
- 비교하는 양은 어떻게 구합니까? **비교하는 양**은 △ 중 □의 %에서 □에 해당하는 수량입니다.
- 설문 조사에 참석한 전체 학생 중 **안경을 낀 학생의** %에서 □에 해당하는 수량은 무엇입니까? 안경을 낀 학생입니다.
- 안경을 낀 학생은 몇 명입니까? 안경을 낀 학생 수는 안경을 낀 남학생과 여학생 수를 더해서 구해야 합니다. 안경을 낀 학생 수는 10 + 5 = 15명이며, 15가 비교하는 양입니다.

3. 다음은 무엇을 합니까? **비교하는 양**을 **기준량**으로 나눈 값(비율)에 100을 곱하고 %를 씁니다.

- 비교하는 양인 15를 기준량인 30으로 나누고 100을 곱하면,

  백분율 $= \dfrac{\text{비교하는 양(부분)}}{\text{기준량(전체)}} \times 100 = \dfrac{15}{30} \times 100 =$ **50%**가 설문 조사에 참석한 전체 학생 중 안경을 낀 학생 수의 백분율(%)입니다.

아 그렇구나!

☞ 혼동되는 문제 다시 풀기
☞ 최다 오류를 반례로 제시하여 개념 및 기술 획득 강화

✎ 아 그렇구나! 에서는 백분율을 사용하여 두 수의 크기를 비교할 때 우리가 혼동스러워하는 문제를 함께 풀어 봅니다. 다음 문제를 풀 때 왜 실수가 많은지 그 이유를 함께 생각해 봅시다.

1 (아 그렇구나! 문제 1을 가리키며) 최근 건설한 고속도로에서 자동차의 표준 주행 속도는 시간당 80km인데, 구급차가 시속 120km로 달려가고 있습니다. 구급차의 주행 속도는 표준 주행 속도의 몇 %로 달리고 있습니까?

⇨ 지금까지 연습해 온 문제는 백분율이 100% 미만인 문제였는데, 주어진 문제는 백분율이 100%보다 큰 문제입니다. 즉, 비교하는 양이 기준량보다 큰 경우입니다. 기준량 80km, 비교하는 양 120km를 백분율 구하는 공식에 대입하면, 백분율 $= \frac{\text{비교하는 양(부분)}}{\text{기준량(전체)}} \times 100 = \frac{120}{80} \times 100 = 150\%$가 표준 주행 속도에 대한 구급차 주행 속도의 백분율(%)입니다.

❷ (아 그렇구나! 문제 2를 가리키며) 마트에서 한 개에 5,000원 하는 우유를 4,000원에 팔고 있다면, 정상가와 할인가의 차이는 정상가의 몇 %입니까?

⇨ 주어진 문제의 기준량은 5,000원이고, 비교하는 양은 정상가와 할인가의 차이 (5,000 − 4,000 = 1,000원)입니다. 비교하는 양을 할인 후 가격인 4,000원으로 이해하면 오답을 낼 수 있습니다. 정상가와 할인가의 차이인 1,000원은 정상가 5,000원의 20%($\frac{1000}{5000} \times 100 = 20$)입니다.

배움 체크하기

(배움 체크 리스트 를 가리키며) 오늘 우리가 함께 공부한 것을 혼자서도 할 수 있는지 체크해 봅시다. 혼자서도 할 수 있으면 👍, 선생님의 도움이 더 필요하다면 ?에 동그라미로 표시하세요.

배움 체크 리스트	👍	?
1. 비교하는 양의 의미를 이해하고 찾을 수 있습니다.		
2. 기준량의 의미를 이해하고 찾을 수 있습니다.		
3. 두 수량의 비교는 비율을 사용하여 나타낼 수 있다는 것을 이해하고 적용할 수 있습니다.		
4. 백분율은 두 수량의 비율에 100을 곱한 값이라는 것을 이해하고 적용할 수 있습니다.		
5. 백분율 다음에는 %를 써야 한다는 것을 이해하고 적용할 수 있습니다.		
6. 비교하는 양이 기준량보다 클 때에는 백분율이 100%보다 크다는 것을 이해하고 적용할 수 있습니다.		
7. 비교하는 양이나 기준량이 문제에 주어지지 않았을 경우, 주어진 정보를 이용하여 비교하는 양이나 기준량을 구한 후 백분율을 구한다는 것을 이해하고 적용할 수 있습니다(예: 남학생 수가 12명, 여학생 수가 6명일 때 전체 학생 중 여학생의 %).		

혼자 풀기

(혼자 풀어 보는 문제 1~7을 제시하며) 오늘 배운 것을 기억하면서 문제를 혼자 풀어 보는 시간입니다. 내비게이션 1.12 를 사용하면 도움이 됩니다.

다음 물음에 답하시오.

1. 퀴즈 대회 참가자 180명 중 예선 통과자가 120명일 때, 퀴즈 대회 참가자에 대한 예선 통과자의 비율을 분수와 소수로 나타내시오.

2. 2시간에 100km를 달리는 자동차의 속도(시간에 대한 거리의 비율)를 분수와 소수로 나타내시오.

3. 6학년 전체 200명 학생 중 50명이 방과후 테니스 교실에 참가했을 때, 방과후 테니스 교실에 참가한 학생은 6학년 학생의 몇 %입니까?

4. 우리 반 학생 25명 중 공포 영화를 좋아하는 학생은 10명입니다. 공포 영화를 좋아하는 학생은 우리 반 학생 전체의 몇 %입니까?

5. 20개의 농구공을 골대에 던졌을 때, 그중 8개가 성공했을 경우 성공률은 몇 %입니까?

6. 마트에서 한 개에 5,000원 하는 우유를 4,000원에 팔고 있다면, 현재 우유값은 정상가의 몇 %입니까?

7. 최근 건설한 고속도로에서 자동차의 표준 주행 속도는 시간당 80km인데 경훈 아빠의 자동차는 60km로 주행하고 있습니다. 경훈 아빠 자동차의 주행 속도는 표준 주행 속도의 몇 %입니까?

채점 및 오답 분석

학생이 쓴 답을 기재하고, 오답인 경우 중재 결정표 에서 가능한 오류 원인을 1~8 중에서 골라 번호로 기재합니다. 기타 원인 때문에 오답이 발생했을 경우, 구체적으로 어떤 이유인지 기재합니다. 가능한 오답의 원인을 모두 기재합니다.

혼자 풀어 보는 문제	정답	학생이 쓴 답	오답 원인
1. 퀴즈 대회 참가자 180명 중 예선 통과자가 120명일 때, 퀴즈 대회 참가자에 대한 예선 통과자의 비율(분수와 소수)	$\frac{2}{3}$ 또는 0.66		
2. 2시간에 100km를 달리는 자동차의 속도(시간에 대한 거리의 비율, 분수와 소수)	$\frac{100}{2}$ 또는 50		
3. 6학년 전체 200명 학생 중 50명이 방과후 테니스 교실에 참가했을 때, 방과후 테니스 교실에 참가한 학생은 6학년 학생의 몇 %	25%		
4. 우리 반 학생 25명 중 공포 영화를 좋아하는 학생은 10명일 때, 우리 반 학생 중 공포 영화를 좋아하는 학생의 %	40%		
5. 20개의 농구공을 골대에 던졌을 때, 그중 8개가 성공했을 경우 성공률은 몇 %	40%		
5. 마트에서 한 개에 5,000원 하는 우유를 4,000원에 팔고 있다면, 현재 우유값은 정상가의 몇 %	80%		
7. 최근 건설한 고속도로에서 자동차의 표준 주행 속도는 시간당 80km인데, 경훈 아빠의 자동차는 60km로 주행하고 있습니다. 경훈 아빠 자동차의 주행 속도는 표준 주행 속도의 몇 %	75%		
	정답 개수	/ 7	

Level 1.2
12차시

중재 결정표

☞ **오답 원인을 분석하여 차후 중재를 결정하세요.**

오답 원인	발생 빈도	최다 발생 오류	중재 결정
1. 사전 지식 및 기술(나눗셈을 이용한 두 수량의 비교, 표에서 필요한 정보 찾기, 두 수의 비율 구하기, 자연수의 나눗셈)			
2. 용어나 문제 이해 부족(비교하는 양, 기준량, 비율, 백분율, %)			
3. 백분율은 비교하는 양을 기준량으로 나눈 값(비율)에 100을 곱하여 구하고 %라는 백분율 기호를 써 준다는 것의 이해와 적용의 어려움			
4. 주어진 문제에서 비교하는 양이나 기준량을 이해하고 결정하는 것의 어려움			
5. 비교하는 양이 기준량보다 클 경우에는 백분율이 100%보다 크다는 것의 이해와 적용의 어려움			
6. 비교하는 양이나 기준량이 주어지지 않아 주어진 정보를 사용하여 구해야 할 때 문제 해결 절차의 이해와 적용의 어려움			
7. 부주의/계산 실수			
8. 기타(구체적 원인 기재하기)			

가장 흔한 오답 원인	1과 2 중 하나	3, 4, 5, 6 중 하나	7
	AND	AND	OR
오답률	오답이 2개 이상	오답이 2개 이상	오답이 2개 미만
다음 중재	브리지(Bridge)	동 차시 반복	다음 차시

브리지(Bridge) 차시
- 1.2차시
- 1.10차시
- 1.11차시

13차시

분수와 소수를 백분율로 나타내기

[내비게이션 1.13 A] 분수와 소수를 백분율로 나타내기

	순서	예
1	분수를 백분율로 나타내기 → 분수 × 100%	• $\frac{5}{8}$를 백분율로 나타내려면, $\frac{5}{8}$ × 100% 계산 $\frac{5}{8}$ × 100% = 62.5%
2	소수를 백분율로 나타내기 → 소수 × 100% → 소수점을 오른쪽으로 두 자리 옮기고 %를 씀	0.08 × 100% = 8%

[내비게이션 1.13 B] 백분율을 분수와 소수로 나타내기

	순서	예
1	백분율을 분수로 나타내기 → %를 생략하고 $\frac{\text{백분율}}{100}$을 약분	• 8%를 분수로 나타내려면, %를 생략하고 $\frac{8}{100}$을 약분 $\frac{8}{100} = \frac{2}{25}$
2	백분율을 소수로 나타내기 → %를 생략하고 백분율 ÷ 100 소수점을 왼쪽으로 두 자리 옮김	• 36%를 소수로 바꾸려면, %를 생략하고 36을 100으로 나눔 36 ÷ 100 = 0.36

→ 백분율 = $\frac{\text{비교하는 양}}{\text{기준량}}$ × 100

차시 목표 분수와 소수를 백분율로 나타낼 수 있다.

사전 지식 분수를 소수로 나타내기, 소수를 분수로 나타내기, 분수와 자연수의 곱셈, 백분율의 의미, 백분율 구하기, 분수의 나눗셈, 소수 × 100

준비물 1단계 13차시 학생용 교재, **내비게이션 1.13**

흔한 오류

1. 비율을 나타내는 분수와 소수에 100%를 곱하면 백분율이 된다는 것을 이해하지 못한다.
2. 비율을 백분율로 나타낸 후 % 기호를 생략한다.
3. 백분율을 분수와 소수로 나타내려면 %를 생략하고 100으로 나눈다는 것을 이해하지 못한다.
4. 100%보다 더 큰 백분율을 분수나 소수로 바꿀때 혼동스러워한다.
5. 1보다 큰 분수나 소수를 백분율로 나타낼 때 혼동스러워한다.
6. %에 소수가 있을 때 혼동스러워한다.
   - 오류 예: 4.5%를 소수로 나타내시오.

사전평가

처음 두 문제는 가장 필수적인 사전 지식에 대한 이해를 묻고, 3번부터 7번까지는 차시 목표인 개념과 기술의 이해를 묻습니다.

다음 물음에 답하시오.

1. $\frac{3}{4}$을 소수로 나타내시오.

2. 0.08을 분수로 나타내시오.

3. 27%를 소수로 나타내시오.

4. 0.82를 %로 나타내시오.

5. $\frac{18}{25}$을 %로 나타내시오.

6. 230%를 분수와 소수로 나타내시오.

7. $\frac{8}{5}$을 %로 나타내시오.

Level 1.2
13차시

정답

1. 0.75
2. $\frac{8}{100}=\frac{2}{25}$
3. 0.27
4. 82%
5. 72%
6. $\frac{230}{100}=\frac{23}{10}=2.3$
7. 160%

접속하기

차시 목표 및 개념 설명

오늘은 분수와 소수를 백분율로 나타내고, 백분율을 분수와 소수로 나타내는 방법을 배우려 합니다. 먼저, 이번 차시에서 많이 사용될 개념과 기술을 정리해 봅시다.

1. 비율이란 무엇입니까? 비율은 비에서 비교하는 양을 기준량으로 나눈 값을 말합니다. 비율은 분수로 나타내거나 소수로 나타낼 수 있습니다.

$$\text{비율} = \frac{\text{비교하는 양}}{\text{기준량}}$$

2. 백분율이란 무엇입니까? 백분율은 기준량에 대한 비교하는 양의 비율에 100을 곱한 값을 말하고 % 기호를 사용하여 나타냅니다.

$$\text{백분율}(\%) = \frac{\text{비교하는 양}}{\text{기준량}} \times 100$$

3. 분수나 소수를 백분율로 바꾸는 방법을 알아봅시다.

1) 분수를 백분율로 바꾸려면 **분수** × 100%를 계산합니다. 예를 들어, $\frac{5}{8}$를 백분율로 나타내려면 $\frac{5}{8}$ × 100%를 계산합니다.

$$\frac{5}{8} \times 100\% = 62.5\%$$

2) 소수를 백분율로 바꾸려면 **소수** × 100%를 계산합니다. **소수점을 오른쪽으로 두 자리 옮기고 %를 씁니다.** 예를 들어, 0.08을 백분율로 나타내려면 0.08 × 100%를 계산합니다. 소수에 100을 곱하면 소수점 자리가 오른쪽으로 두 자리 옮겨집니다.

$$0.08 \times 100\% = 8\%$$

4. 백분율을 분수나 소수로 바꾸는 방법을 알아봅시다.

1) 백분율을 분수로 바꾸려면 %를 **생략하고** $\frac{\text{백분율}}{100}$**을 약분하여 나타냅니다.**

예를 들어, 8%를 분수로 나타내려면 %를 생략하고 $\frac{8}{100}$을 약분하여 나타냅니다.

$\rightarrow \frac{8}{100} = \frac{2}{25}$

2) 백분율을 소수로 바꾸려면 %를 **생략하고 백분율을 100으로 나눕니다. 소수점을 왼쪽으로 두 자리 옮기고 %를 생략합니다.** 예를 들어, 36%를 소수로 바꾸려면 %를 생략하고 36을 100으로 나눕니다. 분자를 분모 100으로 나누면 소수점이 왼쪽으로 두 자리 옮겨집니다. 36의 소수점은 일의 자리 6 다음에 있어야 하는데, 자연수의 경우 소수점을 생략합니다. 일의 자리부터 왼쪽으로 두 자리 소수점을 옮기면 36%는 0.36이 됩니다.

Level 1.2
13차시

보여 주기

개념 및 기술 교수, 개념 및 기술 예시 제시, 보는 수학 내비게이션을 이용한 교사 모델링

(내비게이션 1.13 을 보여 주며) 분수와 소수를 백분율로 나타내는 방법과 백분율을 분수와 소수로 나타내는 방법을 다시 한번 정리해 봅시다. 분수와 소수를 백분율로 바꾸기 위해서는, 첫째, 분수와 소수에 100%를 곱합니다. 둘째, 백분율을 100으로 나누고 %를 생략하면 분수가 되고, 백분율의 소수점을 왼쪽으로 두 자리 옮기고 %를 생략하면 소수가 됩니다. 분수와 소수를 백분율로 나타내는 방법과 백분율을 분수와 소수로 나타내는 방법을 사용하여 다음 문제를 풀어 봅시다.

1 (보여 주는 문제 1을 보여 주며) $\frac{18}{25}$을 **백분율로 나타내**시오.

- 분수를 백분율로 바꾸려면 **분수** × 100%를 계산합니다.
- **분수** × 100% = $\mathbf{\frac{18}{25}}$ × 100%를 계산합니다.

  → $\frac{18}{25} \times 100\% = 72\%$
- $\frac{18}{25}$을 백분율로 나타내면 72%입니다.

2 (보여 주는 문제 2를 보여 주며) 0.48을 **백분율로 나타내**시오.

- 소수를 백분율로 바꾸려면 **소수** × 100%를 계산합니다.
- **소수** × 100% = **0.48** × 100%를 계산합니다.
- 소수에 100을 곱하면 소수점 자리가 오른쪽으로 두 자리 옮겨집니다.
- 0.48의 소수점을 오른쪽으로 두 자리 옮기면 48%가 됩니다.
- 소수 0.48을 백분율로 나타내면 48%입니다.

3 (보여 주는 문제 3을 보여 주며) 55%를 분수와 소수로 나타내시오.

1. 백분율을 분수로 바꾸려면 %를 생략하고 ($\frac{\text{백분율}}{100}$)을 약분해서 기약분수로 나타냅니다.

- 55%를 분수로 나타내려면 %를 생략하고 $\frac{55}{100}$를 약분하여 나타냅니다.

  → $\frac{55}{100} = \frac{11}{20}$

- 55%를 분수로 바꾸면 $\frac{11}{20}$이 됩니다.

2. 백분율을 소수로 바꾸려면 %를 생략하고 백분율을 100으로 나눕니다.

- 55%를 소수로 바꾸려면 %를 생략하고 55를 100으로 나눕니다.
- 어떤 수를 100으로 나누면 소수점이 왼쪽으로 두 자리 옮겨집니다.

  → $55 \div 100 = 0.55$

- 55%를 소수로 나타내면 0.55입니다.

Level 1.2
13차시

함께 풀기

(내비게이션 1.13 을 보여 주며) 문제를 풀기 전에, 분수와 소수를 백분율로 나타내는 방법과 백분율을 분수와 소수로 나타내는 방법을 다시 한번 정리해 봅시다. 첫째, 분수와 소수를 백분율로 바꾸기 위해서는, 분수와 소수에 100%을 곱한 후 %를 씁니다. 둘째, 백분율을 100으로 나누고 %를 생략하면 분수가 되고, 백분율의 소수점을 왼쪽으로 두 자리 옮기고 %를 생략하면 소수가 됩니다. 분수와 소수를 백분율로 나타내는 방법과 백분율을 분수와 소수로 나타내는 방법을 사용하여 다음 문제를 풀어 봅시다.

1 (함께 풀어 보는 문제 1을 가리키며) $\frac{6}{25}$을 **백분율로 나타내시오.**

- 분수를 백분율로 바꾸려면 어떻게 해야 합니까? **분수 × 100%를 계산합니다.**
- 분수 × 100% = $\frac{6}{25}$ × 100%를 계산하면 얼마입니까? $\frac{6}{25}$ × 100% = 24%입니다.
- $\frac{6}{25}$을 백분율로 나타내면 24%입니다.

2 (함께 풀어 보는 문제 2를 가리키며) 0.07을 **백분율로 나타내시오.**

- 소수를 백분율로 바꾸려면 어떻게 해야 합니까? **소수 × 100%를 계산합니다.**
- 소수에 100을 곱하면 어떻게 됩니까? **소수에 100을 곱하면 소수점 자리가 오른쪽으로 두 자리 옮겨집니다.**
- **소수 × 100% = 0.07 × 100%를** 계산하면 어떻게 됩니까? 소수에 100을 곱하면 소수점 자리가 오른쪽으로 두 자리 옮겨지므로 7%가 됩니다.
- 소수 0.07을 백분율로 나타내면 7%입니다.

❸ (함께 풀어 보는 문제 3을 가리키며) 145%를 분수와 소수로 나타내시오.

1. 백분율을 분수로 나타내기

- 백분율을 분수로 바꾸려면 어떻게 해야 합니까? 백분율을 분수로 바꾸려면 %를 생략하고 $\frac{\text{백분율}}{100}$을 약분해서 기약분수로 나타내야 합니다.
- $\frac{\text{백분율}}{100} = \frac{145}{100}$는 어떤 수로 약분해야 기약분수가 됩니까? $\frac{145}{100}$는 분모와 분자를 5로 약분할 수 있습니다.

  $\rightarrow \frac{145 \div 5}{100 \div 5} = \frac{29}{20}$
- 145%를 분수로 바꾸면 $\frac{29}{20}$가 됩니다.

2. 백분율을 소수로 나타내기

- 백분율을 소수로 바꾸려면 어떻게 해야 합니까? 백분율을 소수로 바꾸려면 %를 생략하고 백분율을 100으로 나눠야 합니다.
- 145를 100으로 나눠야 합니다.

  $\rightarrow 145 \div 100$
- 어떤 수를 100으로 나누면 어떻게 됩니까? 어떤 수를 100으로 나누면 소수점이 왼쪽으로 두 자리 옮겨집니다.

  $\rightarrow 145 \div 100 = 1.45$
- 145%를 소수로 나타내면 1.45입니다.

Level 1.2
13차시

아 그렇구나!

☞ 혼동되는 문제 다시 풀기
☞ 최다 오류를 반례로 제시하여 개념 및 기술 획득 강화

✎ 아 그렇구나! 에서는 분수나 소수를 백분율로 나타내거나 백분율을 분수나 소수로 나타낼 때 왜 실수가 많은지 그 이유를 함께 생각해 봅시다.

❶ (아 그렇구나! 문제 1을 가리키며) $1\frac{3}{5}$을 **백분율로 나타낼 때 혼동되는 점은 무엇입니까?**

⇨ 지금까지 연습해 온 문제는 진분수를 백분율로 나타내는 문제였으므로 구해진 백분율이 100%보다 작았습니다. 주어진 문제는 대분수를 백분율로 나타내므로 답은 100%보다 큰 백분율이 됩니다. 먼저, 대분수 $1\frac{3}{5}$을 $\frac{8}{5}$로 바꿉니다. $\frac{8}{5} \times 100\% = 160\%$**입니다.**

❷ (아 그렇구나! 문제 2를 가리키며) 2.4를 **백분율로 나타낼 때 혼동되는 점은 무엇입니까?**

⇨ 지금까지 연습해 온 문제는 1보다 작은 소수였으므로 구해진 백분율이 100%보다 작았습니다. 주어진 문제는 1보다 큰 소수이므로 백분율로 나타내면 100%보다 큰 값을 갖게 됩니다. $2.4 \times 100\% = 240\%$입니다.

③ (아 그렇구나! 문제 3을 가리키며) 2.4%를 분수와 소수로 나타낼 때 혼동되는 점은 무엇입니까?

⇨ 소수인 백분율이 주어져 있으므로 소수를 백분율로 바꾸는 것과 혼동될 수 있습니다. 주어진 문제는 백분율을 분수와 소수로 바꾸는 문제이므로 %를 생략하고 2.4를 100으로 나눠서 분수와 소수로 나타내야 합니다. 먼저, 2.4%를 분수로 나타내면 $\frac{2.4}{100} = \frac{24}{1000} = \frac{3}{125}$입니다. 2.4%를 소수로 나타내면 $2.4 \div 100$이므로 0.024입니다.

Level 1.2
13차시

배움 체크하기

(배움 체크 리스트를 가리키며) 오늘 우리가 함께 공부한 것을 혼자서도 할 수 있는지 체크해 봅시다. 혼자서도 할 수 있으면 , 선생님의 도움이 더 필요하다면 ?에 동그라미로 표시하세요.

배움 체크 리스트		?
1. 분수를 소수로 바꿀 수 있습니다.		
2. 소수를 분수로 바꿀 수 있습니다.		
3. 어떤 수를 100으로 나누면 소수점이 왼쪽으로 두 자리 이동하고, 어떤 수에 100을 곱하면 소수점이 오른쪽으로 두 자리 이동한다는 것을 이해하고 적용할 수 있습니다.		
4. 분수와 소수를 백분율로 바꾸려면 분수와 소수에 100%를 곱한다는 것을 이해하고 적용할 수 있습니다.		
5. 백분율을 분수로 바꾸려면 %를 생략하고 백분율을 100으로 나누고 약분한다는 것을 이해하고 적용할 수 있습니다.		
6. 백분율을 소수로 바꾸려면 %를 생략하고 백분율을 100으로 나누므로 소수점 자리를 왼쪽으로 두 자리 이동한다는 것을 이해하고 적용할 수 있습니다.		
7. 1보다 큰 분수나 소수를 백분율로 바꾸면 100%보다 큰 값이 되고, 100%보다 큰 백분율은 1보다 큰 분수나 소수가 된다는 것을 이해하고 적용할 수 있습니다.		

혼자 풀기

(혼자 풀어 보는 문제 1~7을 제시하며) 오늘 배운 것을 기억하면서 문제를 혼자 풀어 보는 시간입니다. 내비게이션 1.13 을 사용하면 도움이 됩니다.

다음 물음에 답하시오.

1. $\frac{1}{4}$을 소수로 나타내시오.

2. 0.09를 분수로 나타내시오.

3. 28%를 소수로 나타내시오.

4. 0.83을 %로 나타내시오.

5. $\frac{18}{25}$을 %로 나타내시오.

6. 240%를 분수와 소수로 나타내시오.

7. $\frac{7}{5}$을 %로 나타내시오.

채점 및 오답 분석

학생이 쓴 답을 기재하고, 오답인 경우 중재 결정표 에서 가능한 오류 원인을 1~8 중에서 골라 번호로 기재합니다. 기타 원인 때문에 오답이 발생했을 경우, 구체적으로 어떤 이유인지 기재합니다. 가능한 오답의 원인을 모두 기재합니다.

혼자 풀어 보는 문제	정답	학생이 쓴 답	오답 원인
1. $\frac{1}{4}$을 소수로 나타내기	0.25		
2. 0.09를 분수로 나타내기	$\frac{9}{100}$		
3. 28%를 소수로 나타내기	0.28		
4. 0.83을 %로 나타내기	83%		
5. $\frac{18}{25}$을 %로 나타내기	72%		
6. 240%를 분수와 소수로 나타내기	$2\frac{2}{5}$와 2.4		
7. $\frac{7}{5}$을 %로 나타내기	140%		
	정답 개수	/ 7	

중재 결정표

오답 원인을 분석하여 차후 중재를 결정하세요.

오답 원인	발생 빈도	최다 발생 오류	중재 결정
1. 사전 지식 및 기술(분수를 소수로 나타내기, 소수를 분수로 나타내기, 어떤 수에 100 곱하기, 어떤 수를 100으로 나누기, 백분율 구하기)			
2. 용어나 문제 이해 부족(분수, 소수, 백분율, %)			
3. 분수나 소수를 백분율로 바꾸려면 분수나 소수에 100%를 곱한다는 것의 이해와 적용의 어려움			
4. 백분율을 분수로 바꿀 때는 %를 생략하고 $\frac{백분율}{100}$을 약분하여 나타낸다는 것의 이해와 적용의 어려움			
5. 백분율을 소수로 바꿀 때는 %를 생략하고 소수점을 왼쪽으로 두 자리 이동한다는 것의 이해와 적용의 어려움			
6. 1보다 큰 분수나 소수를 백분율로 나타내면 100%보다 큰 값이 되고, 100%보다 큰 백분율은 1보다 큰 분수나 소수가 된다는 것의 이해와 적용의 어려움			
7. 부주의/계산 실수			
8. 기타(구체적 원인 기재하기)			

가장 흔한 오답 원인	1과 2 중 하나	3, 4, 5, 6 중 하나	7
	AND	AND	OR
오답률	오답이 2개 이상	오답이 2개 이상	오답이 2개 미만
다음 중재	브리지(Bridge)	동 차시 반복	다음 차시

브리지(Bridge) 차시

- 1.1차시
- 1.2차시
- 1.5차시
- 1.11차시

14차시

전체-부분 관계를 이용하여 기준량과 비교하는 양 구하기

[내비게이션 1.14.A] 전체 - 부분 관계와 기준량 - 비교하는 양 관계

- 전체를 나타내는 백분율은 100%이고, 부분을 나타내는 **백분율은** 100%와 **비교되는 백분율**이다.
- 전체를 나타내는 수량은 **기준량**이고, 부분을 나타내는 수량은 **비교하는** 양이다.

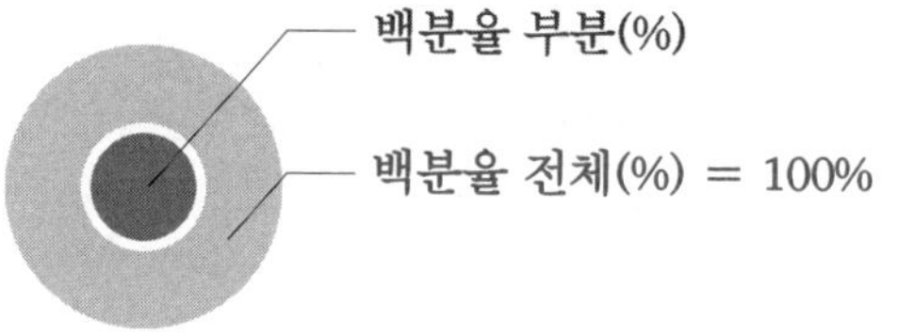

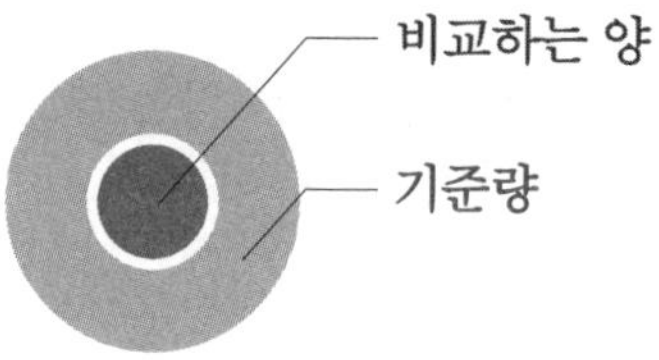

- 백분율과 비율에서 전체를 나타내는 수량은 전체를 나타내는 수량끼리, 부분을 나타내는 수량은 부분을 나타내는 수량끼리 서로 비교하는 비례식을 세워 미지수인 수량을 구한다.

$$\rightarrow \frac{\text{백분율 부분(\%)}}{100\%} = \frac{\text{비교하는 양}}{\text{기준량}}$$

[내비게이션 1.14.B] 전체-부분 관계를 이용하여 기준량과 비교하는 양 구하기

	순서	예 (영라가 아빠 생신 선물을 사기 위해 저축한 금액의 40%인 2,000원을 썼을 때 영라가 저축한 금액)
❶	$\frac{\text{백분율 부분(\%)}}{\text{백분율 전체(\%)}}$으로 식 세우기 → 전체를 나타내는 백분율은 100%	• 영라의 저축 금액 전체를 나타내는 백분율은 100%이고 **아빠 생신 선물로 쓴 금액을 나타내는 백분율은** 40%이므로, → $\frac{\text{백분율 부분(\%)}}{\text{백분율 전체(\%)}} = \frac{40\%}{100\%}$
❷	$\frac{\text{비교하는 양}}{\text{기준량}}$으로 식 세우기	• 저축 금액을 나타내는 기준량은 △이고 아빠 생신 선물을 사는 데 쓴 금액을 나타내는 **비교하는 양은** 2,000원이므로, → $\frac{\text{비교하는 양}}{\text{기준량}} = \frac{2000}{\triangle}$
❸	$\frac{\text{백분율 부분(\%)}}{\text{백분율 전체(\%)}} = \frac{\text{비교하는 양}}{\text{기준량}}$으로 식 세우기	• $\frac{\text{백분율 부분(\%)}}{\text{100(\%)}} = \frac{\text{비교하는 양}}{\text{기준량}}$ → $\frac{40\%}{100\%} = \frac{2000}{\triangle}$
❹	두 분수를 대각선에 있는 수끼리 곱하여 △ 구하기	• $\frac{40}{100} = \frac{2000}{\square}$ → $40 \times \triangle = 2000 \times 100$ → $40 \times \triangle = 200000$ → △는 5,000원

차시 목표 전체-부분 관계를 이용하여 기준량과 비교하는 양을 계산할 수 있다.

사전 지식 분수의 곱셈과 나눗셈, 비율의 뜻, 백분율 의미, 소수의 곱셈과 나눗셈, 기준량, 비교하는 양, 분수식의 미지수 구하기

준비물 1단계 14차시 학생용 교재, **내비게이션 1.14**

흔한 오류

1. 비교하는 양과 기준량의 의미를 이해하지 못하여 비교하는 양과 기준량을 바꿔 쓴다.
   - 오류 예: 전체 학생 중 30%가 여학생이고, 여학생이 3명일 경우 전체 학생 수를 구할 때, $\frac{\square}{3} = \frac{30\%}{100\%}$라 식을 세운다.

2. 백분율과 비교하는 양, 기준량을 사용한 식을 세운 후, 비례식의 계산에서 오류를 보인다.
   - 오류 예: $\frac{3}{\square} = \frac{30\%}{100\%}$라 식을 세운 후 비례식을 풀기 위해서는 교차 곱셈을 하여 식을 $3 \times 100 = 30 \times \square$로 바꿔야 하는데, 이 과정에서 오류를 보인다.

3. 주어진 백분율과 비교하는 양이 대응하지 않는 경우, 문제 해결에 어려움을 보인다.
   - 오류 예: 마트에서 한 개에 5,000원 하는 우유를 20% 할인해서 팔고 있을 때, 할인 판매가를 구하는 과정에서 할인 판매가에 해당하는 백분율은 20%가 아니라 $100 - 20 = 80\%$인데, 20%를 할인 판매가라 하고 식을 세운다.

사전평가

처음 두 문제는 가장 필수적인 사전 지식에 대한 이해를 묻고, 3번부터 7번까지는 차시 목표인 개념과 기술의 이해를 묻습니다.

다음 물음에 답하시오.

1. 6학년 전체 200명 학생 중 50명이 방과후 테니스 교실에 참가했을 때, 방과후 테니스 교실에 참가한 학생 중 6학년 학생의 비율을 구하시오.
2. 마트에서 한 개에 5,000원 하는 우유를 4,000원에 팔고 있다면, 우유의 정상가에 대한 할인가의 비율을 구하시오.
3. 150cm의 80%를 구하시오.
4. 상자의 가로 길이의 75%가 30cm일 때, 상자의 가로 길이를 구하시오.
5. 물건값의 5%를 적립해 주는 마트에서 8,000원어치 물건을 샀을 경우, 적립받는 금액을 구하시오.
6. 20% 할인하는 옷을 샀더니 정가에서 4,000원을 할인해 주었을 때, 옷의 정상가를 구하시오.
7. 전교생의 $\frac{4}{9}$가 남학생이고 남학생이 240명일 때, 전교생 수를 구하시오.

정답

1. $\frac{50}{200} = \frac{1}{4}$
2. $\frac{4000}{5000} = \frac{4}{5}$
3. $\frac{80}{100} = \frac{\square}{150}$, $\square = 120$
4. $\frac{75}{100} = \frac{30}{\square}$, $\square = 40$
5. $\frac{5}{100} = \frac{\square}{8000}$, $\square = 400$
6. $\frac{20}{100} = \frac{4000}{\square}$, $\square = 20000$
7. $\frac{4}{9} = \frac{240}{\square}$, $\square = 540$

접속하기

차시 목표 및 개념 설명

오늘은 전체-부분 관계를 이용하여 기준량과 비교하는 양을 구하는 방법을 배우려 합니다. 먼저, 이번 차시에서 많이 사용될 개념과 기술을 정리해 봅시다.

1. 백분율이란 무엇입니까? 백분율은 기준량에 대한 비교하는 양의 비율에 100을 곱한 값을 말하고, % 기호를 사용하여 나타냅니다.

$$\text{백분율(\%)} = \frac{\text{비교하는 양}}{\text{기준량}} \times 100$$

2. 전체-부분 관계를 이용하여 기준량이나 비교하는 양을 구하는 방법을 알아봅시다. 먼저, 백분율과 비율에서 전체와 부분에 해당하는 값이 어떤 값인지 생각해 봅시다.

1) **전체**를 나타내는 백분율은 100%이고, **부분**을 나타내는 백분율은 **100%와 비교되는** 값입니다.

2) **전체**를 나타내는 수량은 **기준량**이고, **부분**을 나타내는 수량은 **비교하는 양**입니다.

3) 백분율과 비율에서 전체를 나타내는 수량은 전체를 나타내는 수량끼리, 부분을 나타내는 수량은 부분을 나타내는 수량끼리 서로 비교하는 비례식을 세워 미지수인 수량을 구할 수 있습니다.

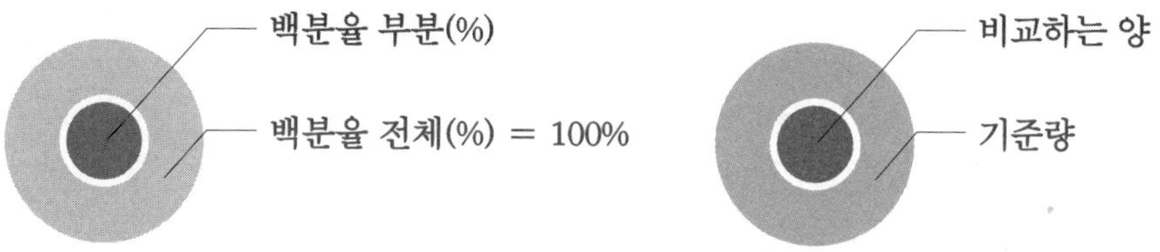

$$\rightarrow \frac{\text{백분율 부분(\%)}}{100\%} = \frac{\text{비교하는 양}}{\text{기준량}}$$

3. 예를 들어, 영라가 아빠 생신 선물을 사기 위해 저축한 금액의 40%인 2,000원을 썼을 때 영라가 저축한 금액을 구하려면,

1) **백분율의 전체(%)**와 **백분율의 부분(%)값**을 확인하고, $\dfrac{\text{백분율 부분(\%)}}{\text{백분율 전체(\%)}}$으로 식을 세웁니다. 영라의 저축 금액 전체를 나타내는 **백분율은** 100%**이고 아빠 생신 선물로 쓴 금액을 나타내는 백분율은** 40%이므로, $\dfrac{\text{백분율 부분(\%)}}{\text{백분율 전체(\%)}} = \dfrac{40(\%)}{100(\%)}$으로 나타냅니다.

2) **기준량**과 **비교하는 양**을 확인하고, $\dfrac{\text{비교하는 양}}{\text{기준량}}$으로 식을 세웁니다.

영라의 저축 금액을 나타내는 **기준량은** □이고 아빠 생신 선물을 사는 데 쓴 금액을 나타내는 **비교하는 양은 2,000원**이므로, $\dfrac{\text{비교하는 양}}{\text{기준량}} = \dfrac{2000}{\square}$으로 나타냅니다.

3) 백분율과 비율의 비례식을 세웁니다.

$$\frac{\text{백분율 부분(\%)}}{100\%} = \frac{\text{비교하는 양}}{\text{기준량}}$$

$$\rightarrow \frac{40(\%)}{100(\%)} = \frac{2000}{\square}$$

4) 두 분수를 대각선에 있는 수끼리 곱하여 □를 구합니다.

$$\frac{40}{100} = \frac{2000}{\square}$$

$\rightarrow 40 \times \square = 2000 \times 100$

$\rightarrow 40 \times \square = 200000$

→ □는 5,000원입니다.

보여 주기

개념 및 기술 교수, 개념 및 기술 예시 제시, 보는 수학 내비게이션을 이용한 교사 모델링

(내비게이션 1.14 를 보여 주며) 전체-부분 관계를 이용하여 기준량이나 비교하는 양을 구하는 방법을 다시 한번 정리해 봅시다. 먼저, 백분율의 전체와 부분 관계를 $\frac{\text{백분율 부분(\%)}}{\text{백분율 전체(\%)}}$으로 쓰고, 기준량과 비교하는 양의 관계를 $\frac{\text{비교하는 양}}{\text{기준량}}$으로 씁니다. 다음은 $\frac{\text{백분율 부분(\%)}}{\text{백분율 전체(\%)}}$ - $\frac{\text{비교하는 양}}{\text{기준량}}$으로 비례식을 세웁니다. 전체는 전체끼리(분모), 부분은 부분끼리(분자) 비교하여 비례식을 풉니다.

1 (보여 주는 문제 1을 보여 주며) 20km 코스를 달리는 마라톤 대회에 참가한 선수가 완주 코스의 70% 지점을 통과했을 때, 이 선수가 지금까지 달린 거리를 구하시오.

1. 백분율의 전체(%)와 **백분율의 부분(%)값**을 확인하고, $\frac{\text{백분율 부분(\%)}}{\text{백분율 전체(\%)}}$ 형태로 씁니다.
   - 마라톤 완주 코스 거리를 나타내는 백분율은 100%이고 지금까지 달린 거리를 나타내는 **백분율은** 70%이므로,

     $\frac{\text{백분율 부분(\%)}}{\text{백분율 전체(\%)}} = \frac{70(\%)}{100(\%)}$라 나타냅니다.

2. 기준량과 **비교하는 양**을 확인하고, $\frac{\text{비교하는 양}}{\text{기준량}}$의 형태로 씁니다.
   - 마라톤 완주 코스 거리인 기준량은 20km이고 지금까지 달린 거리인 **비교하는 양**은 □이므로,

     $\frac{\text{비교하는 양}}{\text{기준량}} = \frac{\square}{20}$라 나타냅니다.

3. 백분율과 비율의 비례식을 세웁니다.
   - $\frac{\text{백분율 부분(\%)}}{100\%} = \frac{\text{비교하는 양}}{\text{기준량}}$

     $\rightarrow \frac{70\%}{100\%} = \frac{\square}{20}$

Level 1.2
14차시

4. 두 분수를 대각선에 있는 수끼리 곱하여 □를 구합니다.

$\rightarrow \frac{70}{100} = \frac{\square}{20}$

$\rightarrow 100 \times \square = 70 \times 20$

$\rightarrow 100 \times \square = 1400$

→ □는 14km입니다.

❷ (보여 주는 문제 2를 보여 주며) 고속도로 규정 속도의 80%인 64km로 주행하고 있을 때, 고속도로 규정 속도를 구하시오.

1. **백분율의 전체(%)**와 **백분율의 부분(%)**값을 확인하고, $\frac{\text{백분율 부분(\%)}}{\text{백분율 전체(\%)}}$ 형태로 씁니다.

- 고속도로 규정 속도를 나타내는 **백분율은** 100%이고 자동차의 주행 속도를 나타내는 **백분율은** 80%이므로,

  $\frac{\text{백분율 부분(\%)}}{\text{백분율 전체(\%)}} = \frac{80(\%)}{100(\%)}$라 나타냅니다.

2. **기준량**과 **비교하는 양**을 확인하고, $\frac{\text{비교하는 양}}{\text{기준량}}$의 형태로 씁니다.

- 고속도로 규정 속도인 **기준량**은 □이고, 자동차의 주행 속도인 **비교하는 양**은 64km이므로,

  $\frac{\text{비교하는 양}}{\text{기준량}} = \frac{64}{\square}$라 나타냅니다.

3. 백분율과 비율의 비례식을 세웁니다.

- $\frac{\text{백분율 부분(\%)}}{100\%} = \frac{\text{비교하는 양}}{\text{기준량}}$

  $\rightarrow \frac{80\%}{100\%} = \frac{64}{\square}$

4. 두 분수를 대각선에 있는 수끼리 곱하여 □를 구합니다.

$\rightarrow \frac{80}{100} = \frac{64}{\square}$

$\rightarrow 80 \times \square = 64 \times 100$

$\rightarrow 80 \times \square = 6400$

→ □는 80km입니다.

3 (보여 주는 문제 3을 보여 주며) 하루 권장 열량의 80%인 1,400킬로칼로리를 섭취하였을 때, 하루 권장 열량을 구하시오.

1. **백분율의 전체**(%)와 **백분율의 부분**(%)값을 확인하고, $\frac{\text{백분율 부분(\%)}}{\text{백분율 전체(\%)}}$ 형태로 씁니다.

- 하루 권장 열량을 나타내는 **백분율은** 100%이고 지금까지 섭취한 열량을 나타내는 **백분율은** 80%이므로,

  $\frac{\text{백분율 부분(\%)}}{\text{백분율 전체(\%)}} = \frac{80(\%)}{100(\%)}$라 합니다.

2. **기준량**과 **비교하는 양**을 확인하고, $\frac{\text{비교하는 양}}{\text{기준량}}$의 형태로 씁니다.

- 하루 권장 열량인 **기준량**은 □이고 지금까지 섭취한 열량인 **비교하는 양**은 1,400킬로칼로리이므로,

  $\frac{\text{비교하는 양}}{\text{기준량}} = \frac{1400}{\square}$이라 합니다.

3. 백분율과 비율의 비례식을 세웁니다.

- $\frac{\text{백분율 부분(\%)}}{100\%} = \frac{\text{비교하는 양}}{\text{기준량}}$

  $\rightarrow \frac{80\%}{100\%} = \frac{1400}{\square}$

Level 1.2
14차시

4. 두 분수를 대각선에 있는 수끼리 곱하여 □를 구합니다.

→ $\frac{80}{100} = \frac{1400}{\square}$

→ $80 \times \square = 1400 \times 100$

→ $80 \times \square = 140000$

→ □는 1,750킬로칼로리입니다.

함께 풀기

(내비게이션 1.14 를 보여 주며) 전체-부분 관계를 이용하여 기준량이나 비교하는 양을 구하는 방법을 다시 한번 정리해 봅시다. 먼저, 백분율의 전체와 부분 관계를 $\frac{\text{백분율 부분(\%)}}{\text{백분율 전체(\%)}}$으로 쓰고, 기준량과 비교하는 양의 관계를 $\frac{\text{비교하는 양}}{\text{기준량}}$으로 씁니다. 다음은 $\frac{\text{백분율 부분(\%)}}{\text{백분율 전체(\%)}}$ = $\frac{\text{비교하는 양}}{\text{기준량}}$으로 비례식을 세웁니다. 전체는 전체끼리(분모), 부분은 부분끼리 (분자) 비교하여 비례식을 풉니다. 다음 문제를 함께 풀어 봅시다.

1 (함께 풀어 보는 문제 1을 가리키며) **미숫가루 20컵의 40%가 보릿가루일 때, 보릿가루의 양을 구하시오.**

1. 전체-부분 관계를 이용하여 기준량이나 비교하는 양을 구하기 위해서는 가장 먼저 무엇을 해야 합니까? 백분율의 전체-부분 관계를 분수인 $\frac{\text{백분율 부분(\%)}}{\text{백분율 전체(\%)}}$ 형태로 나타냅니다.
   - 미숫가루 전체를 나타내는 백분율은 얼마입니까? 미숫가루 전체를 나타내는 백분율은 100%입니다.
   - 보릿가루의 비율을 나타내는 백분율은 얼마입니까? 보릿가루 비율을 나타내는 백분율은 40%입니다.
   - $\frac{\text{백분율 부분(\%)}}{100\%} = \frac{40\%}{100\%}$로 나타냅니다.

2. 다음은 무엇을 합니까? 기준량과 **비교하는 양**을 확인하고, $\frac{\text{비교하는 양}}{\text{기준량}}$ 형태로 씁니다.
   - 기준량은 무엇입니까? 기준량은 미숫가루 전체를 나타내는 수량입니다.
   - 미숫가루 전체를 나타내는 양은 얼마입니까? 미숫가루 전체를 나타내는 양은 20컵입니다.

- 비교하는 양은 무엇입니까? 비교하는 양은 보릿가루의 양이므로 구해야 하는 양이므로 □라 씁니다.
- $\frac{\text{비교하는 양}}{\text{기준량}} = \frac{\square}{20}$로 나타냅니다.

3. 다음은 무엇을 합니까? 백분율과 비율의 비례식을 세웁니다.
   - $\frac{\text{백분율 부분(\%)}}{100\%} = \frac{\text{비교하는 양}}{\text{기준량}}$

   $\rightarrow \frac{40\%}{100\%} = \frac{\square}{20}$

4. 다음은 무엇을 합니까? 두 분수를 대각선에 있는 수끼리 곱하여 □를 구합니다.

   $\rightarrow \frac{40}{100} = \frac{\square}{20}$

   $\rightarrow 40 \times 20 = 100 \times \square$

   $\rightarrow 800 = 100 \times \square$

   → □는 8컵입니다.

2 (함께 풀어 보는 문제 2를 가리키며) 서점에서 30% 할인하는 책을 샀더니 정상가에서 3,600원을 할인해 주었을 때, 책의 정상가를 구하시오.

1. 전체-부분 관계를 이용하여 기준량이나 비교하는 양을 구하기 위해서는 가장 먼저 무엇을 해야 합니까? 백분율의 전체-부분 관계를 분수인 $\frac{\text{백분율 부분(\%)}}{\text{백분율 전체(\%)}}$ 형태로 나타냅니다.
   - 책의 정상가를 나타내는 백분율은 얼마입니까? 책의 정상가를 나타내는 백분율은 100%입니다.
   - 할인된 금액을 나타내는 백분율은 얼마입니까? 할인된 금액을 나타내는 백분율은 30%입니다.
   - $\frac{\text{백분율 부분(\%)}}{\text{백분율 전체(\%)}} = \frac{30\%}{100\%}$로 나타냅니다.

2. 다음은 무엇을 합니까? **기준량**과 **비교하는 양**을 확인하고, $\frac{\text{비교하는 양}}{\text{기준량}}$ 형태로 씁니다.

- **기준량**은 무엇입니까? 기준량은 책의 정상가를 나타내는 수량입니다.
- 책의 정상가를 나타내는 수량은 얼마입니까? 책의 정상가를 나타내는 양은 구해야 하는 양이므로 □라 씁니다.
- 비교하는 양은 무엇입니까? **비교하는 양**은 할인된 금액입니다.
- 할인된 금액은 얼마입니까? 3,600원입니다.
- $\frac{\text{비교하는 양}}{\text{기준량}} = \frac{3600}{\square}$으로 나타냅니다.

3. 다음은 무엇을 합니까? 백분율과 비율의 비례식을 세웁니다.

- $\frac{\text{백분율 부분(\%)}}{100\%} = \frac{\text{비교하는 양}}{\text{기준량}}$

$\rightarrow \frac{30\%}{100\%} = \frac{3600}{\square}$

4. 다음은 무엇을 합니까? 두 분수를 대각선에 있는 수끼리 곱하여 □를 구합니다.

$\rightarrow \frac{30}{100} = \frac{3600}{\square}$

$\rightarrow 30 \times \square = 3600 \times 100$

$\rightarrow 30 \times \square = 360000$

→ □는 12,000원입니다.

3 (함께 풀어 보는 문제 3을 가리키며) **54kg 나가던 체중이 식이요법으로 5% 감소했을 때, 감량된 체중을 구하시오.**

Level 1.2
14차시

1. 전체-부분 관계를 이용하여 기준량이나 비교하는 양을 구하기 위해서는 가장 먼저 무엇을 해야 합니까? 백분율의 전체-부분 관계를 분수인 $\frac{\text{백분율 부분(\%)}}{\text{백분율 전체(\%)}}$ 형태로 나타냅니다.

- 원래 체중을 나타내는 백분율은 얼마입니까? 원래 체중을 나타내는 백분율은 100%입니다.
- 감량된 체중을 나타내는 백분율은 얼마입니까? 감량된 체중을 나타내는 **백분율은** 5%입니다.
- $\frac{\text{백분율 부분(\%)}}{\text{백분율 전체(\%)}} = \frac{5\%}{100\%}$ 로 나타냅니다.

2. 다음은 무엇을 합니까? 기준량과 **비교하는 양**을 확인하고, $\frac{\text{비교하는 양}}{\text{기준량}}$ 형태로 씁니다.
   - 기준량은 무엇입니까? 기준량은 원래 체중을 나타내는 수량입니다.
   - 원래 체중을 나타내는 수량은 얼마입니까? 원래 체중은 54kg입니다.
   - **비교하는 양**은 무엇입니까? **비교하는 양**은 감량된 체중을 나타내는 수량입니다.
   - 감량된 체중은 얼마입니까? 감량된 체중은 구해야 하는 양이므로 □라 씁니다.
   - $\frac{\text{비교하는 양}}{\text{기준량}} = \frac{\square}{54}$ 로 나타냅니다.

3. 다음은 무엇을 합니까? 백분율과 비율의 비례식을 세웁니다.
   - $\frac{\text{백분율 부분(\%)}}{100\%} = \frac{\text{비교하는 양}}{\text{기준량}}$

     $\rightarrow \frac{5\%}{100\%} = \frac{\square}{54}$

4. 다음은 무엇을 합니까? 두 분수를 대각선에 있는 수끼리 곱하여 □를 구합니다.

   $\rightarrow \frac{5}{100} = \frac{\square}{54}$

   $\rightarrow 100 \times \square = 5 \times 54$

   $\rightarrow 100 \times \square = 270$

   → □는 2.7kg입니다.

아 그렇구나!

👉 혼동되는 문제 다시 풀기
👉 최다 오류를 반례로 제시하여 개념 및 기술 획득 강화

✎ 아 그렇구나! 에서는 부분-전체 관계를 이용하여 미지수인 수량을 구할 때 우리가 혼동스러워하는 문제를 함께 풀어 봅니다. 다음 문제를 풀 때 왜 실수가 많은지 그 이유를 함께 생각해 봅시다.

1 (아 그렇구나! 문제 1을 가리키며) 물건값의 $\frac{1}{20}$을 적립해 주는 마트에서 15,000원어치 물건을 구입했을 때, 적립 금액이 얼마인지 구하는 문제를 풀 때 혼동되는 점은 무엇입니까?

⇨ 주어진 문제는 전체-부분 관계가 백분율이 아니라 분수로 나타나 있습니다. 분수를 백분율로 먼저 고치고 전체-부분 관계($\frac{\text{백분율 부분(\%)}}{\text{백분율 전체(\%)}} = \frac{\text{비교하는 양}}{\text{기준량}}$)를 이용하여 비교하는 양을 구할 수도 있고, $15000 \times \frac{1}{20} = 750$원으로 답을 구할 수도 있습니다.

2 (아 그렇구나! 문제 2를 가리키며) 마트에서 한 개에 5,000원 하는 우유를 20% 할인해서 팔고 있다면 할인가는 얼마인지 구하는 문제를 풀 때 혼동되는 점은 무엇입니까?

⇨ 100%에 해당하는 기준량은 5,000원이지만 비교하는 양은 20%에 해당하는 가격이 아니라 20%를 할인한 후 가격(100% − 20% = 80%), 즉 정상가의 80%에 해당하는 가격입니다. $\frac{80\%}{100\%} = \frac{\square}{5000}$로 식을 세우고 □를 구하면, □ = 4,000원입니다.

❸ (아 그렇구나! 문제 3을 가리키며) 물이 얼음이 될 때 부피가 약 10% 증가한다면, 500ml의 물이 얼음이 되었을 때의 얼음 부피를 구하는 문제를 풀 때 혼동되는 점은 무엇입니까?

⇨ 주어진 문제를 풀기 위해서는, 먼저 100%에 해당하는 기준량 500ml의 10%에 해당하는 비교하는 양을 구한 후($\frac{10\%}{100\%} = \frac{\square}{500}$: □ = 50ml), 50ml를 물의 원래 부피에 더해 주어야 합니다. 500ml + 50ml = 550ml가 답입니다.

배움 체크하기

(배움 체크 리스트 를 가리키며) 오늘 우리가 함께 공부한 것을 혼자서도 할 수 있는지 체크해 봅시다. 혼자서도 할 수 있으면 👍, 선생님의 도움이 더 필요하다면 ?에 동그라미로 표시하세요.

배움 체크 리스트	👍	?
1. 비교하는 양과 기준량의 의미를 이해하고 결정할 수 있습니다.		
2. 동치 분수에 미지수가 있는 경우, 두 분수의 대각선에 있는 수끼리 곱하여 미지수를 구할 수 있습니다.		
3. 백분율의 의미를 이해하고 전체 수량에 해당하는 백분율이 100%라는 것을 이해하고 적용할 수 있습니다.		
4. 전체에 해당하는 백분율 100%와 부분에 해당하는 백분율을 이용하여 $\frac{\text{백분율 부분(\%)}}{\text{백분율 전체(\%)}}$의 식을 세운다는 것을 이해하고 적용할 수 있습니다.		
5. 전체에 해당하는 수량인 기준량과 부분에 해당하는 수량인 비교하는 양을 이용하여 $\frac{\text{비교하는 양}}{\text{기준량}}$의 식을 세운다는 것을 이해하고 적용할 수 있습니다.		
6. $\frac{\text{백분율 부분(\%)}}{\text{백분율 전체(\%)}} = \frac{\text{비교하는 양}}{\text{기준량}}$의 식을 풀 때는 백분율 전체(%) × 비교하는 양 = 백분율 부분(%) × 기준량으로 식을 바꾼 후 미지수인 수량을 구한다는 것을 이해하고 적용할 수 있습니다.		
7. 비교하는 양이나 기준량이 문제에 주어지지 않았을 경우, 주어진 정보를 이용하여 비교하는 양이나 기준량을 구한다는 것을 이해하고 적용할 수 있습니다(예: 5,000원 하는 물건값의 10%를 할인해 줄 때 할인가 구하기).		

혼자 풀기

(혼자 풀어 보는 문제 1~7을 제시하며) 오늘 배운 것을 기억하면서 문제를 혼자 풀어 보는 시간입니다. 내비게이션 1.14 를 사용하면 도움이 됩니다.

다음 물음에 답하시오.

1. 6학년 전체 200명 학생 중 50명이 방과후 테니스 교실에 참가했을 때, 방과후 테니스 교실에 참가한 학생 중 6학년 학생의 비율을 구하시오.

2. 마트에서 한 개에 5,000원 하는 우유를 4,000원에 팔고 있다면, 우유의 정상가에 대한 할인가의 비율을 구하시오.

3. 150cm의 72%는 얼마입니까?

4. 상자의 가로 길이의 75%가 30cm일 때, 상자의 가로 길이는 얼마입니까?

5. 물건값의 5%를 적립해 주는 마트에서 8,000원어치 물건을 샀을 경우, 적립받는 금액은 얼마입니까?

6. 20% 할인하는 옷을 샀더니 정가에서 4,000원을 할인해 주었을 때, 옷의 정상가는 얼마입니까?

7. 전교생의 $\frac{4}{9}$가 남학생이고 남학생이 240명일 때, 전교생 수는 몇 명입니까?

채점 및 오답 분석

학생이 쓴 답을 기재하고, 오답인 경우 중재 결정표 에서 가능한 오류 원인을 1~8 중에서 골라 번호로 기재합니다. 기타 원인 때문에 오답이 발생했을 경우, 구체적으로 어떤 이유인지 기재합니다. 가능한 오답의 원인을 모두 기재합니다.

혼자 풀어 보는 문제	정답	학생이 쓴 답	오답 원인
1. 6학년 전체 200명 학생 중 50명이 방과후 테니스 교실에 참가했을 때, 방과후 테니스 교실에 참가한 학생 중 6학년 학생의 비율	$\frac{1}{4}$ 또는 0.25		
2. 마트에서 한 개에 5,000원 하는 우유를 4,000원에 팔고 있다면, 정상가에 대한 할인가의 비율	$\frac{4}{5}$ 또는 0.8		
3. 150cm의 72%	108cm		
4. 상자의 가로 길이 75%가 30cm일 때, 상자의 가로 길이	40cm		
5. 물건값의 5%를 적립해 주는 마트에서 8,000원어치 물건을 샀을 경우, 적립받는 금액	400원		
6. 20% 할인하는 옷을 샀더니 정가에서 4,000원을 할인해 주었을 때, 옷의 정상가	20,000원		
7. 전교생의 $\frac{4}{9}$가 남학생이고 남학생이 240명일 때, 전교생 수	540명		
	정답 개수	/ 7	

Level 1.2
14차시

중재 결정표

오답 원인을 분석하여 차후 중재를 결정하세요.

오답 원인	발생 빈도	최다 발생 오류	중재 결정
1. 사전 지식 및 기술(백분율, 비율, 미지수가 있는 동치 분수식 풀기, 유리수의 곱셈과 나눗셈)			
2. 용어나 문제 이해 부족(비교하는 양, 기준량, 비율, 백분율, %)			
3. 전체를 나타내는 백분율 100%와 부분을 나타내는 백분율을 이용하여 $\frac{\text{백분율 부분(\%)}}{\text{백분율 전체(\%)}}$ 이라는 식을 세우는 절차의 이해와 적용의 어려움			
4. 전체를 나타내는 기준량과 부분을 나타내는 비교하는 양을 이용하여 $\frac{\text{비교하는 양}}{\text{기준량}}$ 으로 식을 세우는 절차의 이해와 적용의 어려움			
5. $\frac{\text{백분율 부분(\%)}}{\text{백분율 전체(\%)}} = \frac{\text{비교하는 양}}{\text{기준량}}$ 으로 분수식을 세우고 미지수인 수량값을 구해야 한다는 것의 이해와 적용의 어려움			
6. $\frac{\text{백분율 부분(\%)}}{\text{백분율 전체(\%)}} = \frac{\text{비교하는 양}}{\text{기준량}}$ 을 풀 때는 백분율 전체(%) × 비교하는 양= 백분율 부분(%) × 기준량으로 식을 바꾼 후, 미지수인 수량을 구한다는 것의 이해와 적용의 어려움			
7. 부주의/계산 실수			
8. 기타(구체적 원인 기재하기)			

가장 흔한 오답 원인	1과 2 중 하나	3, 4, 5, 6 중 하나	7
	AND	AND	OR
오답률	오답이 2개 이상	오답이 2개 이상	오답이 2개 미만
다음 중재	브리지(Bridge)	동 차시 반복	다음 차시

브리지(Bridge) 차시

• 1.11차시 • 1.12차시 • 1.13차시

15차시

등식의 의미와 방정식 만들기

[내비게이션 1.15.A] 방정식의 의미

식 $x + 2 = 5$처럼 x 값에 따라 참이 되기도 하고 거짓이 되기도 하는 등식을 **x에 관한 방정식**이라고 한다.

> 방정식은
> 1. '='가 있다(등식).
> 2. 'x'가 있다(미지수).
> 3. x 값에 따라 참이 되거나 거짓이 된다.

[내비게이션 1.15.B] 문장을 방정식으로 나타내는 방법

- "저축한 돈에서 3,000원을 썼더니 12,000원이 남았습니다."를 방정식으로 나타내기

❶ 주어진 문장을 두 부분으로 나누어 표시하기

A	B
저축한 돈에서 3,000원을 썼더니	12,000원이 남았습니다.

② 미지수를 찾아 x라 나타내기

- 미지수는 지금 알지 못하는 수
- 주어진 문장에서는 저축한 돈이 얼마인지 알지 못하므로 저축한 돈을 x라 씀

A	B
저축한 돈에서 3,000원을 썼더니	12,000원이 남았습니다.
→ x가 있었는데 3,000원을 썼더니	12,000원이 남았습니다.

③ A와 B를 수식으로 나타내기

- 저축한 돈에서 3,000원을 썼다는 저축한 돈(x) − 3000을 의미
- 12,000원이 남았다는 것은 12000으로 나타냄

A	B
x가 있었는데 3,000원을 썼더니	12,000원이 남았습니다.
→ $x - 3000$	12000

④ A와 B를 등호(=)로 연결하기

→ $x - 3000 = 12000$

차시 목표 방정식의 의미를 이해하고 방정식을 만들 수 있다.

사전 지식 유리수의 사칙연산, 등식의 의미, 등호, 미지수의 의미, 혼합연산, 사칙연산을 나타내는 문장을 식으로 나타내기

준비물 1단계 15차시 학생용 교재, **내비게이션 1.15**

흔한 오류

1. 방정식을 만드는 문제에서 등호를 쓰지 않는다.
   - 오류 예: $2x + 3$

2. 미지수를 x로 나타내는 데 어려움을 겪는다.
   - 오류 예: "어떤 수의 4배보다 8 작은 수는 30과 같습니다."를 등식으로 나타낼 때 $4 - 8 = 30$으로 나타낸다.

3. 등호를 의미하는 '같습니다'라는 키워드가 없을 때는 등식을 만들지 못한다.
   - 오류 예: "색종이 몇 장이 있었는데 3장을 썼더니 10장이 남았습니다."를 방정식으로 나타낼 때, $x - 3 + 10$으로 나타낸다.

사전평가

처음 두 문제는 가장 필수적인 사전 지식에 대한 이해를 묻고, 3번부터 7번까지는 차시 목표인 개념과 기술의 이해를 묻습니다.

다음 문장을 등식이나 방정식으로 나타내시오.

1. 3에 5를 더하면 8과 같습니다.

2. 4와 7을 곱한 수에 3을 더하면 31과 같습니다.

3. 국화꽃 56송이를 꽃병 몇 개에 똑같이 나누어 담았더니 꽃병에 8송이씩 꽂혔습니다.

4. 도넛이 13개가 있었는데 몇 개를 먹었더니 9개가 남았습니다.

5. 어떤 수의 5배보다 7 작은 수는 54와 같습니다.

6. 32의 4배는 어떤 수보다 100이 큰 수와 같습니다.

7. 어떤 수를 3으로 나눈 수를 48에서 뺐더니 7과 같습니다.

정 답

1. $3+5=8$ 2. $4\times7+3=31$ 3. $56\div x=8$ 4. $13-x=9$

5. $5x-7=54$ 6. $32\times4=x+100$ 7. $48-(x\div3)=7$

접속하기

차시 목표 및 개념 설명

오늘은 주어진 문장을 등식이나 방정식으로 나타내는 방법에 대해 배우려 합니다. 먼저, 이번 차시에서 많이 사용될 개념과 기술을 정리해 봅시다.

1. 미지수란 무엇입니까? 미지수란 □, △, x와 같이 아직 그 값을 알지 못하는 어떤 수를 말합니다. □ × 5에서는 □가 미지수이고, $4 \times x$에서는 x가 미지수입니다.

2. 등식이란 무엇입니까? 등식이란 등호(=)를 사용하여 두 수 또는 두 식이 서로 같음을 나타낸 식을 말합니다. 등식에서 등호의 왼쪽 부분을 좌변, 등호의 오른쪽 부분을 우변이라 합니다. 예를 들어, 등식 $3 + 2 = 5$에서 좌변은 $3 + 2$, 우변은 5입니다.

3. 방정식이란 무엇입니까? 식 $x + 2 = 5$처럼 x 값에 따라 참이 되기도 하고 거짓이 되기도 하는 등식을 x에 관한 방정식이라고 합니다.

방정식은
1. '='가 있다(등식).
2. 'x'가 있다(미지수).
3. x 값에 따라 참이 되거나 거짓이 된다.

1) 예를 들어, $x - 3 \times 2 = 5$는 방정식입니다. 왜냐하면,

→ '='가 있고(☺),

→ 'x'가 있고(☺),

→ x 값이 11일 때 참이고, x 값이 다른 수일 때는 거짓이기 때문입니다(☺).

2) $x - 3 = x - 3$은 방정식이 아닙니다. 왜냐하면,

→ '='가 있고(☺),

→ 'x'가 있지만(☺)

→ x값이 어떤 수라도 방정식이 참이 됩니다(☒).

4. 문장을 방정식으로 나타내는 방법을 알아봅시다. 내비게이션 1.15는 문장을 방정식으로 나타내는 방법을 정리하여 보여 줍니다. 예를 들어, "저축한 돈에서 3,000원을 썼더니 12,000원이 남았습니다."를 방정식으로 나타내기 위해서는,

1) 주어진 문장을 두 부분으로 나누어 표시합니다.

A	B
저축한 돈에서 3,000원을 썼더니	12,000원이 남았습니다.

2) 미지수를 찾아 x라 나타냅니다. 미지수는 지금 알지 못하는 수입니다. 주어진 문장에서는 저축한 돈이 얼마인지 알지 못하므로 저축한 돈을 x라 씁니다.

A	B
저축한 돈에서 3,000원을 썼더니	12,000원이 남았습니다.
→ x가 있었는데 3,000원을 썼더니	12,000원이 남았습니다.

3) A와 B를 수식으로 나타냅니다. 저축한 돈에서 3,000원을 썼다는 저축한 돈(x) − 3000을 의미합니다. 12,000원이 남았다는 것은 12000으로 나타냅니다.

A	B
x가 있었는데 3,000원을 썼더니	12,000원이 남았습니다.
→ $x - 3000$	12000

4) A와 B를 등호(=)로 연결합니다.

→ $x - 3000 = 12000$

보여 주기

개념 및 기술 교수, 개념 및 기술 예시 제시, 보는 수학 내비게이션을 이용한 교사 모델링

(내비게이션 1.15 의 그림을 보여 주며) 문제를 풀기 전에, 주어진 문장을 방정식으로 나타내는 방법을 정리해 봅시다. 먼저, 주어진 문장을 두 부분으로 나눕니다. 문장은 주로 미리 일어난 사건과 그 결과나, 첫 번째 식과 두 번째 식 등 두 부분으로 나뉠 수 있습니다. 다음은 알지 못하는 수를 x로 바꿉니다. 각 부분을 나타내는 수식을 세우고 두 수식을 등호로 연결합니다. 주어진 문장을 방정식으로 나타내는 방법을 기억하면서 다음 문제를 풀어 봅시다.

❶ (보여 주는 문제 1을 보여 주며) "어떤 수의 2배보다 3이 작은 수는 24와 같습니다."를 방정식으로 나타내시오.

1. 주어진 문장을 두 부분으로 나누어 표시합니다.

A	B
어떤 수의 2배보다 3이 작은 수	24와 같습니다.

2. 미지수를 찾아 x라 나타냅니다. 미지수는 지금 알지 못하는 수입니다.
   - 주어진 문장에서는 어떤 수를 알지 못하므로 어떤 수를 x라 씁니다.

A	B
어떤 수의 2배보다 3이 작은 수	24와 같습니다.
→ x의 2배보다 3이 작은 수	24와 같습니다.

3. A와 B를 수식으로 나타냅니다.
   - 어떤 수의 2배는 어떤 수 곱하기 2를 나타내고 3이 작다는 것은 3을 뺀 수라는 것을 나타냅니다.
   - 어떤 수의 2배보다 3이 작은 수는 어떤 수(x) × 2 − 3로 나타낼 수 있습니다.
   - 24와 같다는 것은 24로 나타냅니다.

A	B
x의 2배보다 3이 작은 수	24와 같습니다.
→ $2 \times x - 3$	24

4. A와 B를 등호('=')로 연결합니다.

→ $2 \times x - 3 = 24$

❷ (보여 주는 문제 2를 보여 주며) "장미꽃 몇 송이를 꽃병 4개에 나누어 꽂았더니 각 꽃병에 꽃이 10송이씩 꽂혔습니다."를 방정식으로 나타내시오.

1. 주어진 문장을 두 부분으로 나누어 표시합니다.

A	B
장미꽃 몇 송이를 꽃병 4개에 나누어 꽂았더니	각 꽃병에 10송이씩 꽂혔습니다.

2. 미지수를 찾아 x라 나타냅니다. 미지수는 지금 알지 못하는 수입니다.

- 주어진 문장에서는 장미꽃이 몇 송이인지 알지 못하므로 장미꽃 몇 송이를 x라 씁니다.

A	B
장미꽃 몇 송이를 꽃병 4개에 나누어 꽂았더니	각 꽃병에 10송이씩 꽂혔습니다.
→ x를 꽃병 4개에 나누어 꽂았더니	각 꽃병에 10송이씩 꽂혔습니다.

3. A와 B를 수식으로 나타냅니다.

- 장미꽃 몇 송이를 꽃병 4개에 나누어 꽂았다는 것은 장미꽃을 4로 나눈다는 것을 나타내므로 장미꽃 몇 송이(x) ÷ 4로 나타낼 수 있습니다.
- 각 꽃병에 10송이씩 꽂혔다는 것은 앞 사건의 결과가 10이 되었다는 것입니다.

A	B
x를 꽃병 4개에 나누어 꽂았더니	각 꽃병에 10송이씩 꽂혔습니다.
→ $x \div 4$	10

4. A와 B를 등호('=')로 연결합니다.

→ $x \div 4 = 10$

❸ (보여 주는 문제 3을 보여 주며) "한 줄에 계란이 12개씩 들어 있는 계란을 몇 줄 사서 8개를 삶아 먹었더니 남은 계란은 28개입니다."를 방정식으로 나타내시오.

1. 주어진 문장을 두 부분으로 나누어 표시합니다.

A	B
한 줄에 계란이 12개씩 들어 있는 계란을 몇 줄 사서 8개를 삶아 먹었더니	남은 계란은 28개입니다.

2. 미지수를 찾아 x라 나타냅니다. 미지수는 지금 알지 못하는 수입니다.

- 주어진 문장에서는 계란이 몇 줄인지를 알지 못하므로 계란 몇 줄을 x라 씁니다.

A	B
한 줄에 계란이 12개씩 들어 있는 계란을 몇 줄 사서 8개를 삶아 먹었더니	남은 계란은 28개입니다.
→ 한 줄에 계란이 12개씩 들어 있는 계란을 x줄 사서 8개를 삶아 먹었더니	남은 계란은 28개입니다.

3. A와 B를 수식으로 나타냅니다.

- 한 줄에 계란이 12개씩 들어 있는 계란을 몇 줄 샀으면 계란은 12 × 계란 줄 수(x) 만큼 있고, 8개를 삶아 먹었다는 것은 원래 있던 계란 수에서 8개를 뺐다는 의미입니다[12 × 계란 줄 수(x) − 8].

Level 1.2
15차시

- 남은 계란이 28개라는 것은 28로 나타냅니다.

A	B
한 줄에 계란이 12개씩 들어 있는 계란을 x줄 사서 8개를 삶아 먹었더니	남은 계란은 28개입니다.
→ $12 \times x - 8$	28

4. A와 B를 등호('=')로 연결합니다.

→ $\boxed{12 \times x - 8 = 28}$

함께 풀기

(내비게이션 1.15 를 보여 주며) 문제를 풀기 전에, 주어진 문장을 방정식으로 나타내는 방법을 정리해 봅시다. 먼저, 주어진 문장을 두 부분으로 나눕니다. 문장은 주로 미리 일어난 사건과 그 결과나, 첫 번째 식과 두 번째 식 등 두 부분으로 나뉠 수 있습니다. 다음은 알지 못하는 수를 x로 바꿉니다. 각 부분을 나타내는 수식을 세우고 두 수식을 등호로 연결합니다. 주어진 문장을 방정식으로 나타내는 방법을 기억하면서 다음 문제를 풀어 봅시다.

1 (함께 풀어 보는 문제 1을 가리키며) "어떤 수의 5배보다 7이 큰 수는 27과 같습니다."를 방정식으로 나타내시오.

1. 주어진 문장을 방정식으로 나타낼 때 가장 먼저 할 일은 무엇입니까? 주어진 문장을 두 부분으로 나누어 표시합니다.
   - 주어진 문장은 어떻게 나눌 수 있습니까? 주어진 문장은 '어떤 수의 5배보다 7이 큰 수'와 '27'을 비교하는 문장이므로, 어떤 수의 5배보다 7이 큰 수와 27로 나눌 수 있습니다.

A	B
어떤 수의 5배보다 7이 큰 수	27과 같습니다.

2. 다음은 무엇을 합니까? 미지수를 찾아 x라 나타냅니다.
   - 주어진 문장에서 알지 못하는 수는 무엇입니까? 어떤 수가 지금 알지 못하는 수입니다. 어떤 수를 x라 씁니다.

A	B
어떤 수의 5배보다 7이 큰 수	27과 같습니다.
→ x의 5배보다 7이 큰 수	27과 같습니다.

3. 다음은 무엇을 합니까? A와 B를 수식으로 나타냅니다.

- 어떤 수의 5배는 무엇을 나타냅니까? 어떤 수의 5배는 어떤 수 곱하기 5를 나타냅니다.
- 7이 크다는 것은 수식으로 어떻게 나타냅니까? 7이 크다는 것은 7을 더한 수라는 것을 나타냅니다. 어떤 수의 5배보다 7이 큰 수는 어떤 수(x) × 5 + 7로 나타낼 수 있습니다.
- 27과 같다는 것은 어떻게 나타냅니까? 27로 나타냅니다.

A	B
x의 5배보다 7이 큰 수	27과 같습니다.
→ $5 \times x + 7$	27

4. 다음은 무엇을 합니까? A와 B를 등호(=)로 연결합니다.

- A와 B를 등호(=)로 연결하면 어떻게 됩니까? $5 \times x + 7 = 27$입니다.

❷ (함께 풀어 보는 문제 2를 가리키며) "우리 반 전체 학생을 모둠원이 6명인 모둠으로 나눴더니 5모둠이 되었습니다."를 방정식으로 나타내시오.

1. 주어진 문장을 방정식으로 나타낼 때 가장 먼저 할 일은 무엇입니까? 주어진 문장을 두 부분으로 나누어 표시합니다.

- 주어진 문장은 어떻게 나눌 수 있습니까? 주어진 문장은 '우리 반 전체 학생을 모둠원이 6명인 모둠으로 나눴더니' 그 결과 '5모둠이 되었습니다.'로 나눌 수 있습니다.

A	B
우리 반 전체 학생을 모둠원이 6명인 모둠으로 나눴더니	5모둠이 되었습니다.

2. 다음은 무엇을 합니까? 미지수를 찾아 x라 나타냅니다.

- 주어진 문장에서 알지 못하는 수는 무엇입니까? 우리 반 전체 학생 수가 지금 알지

못하는 수입니다. 우리 반 전체 학생 수를 x라 씁니다.

A	B
우리 반 전체 학생을 모둠원이 6명인 모둠으로 나눴더니	5모둠이 되었습니다.
→ x를 모둠원이 6명인 모둠으로 나눴더니	5모둠이 되었습니다.

3. 다음은 무엇을 합니까? A와 B를 수식으로 나타냅니다.
   - x를 모둠원이 6명인 모둠으로 나눈다는 것은 어떻게 나타냅니까? x를 모둠원이 6명인 모둠으로 나눈다는 것은 $x \div 6$으로 나타낼 수 있습니다.
   - 5모둠이 되었다는 것은 어떻게 나타냅니까? 5로 나타냅니다.

A	B
x를 모둠원이 6명인 모둠으로 나눴더니	5모둠이 되었습니다.
→ $x \div 6$	5

4. 다음은 무엇을 합니까? A와 B를 등호(=)로 연결합니다.
   - A와 B를 등호(=)로 연결하면 어떻게 됩니까? $x \div 6 = 5$입니다.

3 (함께 풀어 보는 문제 3을 가리키며) "한 상자에 도넛이 6개 들어 있는 도넛을 몇 상자 사서 그중 5개 도넛을 친구에게 주었더니 35개의 도넛이 남았습니다."를 방정식으로 나타내시오.

1. 주어진 문장을 방정식으로 나타낼 때 가장 먼저 할 일은 무엇입니까? 주어진 문장을 두 부분으로 나누어 표시합니다.
   - 주어진 문장은 어떻게 나눌 수 있습니까? 주어진 문장은 '한 상자에 도넛이 6개 들어 있는 도넛을 몇 상자 사서 그중 5개 도넛을 친구에게 주었더니' 그 결과 '35개의 도넛이 남았습니다'로 나눌 수 있습니다.

A	B
한 상자에 도넛이 6개 들어 있는 도넛을 몇 상자 사서 그중 5개 도넛을 친구에게 주었더니	35개의 도넛이 남았습니다.

2. 다음은 무엇을 합니까? 미지수를 찾아 x라 나타냅니다.

- 주어진 문장에서 알지 못하는 수는 무엇입니까? 도넛 상자 수가 지금 알지 못하는 수입니다. 도넛 상자 수를 x라 씁니다.

A	B
한 상자에 도넛이 6개 들어 있는 도넛을 몇 상자 사서 그중 5개 도넛을 친구에게 주었더니	35개의 도넛이 남았습니다.
→ 한 상자에 도넛이 6개 들어 있는 도넛을 x상자 사서 그중 5개 도넛을 친구에게 주었더니	35개의 도넛이 남았습니다.

3. 다음은 무엇을 합니까? A와 B를 수식으로 나타냅니다.

- 한 상자에 도넛이 6개씩 들어 있는 도넛을 x상자 사면 도넛은 총 몇 개입니까? 6개가 x번 있으므로, $6 \times x$개 도넛이 있습니다.
- 도넛 5개를 친구에게 준다는 것은 무엇을 의미합니까? 가지고 있는 도넛 $6 \times x$에서 5개를 뺀다는 것을 의미합니다. 도넛이 6개씩 들어 있는 도넛을 몇 상자 사서 그중 5개 도넛을 친구에게 준다는 것은 $6 \times x - 5$로 나타낼 수 있습니다.
- 35개의 도넛이 남았다는 것은 어떻게 나타냅니까? 35로 나타냅니다.

A	B
한 상자에 도넛이 6개 들어 있는 도넛을 x상자 사서 그중 5개 도넛을 친구에게 주었더니	35개의 도넛이 남았습니다.
→ $6 \times x - 5$	35

4. 다음은 무엇을 합니까? A와 B를 등호('=')로 연결합니다.

- A와 B를 등호('=')로 연결하면 어떻게 됩니까? $6 \times x - 5 = 35$입니다.

아 그렇구나!

- 혼동되는 문제 다시 풀기
- 최다 오류를 반례로 제시하여 개념 및 기술 획득 강화

아 그렇구나! 에서는 주어진 문장을 방정식으로 나타낼 때 우리가 혼동스러워하는 문제를 함께 풀어 봅니다. 다음 문제를 풀 때 왜 실수가 많은지 그 이유를 함께 생각해 봅시다.

1 (아 그렇구나! 문제 1을 가리키며) "34의 2배는 어떤 수보다 7이 큰 수와 같습니다."를 방정식으로 나타낼 때 혼동되는 점은 무엇입니까?

⇨ 주어진 문장은 '34의 2배'와 '어떤 수보다 7이 큰 수'를 비교하는 방정식으로 나타낼 수 있습니다. 지금까지 연습해 온 문제들은 등호의 왼쪽에 미지수가 있었는데, 주어진 문장을 나타내는 방정식은 등호의 오른쪽에 미지수가 있습니다. $34 \times 2 = x + 7$이 주어진 문장을 나타내는 방정식입니다.

2 (아 그렇구나! 문제 2를 가리키며) "어떤 수에 3을 곱한 값에서 2를 뺀 수는 동일한 어떤 수에 2를 곱한 값에서 3을 뺀 값과 같습니다."를 방정식으로 나타낼 때 혼동되는 점은 무엇입니까?

⇨ 지금까지 배운 문제는 등호의 한쪽 방향에만 미지수가 있는 경우였는데, 주어진 문제를 방정식으로 나타내면 등호의 양쪽 방향에 미지수(어떤 수)가 있습니다. 주어진 문장은 $x \times 3 - 2 = x \times 2 - 3$으로 나타낼 수 있습니다.

배움 체크하기

(배움 체크 리스트 를 가리키며) 오늘 우리가 함께 공부한 것을 혼자서도 할 수 있는지 체크해 봅시다. 혼자서도 할 수 있으면 👍, 선생님의 도움이 더 필요하다면 ?에 동그라미로 표시하세요.

배움 체크 리스트	👍	?
1. 문장으로 표현된 덧셈과 뺄셈 상황을 이해하고 수식으로 나타낼 수 있습니다.		
2. 문장으로 표현된 곱셈과 나눗셈 상황을 이해하고 수식으로 나타낼 수 있습니다.		
3. 미지수의 의미를 이해합니다.		
4. 등식과 방정식의 의미를 이해합니다.		
5. 주어진 문장을 방정식으로 나타낼 때, 문장에 있는 정보를 두 부분으로 나눈다는 것을 이해하고 적용할 수 있습니다.		
6. 주어진 문장에서 미지수를 찾아 x를 사용하여 나타낼 수 있습니다.		
7. 주어진 문장을 방정식으로 나타낼 때는 문장의 두 부분에 있는 정보를 각각 수식으로 바꾼 후 두 부분을 등호(=)로 연결하여 답한다는 것을 이해하고 적용할 수 있습니다.		

혼자 풀기

(혼자 풀어 보는 문제 1~7을 제시하며) 오늘 배운 것을 기억하면서 문제를 혼자 풀어 보는 시간입니다. 내비게이션 1.15 를 사용하면 도움이 됩니다.

다음 문장을 등식으로 나타내시오.

1. 3에 5를 더하면 8과 같습니다.

2. 4와 7을 곱한 수에 3을 더하면 31과 같습니다.

3. 국화꽃 56송이를 꽃병 몇 개에 똑같이 나누어 담았더니 꽃병에 8송이씩 꽂혔습니다.

4. 도넛이 13개가 있었는데 몇 개를 먹었더니 9개가 남았습니다.

5. 어떤 수의 5배보다 7 작은 수는 54와 같습니다.

6. 32의 4배는 어떤 수보다 100이 큰 수와 같습니다.

7. 어떤 수를 3으로 나눈 수를 48에서 뺐더니 7과 같습니다.

채점 및 오답 분석

학생이 쓴 답을 기재하고, 오답인 경우 중재 결정표 에서 가능한 오류 원인을 1~8 중에서 골라 번호로 기재합니다. 기타 원인 때문에 오답이 발생했을 경우, 구체적으로 어떤 이유인지 기재합니다. 가능한 오답의 원인을 모두 기재합니다.

혼자 풀어 보는 문제	정답	학생이 쓴 답	오답 원인
1. 3에 5를 더하면 8과 같습니다.	$3 + 5 = 8$		
2. 4와 7을 곱한 수에 3을 더하면 31과 같습니다.	$4 \times 7 + 3 = 31$		
3. 국화꽃 56송이를 꽃병 몇 개에 똑같이 나누어 담았더니 꽃병에 8송이씩 꽂혔습니다.	$56 \div x = 8$		
4. 도넛이 13개가 있었는데 몇 개를 먹었더니 9개가 남았습니다.	$13 - x = 9$		
5. 어떤 수의 5배보다 7 작은 수는 54와 같습니다.	$x \times 5 - 7 = 54$		
6. 32의 4배는 어떤 수보다 100이 큰 수와 같습니다.	32×4 $= x + 100$		
7. 어떤 수를 3으로 나눈 수를 48에서 뺐더니 7과 같습니다.	$48 - x \div 3 = 7$		
	정답 개수	/ 7	

Level 1.2
15차시

중재 결정표

오답 원인을 분석하여 차후 중재를 결정하세요.

오답 원인	발생 빈도	최다 발생 오류	중재 결정
1. 사전 지식 및 기술(사칙연산을 나타내는 문장을 수식으로 나타내기, 혼합계산 순서, 사칙연산)			
2. 용어나 문제 이해 부족(등식, 미지수, 방정식, 등호)			
3. 문장을 방정식으로 나타내기 위하여 주어진 문장을 등호로 연결할 두 부분으로 나누는 것의 이해와 적용의 어려움			
4. 문장에 포함된 미지수를 결정하고 x로 미지수를 대신 나타내는 방법의 이해와 적용의 어려움			
5. 문장에 포함된 두 부분을 각각 수식으로 나타내는 방법의 이해와 적용의 어려움			
6. 문장의 두 부분을 적어도 한 부분이 미지수를 포함한 수식이 되도록 나타낸 후 두 식을 등호로 연결하여 문장을 방정식으로 나타낸다는 것의 이해와 적용의 어려움			
7. 부주의/계산 실수			
8. 기타(구체적 원인 기재하기)			

가장 흔한 오답 원인	1과 2 중 하나	3, 4, 5, 6 중 하나	7
	AND	AND	OR
오답률	오답이 2개 이상	오답이 2개 이상	오답이 2개 미만
다음 중재	브리지(Bridge)	동 차시 반복	다음 차시

브리지(Bridge) 차시
- 사칙연산의 이해
- 등호와 등식 이해

16차시

등식의 성질을 이용하여 방정식 풀기

[내비게이션 1.16] 등식의 성질을 이용한 방정식의 풀이

	순서	예[$(x+1)\times 3+3=12$]
❶	x가 있는 곳을 확인하고 x만 남기기 위해 없앨 수와 연산 계획하기 → 덧셈된 수는 같은 수의 뺄셈으로, 뺄셈된 수는 같은 수의 덧셈으로, 곱셈된 수는 같은 수의 나눗셈으로, 나눗셈된 수는 같은 수의 곱셈으로 없앰	• $(x+1)\times 3+3=12$에는 등호의 좌쪽(좌변)에 x가 괄호에 있음 • $(x+1)$에 곱해진 3과 더해진 3을 없애서 $(x+1)$을 먼저 구한 후 $(x+1)$에서 1을 없애 줌
❷	x나 x를 포함한 괄호에 덧셈이나 뺄셈된 수를 없애기	$(x+1)\times 3+3=12$에서는 덧셈항 $+3$이 있으므로 -3으로 덧셈항을 없애 줌 $\begin{array}{r\|l} (x+1)\times 3+3 & =12 \\ -3 & =-3 \\ \hline (x+1)\times 3 & =9 \end{array}$

3	x나 x를 포함한 괄호에 곱셈이나 나눗셈 수를 없애기	$(x + 1) \times 3 = 9$에서는 $(x + 1)$에 3이 곱해져 있으므로 양변을 3으로 나눔 $(x + 1) \times 3 + 3 \quad = 9$ $\div 3 \quad = \div 3$ $(x + 1) \quad = 3$
4	괄호 풀어 주기	$x + 1 = 3$의 해를 구하려면 양변에서 1을 빼 줌 $x + 1 \quad = 3$ $-1 \quad = -1$ $x \quad = 2$ $(x + 1) \times 3 + 3 = 12$의 해는 $x = 2$

x를 구할 때 연산 순서(제거 순서)
덧셈 또는 뺄셈 → 곱셈 또는 나눗셈 → 괄호식

차시 목표 등식의 성질을 이용하여 방정식을 풀 수 있다.

사전 지식 유리수의 사칙연산, 등식의 의미, 등호, 미지수의 의미, 혼합연산, 사칙연산을 나타내는 문장을 식으로 나타내기, 방정식의 의미, 덧셈과 뺄셈의 역원 관계, 곱셈과 나눗셈의 역원 관계

준비물 1단계 16차시 학생용 교재, **내비게이션 1.16**

흔한 오류

1. 등식의 성질을 이용하여 방정식을 풀 때 연산의 순서를 혼동한다.
   - 오류 예: $2 \times x + 3 = 7$을 풀 때 양변을 2로 나누고 양변에서 3을 뺀다.
2. x가 없는 변의 상수항을 더하거나 빼려 한다.
   - 오류 예: $2 \times x + 3 = 7$을 풀 때 양변에서 7을 빼려 한다.
3. 방정식 풀이 중 양변에 같은 수를 더하거나 뺀 후 더 이상 계산하지 않는다.
   - 오류 예: $2 \times x + 3 = 7$을 풀 때 양변에서 3을 뺀 후, $2 \times x = 4$에서 계산을 멈춘다.
4. 방정식의 해를 구한다는 의미를 이해하지 못한다.

사전평가

처음 두 문제는 가장 필수적인 사전 지식에 대한 이해를 묻고, 3번부터 7번까지는 차시 목표인 개념과 기술의 이해를 묻습니다.

다음 문장을 등식이나 방정식으로 나타내시오.

1. "국화꽃 56송이를 꽃병 몇 개에 똑같이 나누어 담았더니 꽃병에 8송이씩 꽂혔습니다."를 방정식으로 나타내시오.

2. "어떤 수의 5배보다 7이 작은 수는 52와 같습니다."를 방정식으로 나타내시오.

등식의 성질을 이용하여 다음 방정식을 풀어 보시오.

3. $x + 6 = 15$

4. $x \div 3 - 4 = 8$

5. $x \times 12 + 7 = 43$

6. $x \times \frac{3}{4} - 3 = 9$

7. $(4 + x) \times 3 = 15$

정답

1. $56 \div x = 8$ 2. $5x - 7 = 52$ 3. $x = 9$ 4. $x = 36$

5. $x = 3$ 6. $x = 16$ 7. $x = 1$

접속하기

차시 목표 및 개념 설명

오늘은 등식의 성질을 이용하여 방정식을 푸는 방법에 대해 배우려 합니다. 먼저, 이번 차시에서 많이 사용될 개념과 기술을 정리해 봅시다.

1. 미지수란 무엇입니까? 미지수란 □, △, x와 같이 아직 그 값을 알지 못하는 어떤 수를 말합니다. □ × 5에서는 □가 미지수이고, 4 × x에서는 x가 미지수입니다.

2. 등식이란 무엇입니까? 등식이란 등호(=)를 사용하여 두 수 또는 두 식이 서로 같음을 나타낸 식을 말합니다. 등식에서 등호의 왼쪽 부분을 좌변, 등호의 오른쪽 부분을 우변이라 합니다. 예를 들어, 등식 3 + 2 = 5에서 좌변은 3 + 2, 우변은 5입니다.

3. 등식에는 어떤 성질이 있습니까? 등식은 양변에 같은 수를 더하거나, 빼거나, 곱하거나, 나눠도 양변이 같아 등식이 성립합니다.

x + 2 = 7이면,

1) **(x + 2)** + 5 = **(7)** + 5
2) **(x + 2)** − 5 = **(7)** − 5
3) **(x + 2)** × 5 = **(7)** × 5
4) **(x + 2)** ÷ 5 = **(7)** ÷ 5

4. 방정식이란 무엇입니까? 식 $x + 2 = 5$처럼 x 값에 따라 참이 되기도 하고 거짓이 되기도 하는 등식을 x 관한 방정식이라고 합니다.

방정식은
1. '='가 있다(등식).
2. 'x'가 있다(미지수).
3. x 값에 따라 참이 되거나 거짓이 된다.

1) 예를 들어, $x - 3 \times 2 = 5$는 방정식입니다. 왜냐하면,

→ '='가 있고(☺),

→ 'x'가 있고(☺),

→ x값이 11일 때 참이고, x값이 다른 수일 때는 거짓이기 때문입니다(☺).

2) $x - 3 = x - 3$은 방정식이 아닙니다. 왜냐하면,

→ '='가 있고(☺),

→ 'x'가 있지만(☺)

→ x값이 어떤 수라도 방정식이 참이 됩니다(⊗).

5. 방정식을 푼다는 것은 무슨 뜻입니까? 방정식을 푼다는 것은 방정식이 참이 되게 하는 미지수의 값을 구하는 것을 말합니다. 예를 들어, 방정식 $x - 3 \times 2 = 5$를 참이 되게 하는 x값을 구하는 것을 방정식을 푼다고 하고 방정식이 참이 되게 하는 x값 $x = 11$을 방정식의 해라고 합니다.

6. 방정식의 해를 구하는 방법에는 등식의 성질을 이용하는 방법이 있습니다. 양변에 같은 수를 더하거나, 빼거나, 곱하거나, 나눠서 등호의 한쪽에 미지수값만 남게 합니다. 방정식의 해는 x값을 말하는 것이므로 등호 한쪽에 x만 남도록 나머지를 없애는 과정에서 등식의 성질을 사용합니다. 내비게이션 1.16 은 등식의 성질을 이용하여 방정식의 해를 구하는 방법을 정리하여 보여 줍니다. 예를 들어, 방정식 $(x + 1) \times 3 + 3 = 12$를 등식의 성질을 이용하여 풀면,

1) 등호의 어느 쪽에 x가 있는지 확인하고, x만 남게 하려면 무엇을 없애야 하는지 계획합니다.

$(x + 1) \times 3 + 3 = 12$에는 등호의 좌쪽(좌변)에 x가 있고, x만 남게 하려면 먼저 $(x + 1)$에 곱해진 3과 더해진 3을 없애야 합니다.

x를 구할 때 연산 순서(제거 순서)
덧셈 또는 뺄셈 → 곱셈 또는 나눗셈 → 괄호식

2) x나 x를 포함한 괄호가 있는 쪽에 덧셈된 수나 뺄셈된 수가 있는지 확인하고 덧셈된 수는 같은 수의 뺄셈으로 뺄셈된 수는 같은 수의 덧셈으로 없앱니다.

$(x + 1) \times 3 + 3 = 12$에서는 덧셈항 $+3$이 있으므로 -3으로 덧셈항을 없애 줍니다.

$(x + 1) \times 3 + 3$	$= 12$
-3	$= -3$
$(x + 1) \times 3$	$= 9$

3) x를 포함한 괄호에 곱셈된 수나 나눗셈된 수가 있는지 확인하고, 곱셈된 수는 같은 수의 나눗셈으로, 나눗셈된 수는 같은 수의 곱셈으로 없앱니다.

$(x + 1) \times 3 = 9$에서는 x에 3이 곱해져 있으므로 양변을 3으로 나눕니다.

$(x + 1) \times 3 + 3$	$= 9$
$\div 3$	$= \div 3$
$(x + 1)$	$= 3$

4) 괄호를 풀어 줍니다. $x + 1 = 3$의 해를 구하려면 양변에서 1을 빼 줍니다.

$x + 1$	$= 3$
-1	$= -1$
x	$= 2$

→ $(x + 1) \times 3 + 3 = 12$의 해는 $x = 2$입니다.

보여 주기

개념 및 기술 교수, 개념 및 기술 예시 제시, 보는 수학 내비게이션을 이용한 교사 모델링

(내비게이션 1.16 의 그림을 보여 주며) 문제를 풀기 전에, 등식의 성질을 이용하여 방정식의 해를 구하는 방법을 정리해 봅시다. 먼저, 등호의 어느 쪽에 x가 포함되어 있는지 확인하고, x나 x를 포함한 괄호가 있는 쪽에 덧셈된 수나 뺄셈된 수가 있으면 덧셈된 수는 같은 수의 뺄셈으로, 뺄셈된 수는 같은 수의 덧셈으로 없애 줍니다. 다음은 x나 x를 포함한 괄호에 곱해진 수나 나뉜 수가 있으면 곱셈된 수는 같은 수의 나눗셈으로, 나뉜 수는 같은 수의 곱셈으로 없애 줍니다. 괄호 안에 x가 있는 경우, 괄호 안에서 덧셈된 수는 같은 수의 뺄셈으로, 괄호 안에서 뺄셈된 수는 같은 수의 덧셈으로 없애 줍니다. 등식의 성질을 이용하여 방정식의 해를 구하는 방법을 기억하면서 다음 문제를 풀어 봅시다.

1 (보여 주는 문제 1을 보여 주며) 방정식 $2 \times x - 4 = 24$의 해를 구하시오.

1. 등호의 어느 쪽에 x가 있는지 확인하고, x만 남게 하려면 무엇을 없애야 하는지 계획합니다.
   - $2 \times x - 4 = 24$에는 등호의 좌쪽(좌변)에 x가 있고, x만 남게 하려면 x에 곱해진 2와 뺄셈된 4를 없애야 합니다.

2. x가 있는 쪽에 덧셈된 수나 뺄셈된 수가 있는지 확인하고, 덧셈된 수는 같은 수의 뺄셈으로, 뺄셈된 수는 같은 수의 덧셈으로 없앱니다.
   - $2 \times x - 4 = 24$에서는 뺄셈항 -4가 있으므로 4를 덧셈하여 뺄셈항을 없애 줍니다.

$2 \times x - 4$	$= 24$
$+ 4$	$= + 4$
$2 \times x$	$= 28$

3. 곱셈된 수나 나눈 수가 있는지 확인하고, 곱셈은 같은 수의 나눗셈으로, 나눗셈은 같은 수의 곱셈으로 없앱니다.
   - $2 \times x = 28$에서는 x에 2가 곱해져 있으므로 양변을 2로 나눕니다.

$2 \times x$	$= 28$
$\div 2$	$= \div 2$
x	$= 14$

→ 괄호식이 없으므로 $2 \times x - 4 = 24$의 해는 $\boxed{x = 14}$ 입니다.

2 (보여 주는 문제 2를 보여 주며) $x \div 5 - 6 = 9$의 해를 구하시오.

1. 등호의 어느 쪽에 x가 있는지 확인하고, x만 남게 하려면 무엇을 없애야 하는지 계획합니다.
   - $x \div 5 - 6 = 9$에는 등호의 좌쪽(좌변)에 x가 있고, x만 남게 하려면 x를 나눈 5와 뺄셈된 6을 없애야 합니다.

2. x가 있는 쪽에 덧셈된 수나 뺄셈된 수가 있는지 확인하고, 덧셈된 수는 같은 수의 뺄셈으로, 뺄셈된 수는 같은 수의 덧셈으로 없앱니다.
   - $x \div 5 - 6 = 9$에서는 뺄셈항 -6이 있으므로 양변에 6을 더하여 없애 줍니다.

$x \div 5 - 6$	$= 9$
$+ 6$	$= + 6$
$x \div 5$	$= 15$

3. 곱셈된 수나 나눈 수가 있는지 확인하고, 곱셈은 같은 수의 나눗셈으로, 나눗셈은 같은 수의 곱셈으로 없앱니다.
   - $x \div 5 = 15$에서는 x를 5로 나누었으므로 양변에 5를 곱합니다.

$x \div 5$	$= 15$
$\times 5$	$= \times 5$
x	$= 75$

→ 괄호식이 없으므로 $x \div 5 - 6 = 9$의 해는 $\boxed{x = 75}$ 입니다.

3 (보여 주는 문제 3을 보여 주며) $x \times 3 \div 2 = 15$의 해를 구하시오.

1. 등호의 어느 쪽에 x가 있는지 확인하고, x만 남게 하려면 무엇을 없애야 하는지 계획합니다.
   - $x \times 3 \div 2 = 15$에는 등호의 좌쪽(좌변)에 x가 있고, x만 남게 하려면 x에 곱해진 3과 x를 나눈 2를 없애야 합니다.

2. x가 있는 쪽에 덧셈된 수나 뺄셈된 수가 있는지 확인하고, 덧셈된 수는 같은 수의 뺄셈으로, 뺄셈된 수는 같은 수의 덧셈으로 없앱니다.
   - $x \times 3 \div 2 = 15$에서는 덧셈항이나 뺄셈항이 없습니다.

3. 곱셈된 수나 나눈 수가 있는지 확인하고, 곱셈은 같은 수의 나눗셈으로, 나눗셈은 같은 수의 곱셈으로 없앱니다.
   - $x \times 3 \div 2 = 15$에서는 x에 3이 곱해졌고 2로 나눠졌습니다. 먼저, '$\div$ 2'를 없애기 위해 양변에 '$\times$ 2'를 합니다.

$x \times 3 \div 2$	$= 15$
$\times 2$	$= \times 2$
$x \times 3$	$= 30$

   - 다음은 '$\times$ 3'을 없애기 위해 '$\div$ 3'을 합니다.

$x \times 3$	$= 30$
$\div 3$	$= \div 3$
x	$= 10$

→ 괄호식이 없으므로 $x \times 3 \div 2 = 15$의 해는 $x = 10$ 입니다.

함께 풀기

(내비게이션 1.16 을 보여 주며) 문제를 풀기 전에, 등식의 성질을 이용하여 방정식의 해를 구하는 방법을 정리해 봅시다. 먼저, x만 남겨야 할 쪽이 등호의 어느 쪽에 있는지 확인하고, 무엇을 없애야 x만 남게 되는지 계획합니다. 덧셈된 수는 같은 수를 빼서 뺄셈된 수는 같은 수를 더해서 없애 줍니다. 다음은 x에 곱해진 수나 x를 나눈 수가 있는지 확인하고, 곱해진 수는 같은 값으로 나눠 주고, 나눈 수는 같은 값을 곱해 주어 없앱니다. 마지막으로, 괄호 안에 x가 있는 경우, 괄호 안에서 덧셈된 수는 같은 수의 뺄셈으로, 괄호 안에서 뺄셈된 수는 같은 수의 덧셈으로 없애 줍니다. 등식의 성질을 이용하여 방정식의 해를 구하는 방법을 기억하면서 다음 문제를 함께 풀어 봅시다.

1 (함께 풀어 보는 문제 1을 가리키며) 방정식 $5 \times x + 7 = 27$의 해를 구하시오.

1. 등식의 성질을 이용하여 방정식의 해를 구할 때 가장 먼저 해야 하는 일은 무엇입니까? 등호의 어느 쪽에 x가 있는지 확인하고, x만 남게 하려면 무엇을 없애야 하는지 계획합니다.
   - $5 \times x + 7 = 27$에는 등호의 어느 쪽에 x가 있습니까? 등호의 좌쪽(좌변)에 x가 있습니다.
   - x만 남게 하려면 어떻게 해야 합니까? x에 곱해진 5와 더해진 7을 없애야 합니다.

2. 다음은 무엇을 합니까? x가 있는 쪽에 덧셈된 수나 뺄셈된 수가 있는지 확인하고, 덧셈된 수는 같은 수의 뺄셈으로, 뺄셈된 수는 같은 수의 덧셈으로 없앱니다.
   - $5 \times x + 7$에 덧셈이나 뺄셈항이 있습니까? x값에 5를 곱한 수에 7이 더해져 있습니다.
   - 더해진 7을 없애려면 어떻게 해야 합니까? 양변에서 7을 빼 주면 $7 - 7 = 0$이 되므로 7을 식에서 없앨 수 있습니다.

$5 \times x + 7$	$= 27$
$- 7$	$= - 7$
$5 \times x$	$= 20$

3. 이제 무엇을 해야 합니까? x에 어떤 수가 곱해졌거나 어떤 수로 x를 나누었는지 확인하고, 곱셈은 나눗셈으로, 나눗셈은 곱셈으로 없앱니다.

- $5 \times x = 20$에서는 x에 어떤 수가 곱해져 있습니까? x에 5가 곱해져 있습니다.
- '× 5'를 없애려면 무엇을 해야 합니까? 양변을 5로 나눕니다('÷ 5').

$5 \times x$	$= 20$
$\div 5$	$= \div 5$
x	$= 4$

→ 괄호식이 없으므로 $5 \times x + 7 = 27$의 해는 $x = 4$ 입니다.

2 (함께 풀어 보는 문제 2를 가리키며) 방정식 $x \div 11 + 9 = 17$의 해를 구하시오.

1. 등식의 성질을 이용하여 방정식의 해를 구할 때 가장 먼저 해야 하는 일은 무엇입니까? 등호의 어느 쪽에 x가 있는지 확인하고, x만 남게 하려면 무엇을 없애야 하는지 계획합니다.

- $x \div 11 + 9 = 17$에는 등호의 어느 쪽에 x가 있습니까? 등호의 좌쪽(좌변)에 x가 있습니다.
- x만 남게 하려면 어떻게 해야 합니까? x를 나눈 수 11과 더해 준 수 9를 없애야 합니다.

2. 다음은 무엇을 합니까? x가 있는 쪽에 덧셈된 수나 뺄셈된 수가 있는지 확인하고, 덧셈된 수는 같은 수의 뺄셈으로, 뺄셈된 수는 같은 수의 덧셈으로 없앱니다.

- $x \div 11 + 9 = 17$에 덧셈이나 뺄셈항이 있습니까? x값을 11로 나눈 수에 9가 더해져 있습니다.
- 더해진 9를 없애려면 어떻게 해야 합니까? 양변에서 9를 빼 주면 $9 - 9 = 0$이 되므로 9를 식에서 없앨 수 있습니다.

$x \div 11 + 9$	$= 17$
-9	$= -9$
$x \div 11$	$= 8$

3. 이제 무엇을 해야 합니까? x에 어떤 수가 곱해졌거나 어떤 수로 x를 나누었는지 확인하고, 곱셈은 나눗셈으로, 나눗셈은 곱셈으로 없앱니다.

- $x \div 11 = 17$에는 곱셈이나 나눗셈이 포함되어 있습니까? x를 11로 나누었습니다.
- '÷ 11'을 없애려면 무엇을 해야 합니까? 양변에 11을 곱해야 합니다('× 11').

$x \div 11$	$= 8$
$\times 11$	$= \times 11$
x	$= 88$

→ 괄호식이 없으므로 $x \div 11 + 9 = 17$의 해는 $x = 88$ 입니다.

❸ (함께 풀어 보는 문제 3을 가리키며) 우리 반 전체 학생과 담임 선생님을 합하여 모둠원이 3명인 모둠으로 나눴더니 9모둠이 되었습니다. 우리 반 전체 학생은 몇 명입니까?

1. 이 문제는, 먼저 주어진 문장을 지난 시간에 배운 방법을 이용하여 방정식으로 나타낸 후 방정식 풀이를 해야 합니다.

- 주어진 문장을 두 식으로 나누려면 어떻게 나눌 수 있습니까? '우리 반 전체 학생과 담임 선생님을 합하여 모둠원이 3명인 모둠으로 나눴더니'와 '9모둠이 되었습니다'로 나눌 수 있습니다.
- 지금 알고 있지 않은 미지수는 무엇입니까? 우리 반 전체 학생 수입니다.
- 우리반 전체 학생을 x로 쓰고 수식을 세우면 어떻게 됩니까? '우리 반 전체 학생과 담임 선생님을 합하여 모둠원이 3명인 모둠으로 나눴더니'는 $(x + 1) \div 3$이 되고, '9모둠이 되었습니다'는 9가 됩니다.

- 두 식 사이에 등호를 넣으면 주어진 문장을 나타내는 방정식은 $(x+1) \div 3 = 9$가 됩니다.

2. 등식의 성질을 이용하여 방정식의 해를 구할 때 가장 먼저 해야 하는 일은 무엇입니까? 등호의 어느 쪽에 x가 있는지 확인하고, x만 남게 하려면 무엇을 없애야 하는지 계획합니다.
   - $(x+1) \div 3 = 9$에는 등호의 어느 쪽에 x가 있습니까? 등호의 좌쪽(좌변)에 x가 있습니다.
   - x만 남게 하려면 어떻게 해야 합니까? $(x+1)$을 나눈 수 3과 x에 더해진 1을 없애야 합니다.

3. 다음은 무엇을 합니까? x가 있는 쪽에 덧셈된 수나 뺄셈된 수가 있는지 확인하고, 덧셈된 수는 같은 수의 뺄셈으로, 뺄셈된 수는 같은 수의 덧셈으로 없앱니다.
   - $(x+1) \div 3 = 9$에 덧셈이나 뺄셈항이 있습니까? 덧셈은 괄호식 안에 있으므로 가장 나중에 없앨 수 있습니다.

4. 이제 무엇을 해야 합니까? x에 어떤 수가 곱해졌거나 어떤 수로 x를 나누었는지 확인하고, 곱셈은 나눗셈으로, 나눗셈은 곱셈으로 없앱니다.
   - $(x+1) \div 3 = 9$에는 곱셈이나 나눗셈이 포함되어 있습니까? $(x+1)$을 3으로 나누었습니다.
   - '$\div 3$'을 없애려면 무엇을 해야 합니까? 양변에 3을 곱해야 합니다('$\times 3$').

$(x+1) \div 3$	$= 9$
$\times 3$	$= \times 3$
$(x+1)$	$= 27$

5. 이제 무엇을 합니까? 괄호를 풀고 x 외의 수를 없애 줍니다.

- $x + 1$에서는 무엇을 없애야 합니까? 1을 없애야 x만 남습니다.
- 1을 없애려면 무엇을 해야 합니까? 양변에서 1을 빼야 합니다.

$x + 1$	$= 27$
$- 1$	$= - 1$
x	$= 26$

→ $(x + 1) \div 3 = 9$의 해는 $x = 26$ 입니다.

Level 1.2
16차시

아 그렇구나!

☞ 혼동되는 문제 다시 풀기
☞ 최다 오류를 반례로 제시하여 개념 및 기술 획득 강화

아 그렇구나! 에서는 주어진 문장을 방정식으로 나타낼 때 우리가 혼동스러워하는 문제를 함께 풀어 봅니다. 다음 문제를 풀 때 왜 실수가 많은지 그 이유를 함께 생각해 봅시다.

1 (아 그렇구나! 문제 1을 가리키며) $34 \times 2 = x + 7$을 풀 때 혼동되는 점은 무엇입니까?

⇨ 지금까지 연습해 온 문제들은 등호의 왼쪽에 미지수가 있었는데, 주어진 방정식은 오른쪽에 미지수가 있습니다. $34 \times 2 = 68$이므로 $68 = x + 7$을 풀어야 합니다. 등호 오른쪽에 있는 식 $x + 7$에서 미지수만 남기려면 7을 없애야 합니다. 양변에서 7을 빼면 $(68 - 7) = x + 7 - 7$이므로 $x = 61$입니다.

2 (아 그렇구나! 문제 2를 가리키며) $(4 + x) \div 3 = 3$을 풀 때 혼동되는 점은 무엇입니까?

⇨ 주어진 방정식은 괄호가 있는 방정식입니다. x가 들어 있는 괄호만 남기기 위해 먼저 덧셈, 뺄셈으로 없앨 수 있는 수들을 없앤 후, 곱셈이나 나눗셈을 사용하여 괄호만 남깁니다. 주어진 방정식을 풀기 위해서는 괄호 $(4 + x)$를 나누는 수 3을 없애기 위해 양변에 3을 곱하는 일부터 시작합니다. 양변에 3을 곱하면 $(4 + x) \div 3 \times 3 = 3 \times 3$, 즉 $(4 + x) = 9$가 됩니다. $4 + x = 9$에서 x만 남기려면 양변에서 4를 빼야 합니다. $4 + x - 4 = 9 - 4$이므로 $x = 5$가 방정식의 해입니다.

배움 체크하기

(배움 체크 리스트 를 가리키며) 오늘 우리가 함께 공부한 것을 혼자서도 할 수 있는지 체크해 봅시다. 혼자서도 할 수 있으면 👍, 선생님의 도움이 더 필요하다면 ?에 동그라미로 표시하세요.

배움 체크 리스트	👍	?
1. 유리수의 사칙연산 방법을 이해하고 적용할 수 있습니다.		
2. 미지수의 의미, 등식, 방정식의 의미를 이해합니다.		
3. 등식의 성질(같은 수를 양변에 더하거나, 빼거나, 곱하거나, 나누어도 등호는 성립한다)을 이해하고 적용할 수 있습니다.		
4. 방정식을 풀기 위해서는 등호를 기준으로 미지수가 있는 쪽에서 미지수만 남기고 나머지 수들을 없애야 한다는 것을 이해하고 적용할 수 있습니다.		
5. 등호의 한쪽에 미지수만 남기기 위해서는 괄호 밖에서 덧셈이나 뺄셈된 수를 먼저 없애고 곱셈이나 나눗셈된 수를 없앤다는 것을 이해하고 적용할 수 있습니다.		
6. x가 괄호 안에 있을 경우, x 외에 괄호 안에 있는 수는 가장 마지막에 없앤다는 것을 이해하고 적용할 수 있습니다.		
7. 덧셈된 수는 같은 수의 뺄셈으로, 뺄셈된 수는 같은 수의 덧셈으로, 곱셈된 수는 같은 수의 나눗셈으로, 나눗셈된 수는 같은 수의 곱셈으로 없앨 수 있음을 이해하고 적용할 수 있습니다.		

혼자 풀기

(혼자 풀어 보는 문제 1~7을 제시하며) 오늘 배운 것을 기억하면서 문제를 혼자 풀어 보는 시간입니다. 내비게이션 1.16 을 사용하면 도움이 됩니다.

다음 문장을 등식이나 방정식으로 나타내시오.

1. "국화꽃 56송이를 꽃병 몇 개에 똑같이 나누어 담았더니 꽃병에 8송이씩 꽂혔습니다."를 방정식으로 나타내시오.

2. "어떤 수의 5배보다 7이 작은 수는 52와 같습니다."를 방정식으로 나타내시오.

등식의 성질을 이용하여 다음 방정식을 풀어 보시오.

3. $x + 6 = 15$

4. $x \div 3 - 4 = 8$

5. $x \times 12 + 7 = 43$

6. $x \times \frac{3}{4} - 3 = 9$

7. $(4 + x) \times 3 = 15$

채점 및 오답 분석

학생이 쓴 답을 기재하고, 오답인 경우 중재 결정표 에서 가능한 오류 원인을 1~8 중에서 골라 번호로 기재합니다. 기타 원인 때문에 오답이 발생했을 경우, 구체적으로 어떤 이유인지 기재합니다. 가능한 오답의 원인을 모두 기재합니다.

혼자 풀어 보는 문제	정답	학생이 쓴 답	오답 원인
1. "국화꽃 56송이를 꽃병 몇 개에 똑같이 나누어 담았더니 꽃병에 8송이씩 꽂혔습니다."를 방정식으로 나타내시오.	$56 \div x = 8$		
2. "어떤 수의 5배보다 7이 작은 수는 52와 같습니다."를 방정식으로 나타내시오.	$x \times 5 - 7 = 54$		
3. $x + 6 = 15$	$x = 9$		
4. $x \div 3 - 4 = 8$	$x = 36$		
5. $x \times 12 + 7 = 43$	$x = 3$		
6. $x \times \frac{3}{4} - 3 = 9$	$x = 16$		
7. $(4 + x) \times 3 = 15$	$x = 1$		
	정답 개수	/ 7	

Level 1.2
16차시

중재 결정표

오답 원인을 분석하여 차후 중재를 결정하세요.

오답 원인	발생 빈도	최다 발생 오류	중재 결정
1. 사전 지식 및 기술(사칙연산을 나타내는 문장을 수 식으로 나타내기, 혼합계산 순서, 사칙연산)			
2. 용어나 문제 이해 부족(등식, 미지수, 방정식, 등호)			
3. 등식의 성질을 이해하고 적용하는 것의 어려움			
4. 등호를 기준으로 미지수가 있는 쪽에서 미지수만 남기고 나머지 수들을 없애야 한다는 것의 이해와 적용의 어려움			
5. 등호 한쪽 방향에 미지수만 남기기 위해서 덧셈이나 뺄셈된 수, 곱셈이나 나눗셈된 수, 괄호 순으로 없앤다는 것의 이해와 적용의 어려움			
6. 덧셈된 수는 같은 수의 뺄셈으로, 뺄셈된 수는 같은 수의 덧셈으로, 곱셈된 수는 같은 수의 나눗셈으로, 나눗셈된 수는 같은 수의 곱셈으로 없앨 수 있다는 것의 이해와 적용의 어려움			
7. 부주의/계산 실수			
8. 기타(구체적 원인 기재하기)			

가장 흔한 오답 원인	1과 2 중 하나	3, 4, 5, 6 중 하나	7
	AND	AND	OR
오답률	오답이 2개 이상	오답이 2개 이상	오답이 2개 미만
다음 중재	브리지(Bridge)	동 차시 반복	다음 차시

브리지(Bridge) 차시
- 1.6차시
- 1.9차시
- 1.15차시

저자 소개

김선아(Kim, Sun A)

서울대학교 심리학과 학사, 석사

오스틴 텍사스 주립대학(University of Texas at Austin)
특수교육 박사(수학 학습장애 전공)

Meadow Center for Preventing Educational Risk,
Post-Doctoral 연구원

현 미국 뉴욕 시립대학교 퀸즈 칼리지 특수교육 대학원 교수
(City University of New York, Queens College,
Graduate Programs in Special Education)

교사용 **Level 1**

기초학력 향상을 위한
눈으로 보는 수학

2022년 5월 25일 1판 1쇄 인쇄
2022년 5월 30일 1판 1쇄 발행

지은이 • 김선아
펴낸이 • 김진환
펴낸곳 • (주) 학지사
04031 서울특별시 마포구 양화로 15길 20 마인드월드빌딩
대표전화 • 02)330-5114 팩스 • 02)324-2345
등록번호 • 제313-2006-000265호

홈페이지 • http://www.hakjisa.co.kr
페이스북 • https://www.facebook.com/hakjisabook

ISBN 978-89-997-2640-8 93370

정가 17,000원

저자와의 협약으로 인지는 생략합니다.
파본은 구입처에서 교환해 드립니다.